STUDIES ON VOLTAIRE
AND THE EIGHTEENTH CENTURY

202

GENERAL EDITOR HAYDN MASON
DEPARTMENT OF FRENCH
UNIVERSITY OF BRISTOL
BRISTOL BS8 1TE

JOHN RENWICK

Voltaire et Morangiés 1772-1773 ou les Lumières l'ont échappé belle

THE VOLTAIRE FOUNDATION
AT THE TAYLOR INSTITUTION, OXFORD
1982

ISSN 0435-2866

ISBN 0 7294 0267 3

Typeset by Cheney & Sons Ltd, Banbury, Oxon OX16 8EY

Printed and bound by CPI Group (UK) Ltd, Croydon, CR0 4YY

For William and Marjory Renwick

et aussi pour Claudette, Anne-Catherine et Jean-Marc Renwick

'Je suis attaché dès mon enfance à la maison de Morangiés, mais je ne prends son parti que parce que je suis attaché mille fois davantage à la vérité.'

Voltaire à son neveu Vincent Mignot
29 août 1773 (Best.D18531)

Table des matières

Abréviations

Best.D	Voltaire *Correspondence and related documents*, definitive edition by Theodore Besterman, Genève, Banbury, Oxford 1968-1977.
CLT	Friedrich Melchior Grimm, *Correspondance littéraire*, éd. Tourneux, Paris 1877-1882.
LHCLT	Jean-François de la Harpe, *Correspondance littéraire*, Paris 1801-1807.
MS	Louis Petit de Bachaumont, *Mémoires secrets*, Londres 1778-1789.

Préface

Une famille de roturiers qui a l'insolence de réclamer son dû. Un grand seigneur prodigue et pour le moins indélicat ralliant à sa piètre cause le ban et l'arrière-ban de sa province: il n'en fallait pas plus pour que sous le nom de quelque militaire philosophe la *Lettre à messieurs de la noblesse du Gévaudan* devînt une cinglante dénonciation de l'esprit de caste ... Mais voici pour une fois Candide du côté des barons, et c'est le défenseur des Calas qui oppose fièrement l'honneur de la noblesse d'épée aux preuves écrites fournies contre son protégé! Triste protégé, à vrai dire, que ce comte de Morangiés, héros sans gloire d'un fait-divers aussi embrouillé que sordide, où l'on devine une histoire banale d'escroc escrocqué: une histoire de galères, ou peu s'en faut, mais que diable allait y faire, à soixante-dix-huit ans, entre le procès Monbailli et l'action en mémoire du malheureux Lally, ce croisé de la justice qu'était devenu Voltaire?

Jusqu'à présent la question n'avait guère retenu l'attention des spécialistes. Soit que le procès Morangiés, obscure comédie de mœurs, ait souffert du voisinage des grandes et tragiques affaires qui l'encadrent chronologiquement. Soit que l'intervention du patriarche de Ferney ait semblé ne rien ajouter à sa gloire. Soit enfin que l'explication de son attitude ait paru aller de soi: Morangiés n'était-il pas proche parent des Châteauneuf, famille chère entre toutes, depuis toujours, à François-Marie Arouet?

Il fallait pourtant bien revenir un jour aux textes, dépouiller méthodiquement, comme l'a fait John Renwick, archives judiciaires, plaidoyers des avocats des deux parties, témoignages contemporains et – bien sûr – les douze écrits dûs à la plume de Voltaire (environ deux cents pages de l'œuvre voltairienne), pour replacer les choses dans une juste perspective. Voltaire a pu se laisser entraîner par l'amitié, puis s'obstiner par amour-propre dans une cause douteuse. Mais s'il a accepté de braver pendant des mois, aux côtés d'un Linguet, allié bien encombrant, le sentiment de ses plus proches disciples, s'il s'est laissé aller à utiliser par tactique contre la 'canaille' l'argument de la naissance, ce n'était certainement pas en s'illusionnant sur la personnalité de Morangiés: en toute sincérité il a cru l'officier général victime d'une machination; en toute lucidité il a vu dans cette nouvelle bataille judiciaire un enjeu qui allait bien au-delà de la personne de l'accusé.

Quel enjeu? Le même que dans les affaires antérieures, si différentes de celle-ci. Il s'agit cette fois encore du fonctionnement de la machine judiciaire, d'une justice plus sensible aux passions collectives qu'à la droite raison. Pour Voltaire le glissement de Monbailli à Morangiés et du second à Lally est tout naturel. Rien de commun, certes, entre les trois procès, sinon l'essentiel qui est inacceptable: une même 'méprise' du droit égaré par l'opinion et la vindicte de la foule. En ce sens l'affaire la moins dramatique est néanmoins la plus grave puisque même des Philosophes ont cédé au courant du préjugé et du parti pris. Et Voltaire de mesurer ainsi, non sans pathétique, la précarité des progrès de la raison.

Morangiés était-il innocent? John Renwick ne prétend pas le savoir et nous ne sommes sans doute pas près de l'apprendre. Il se peut que Voltaire se soit trompé. Du moins ne s'est-il pas renié. En pourfendant une fois de plus ceux qui lui apparaissent comme des imposteurs ou des fanatiques – des 'convulsionnaires' – il n'a pas voulu justifier le préjugé nobiliaire, mais poursuivre contre le préjugé populaire son combat pour les Lumières. Explication documentée, nuancée, plausible. Au lecteur de juger si elle lève tous les doutes. Je dirais pour ma part qu'au plan des motivations et des intentions voltairiennes il n'en subsiste aucun. Reste un tout autre problème, que John Renwick a également le mérite de poser, s'il ne s'y attarde pas: celui de l'ambiguïté socio-politique des Lumières. La faille apparue, à l'occasion de l'affaire Morangiés, dans la société éclairée, entre l'élite aristocratique – à laquelle le seigneur de Ferney s'assimile sans peine – et la simple bourgeoisie n'était-elle qu'un accident? Il est un peu tôt pour le dire: nous ne sommes qu'en 1772.

Jean Ehrard

1. Aperçu de l'affaire Morangiés

Entre les animaux, il y a peu de drames, la confusion ne s'y met guère; ils courent sus les uns aux autres, voilà tout. Les hommes courent bien aussi les uns sur les autres, mais leur plus ou moins d'intelligence rend le combat autrement compliqué.

Honoré de Balzac

VERS la fin de l'année 1773, Jean-François de La Harpe se plaignait de ce que la littérature et le théâtre durant l'hiver 1772-1773 n'avaient rien offert d'intéressant. Le vide toutefois, s'empressait-il d'ajouter, avait été comblé, et même assez avantageusement, car 'en récompense le barreau est devenu une arène fameuse qui attire l'attention de toute la France'. Et de préciser: 'Les scènes qui s'y passent et les acteurs qui s'y distinguent, sont également dignes de curiosité. Les trois principales causes qui ont occupé le public, sont premièrement le procès du comte de Morangiés contre les Verons, ensuite celui de Beaumarchais contre M. et Mme Goesman; enfin la querelle de Me Linguet contre l'ordre des Avocats' (LHCLT i.1).

Il y avait eu là sans conteste de quoi satisfaire, et ô combien! la curiosité du public, si cruellement déçue sur le plan purement culturel. Les trois affaires qui réunissaient à elles seules tous les attraits du roman et du théâtre mettaient en scène des personnages d'envergure quasi-romanesque, dans des situations dramatiques. La présence dans cette arène, ou plutôt sur cette scène, de l'avocat Linguet dont le caractère difficile n'était que trop tristement célèbre était une garantie supplémentaire que la réalité réelle en tant que divertissement ne le céderait en rien à la réalité littéraire qui faisait momentanément défaut. Or dans la première des causes mentionnées par La Harpe, à laquelle Linguet et Voltaire avaient été associés de près, cette réalité réelle avait dépassé la fiction ... et de beaucoup!

A ses débuts l'affaire Morangiés ne semblait toutefois pas vouée à une notoriété sans exemple. Elle était claire dans ses données et ne roulait que sur un tour de friponnerie bien vulgaire: au milieu du mois de septembre 1771, le comte de Morangiés, désireux de faire exploiter une forêt dont il était possesseur dans le Languedoc, avait cherché à emprunter de l'argent à cet effet et, grâce aux bons offices d'une courtière de sa connaissance, était entré en relations avec un nommé François Liégard Du Jonquay qui promit de lui procurer une somme de 300,000 livres. Cette heureuse entente ne devait être hélas! que de courte durée. Moins de dix jours plus tard l'emprunteur Morangiés prétendait que le procureur Du Jonquay ne lui avait encore versé que la modique somme de 1200 livres; celui-ci ripostait en assurant pour sa part que l'intégralité du prêt avait été livrée. Et à l'appui de ses dires il exhibait quatre billets à ordre, souscrits au nom de sa propre grand'mère, dame veuve Veron, et signés par le comte de Morangiés.

'Quelles étaient', se demande Ernest Masmonteil,[1] 'la nature et la valeur de ces billets? Etait-ce la reconnaissance d'une somme de 300,000 livres réellement versée par la dame Veron, ou bien, ainsi que l'affirmait M. de Morangiés, des billets négociables, dont M. de Morangiés n'avait pas reçu la valeur, et dont il ne devait toucher le montant qu'après la négociation desdits effets?' (pp.66-67).

Pour trancher le différend les parties n'avaient qu'une seule ressource: elles s'empressèrent d'en appeler aux autorités compétentes. Par conséquent, dans la nuit du 30 septembre au 1er octobre 1771, Sartine, lieutenant-général de police, fit interroger Du Jonquay et sa mère, la dame Romain, par des hommes de loi accrédités. Mère et fils, possesseurs des quatre billets à ordre (autant de titres légaux dont il était difficile d'amoindrir la force probante), se trouvaient de ce fait, vis-à-vis du comte de Morangiés, dans une position enviable.

Mais après un long interrogatoire où les raisons et les menaces d'usage entrèrent en jeu, on recueillit enfin de la dame Romain l'aveu que les billets du comte de Morangiés ne leur avaient été confiés que pour être negociés; que celui-ci n'avait en réalité reçu que 1200 livres. Du Jonquay, placé devant cette déclaration sans ambages, ne tenta plus d'éluder les faits, et corrobora les dires de sa mère. Conduits l'un et l'autre par devant Pierre Chesnon, commissaire au Châtelet, mère et fils ne firent pas de difficultés pour réitérer leurs aveux, signèrent leur déposition (partant leur perte) et furent incarcérés au For-l'Evêque.

Si la cause se réduit à des termes aussi élémentaires, le lecteur s'étonnera, et à juste titre, de ce qu'un méfait aussi banal, éclairci avec la pleine coopération des prévenus, ait pu devenir une des causes célèbres les plus compliquées des dernières années de l'ancien régime. Comment cette transformation a-t-elle pu se produire? De la manière la plus banale: revenus de leur première frayeur, mère et fils réclamèrent contre des aveux qu'ils prétendirent leur avoir été arrachés par la violence.

Il fallait donc se résoudre à plaider. Mais à peine l'instruction du procès eut-elle commencé que les cris d'étonnement, voire d'incrédulité fusèrent de toutes parts. Les *Mémoires secrets* (vi.116) évoquent, et à maintes reprises, 'l'affaire la plus extraordinaire qui ait peut-être encore paru au barreau', tandis que Grimm, tout comme La Harpe, Voltaire, Marin, madame Du Deffand sont d'accord pour aller jusqu'à la dénoncer comme étant 'l'affaire la plus singulière, la plus inouie, la plus embrouillée, la plus inconcevable' (CLT x.292) qu'ils aient jamais vue.

Comment justifier cet ahurissement qui ne peut manquer de paraître démesuré, attendu les données élémentaires de la cause? Ne l'avait-on pas réduite à deux points: le droit et le fait? 'En droit', dit encore Masmonteil, 'les Du Jonquay-Romain avaient un titre légal; les billets du comte de Morangiés. On leur opposait la déclaration signée d'eux par laquelle ils avouaient que ces billets ne leur avaient été confiés que pour être négociés et qu'ils n'en avaient jamais fourni la valeur. Ce titre anéantissait le premier; mais ils réclamaient contre cette déclaration qu'ils disaient avoir été extorquée et il fallait alors en venir à la question du fait' (p.73). En d'autres termes, la grand'mère de Du Jonquay avait-elle ou non 300,000 livres à prêter? ces 300,000 livres avaient-elles, ou non, été livrées au comte de Morangiés?

Les deux questions, d'une simplicité classique, font à elles seules tout le fond du procès. Mais à question simple, il n'y a pas toujours une réponse claire. Et cette éventualité est peut-être encore moins susceptible de se produire quand la question est livrée à des avocats tels que Linguet et Falconet, à des plaideurs tels que Morangiés et Du Jonquay.

Si Linguet, aux tout premiers moments du procès, devait avouer que l'on se trouvait déjà en posture paradoxale,[2] on ne peut que trop bien comprendre l'étendue de l'inquiétude chez le grand public quand on considère que l'affaire Morangiés devait durer vingt-trois mois, réunir trois plaideurs, huit avocats, quatorze témoins, et donner lieu à une trentaine de plaidoyers (totalisant plus de mille pages)[3] ... pour ne rien dire de l'intérêt des pamphlétaires anonymes ni de la fébrile activité de Voltaire.

On comprend d'autant mieux cette inquiétude quand on considère que l'affaire, telle que les avocats et leurs clients la présentent, est d'abord une suite vertigineuse d'accusations parfaitement claires et impérieuses[4] et de contre-accusations non moins lumineuses et convaincantes.[5] A examiner les requêtes, plaidoyers[6] et inductions des deux parties, il est possible de faire pleine et entière confiance tantôt à l'une tantôt à l'autre. Mais comme il n'y a pas jusqu'à la plus simple affirmation même qui ne soit âprement contestée par la partie adverse,[7] l'affaire ne tarda pas à se présenter comme un chaos de démentis et de preuves qui signifient à la fois tout ou rien, comme un chassé-croisé d'allégations, de mensonges, de rétractations et de subornations tant actives que passives. Mais ce n'est pas tout. Pour comble de malheur, les avocats de part et d'autre se sont si bien prêtés au jeu fascinant de leur propre rhétorique, ont tant et si bien embrouillé les faits de la cause qu'il y avait, selon les termes de Voltaire lui-même, non seulement 'de très bons juges qui n'y compren[aient] rien' (Best. D17818) mais aussi des 'magistrats très éclairés [qui] désespér[aient] de la voir éclaircie' (Best.D17819) à telle enseigne qu'il semblait 'qu'il n'y [avait] que Dieu seul qui pût juger ce procez' (Best.D18421). C'était en somme une cause dont la destinée était toujours d'être également incroyable, d'étonner l'esprit humain par sa singularité, de le confondre par son incertitude et de l'accabler par sa difficulté!

Devant une telle cause qui a fait le désespoir des contemporains, nous serions mal inspiré d'en plaider le dossier de nouveau ici, de ressusciter les différentes étapes de l'affaire telle qu'elle évolua devant le Bailliage du Palais et, en deuxième instance, devant la Tournelle. Tout, par contre, nous incite à réduire l'affaire à ses éléments irréductibles et à proposer une explication de ce qui a pu se produire entre Morangiés et le clan Du Jonquay.[8] C'est par là que nous indiquerons infailliblement les raisons pour lesquelles la cause est devenue si compliquée une fois confiée aux avocats et comment elle est devenue par la même occasion une source de grave discorde sociale.

La carrière de Jean-François-Charles de Molette, comte de Morangiés, colonel de Languedoc-Infanterie et ensuite maréchal de camp, n'aurait sans doute pas attiré de façon particulière l'attention si cet officier ne s'était singularisé par une prodigalité excessive.[9] L'on sait de science certaine que, débiteur de plus de 400,000 livres, son bien était en direction dès 1768; qu'il était environné de créanciers; qu'il se livrait continuellement à des usurières et à des prêteuses sur gages[10] et semblait vivre parfois au jour le jour.[11] Situation à tout prendre très peu heureuse, il faut bien l'admettre. On dirait pourtant que le comte de Morangiés ne se laissait pas abattre par sa détresse quasi-sempiternelle. Faisant preuve d'un sang-froid exemplaire, il n'hésitait pas, quand l'occasion se présentait, à procéder vis-à-vis de ses créanciers de manière cavalière, voire franchement malhonnête: en un mot, on l'accusait d'être dans l'habitude de faire des billets à ordre et d'en toucher la somme, quitte à nier par la suite qu'il en eût jamais reçu la valeur. Qu'en était-il?

Ce qu'il y a de certain à ce propos, c'est que cette accusation, doublée par ailleurs d'une accusation de vol, fut lancée par l'avocat Delacroix au mois d'avril 1772 pour être reprise dans les mêmes termes par l'avocat Falconet un an plus tard. Ce qu'il y a de certain également, c'est que Morangiés et son défenseur Linguet, n'ont jamais, que nous sachions, pu ou su démentir ou invalider ces allégations qui portaient gravement atteinte à l'honneur, partant à la crédibilité, du comte.[12]

Etant donné cette toile de fond, où les couleurs et le relief se laissent toujours distinguer, il ne serait pas déplacé de soutenir que le comte de Morangiés, cherchant à emprunter, au mois de septembre 1771, une somme aussi considérable que possible, entra en relations avec la famille Veron-Du Jonquay avec l'intention – une fois en possession de l'argent – soit d'user de son subterfuge habituel, soit de renvoyer les prêteurs, à l'échéance des billets, à l'assemblée de ses créanciers pour se faire payer à leur rang comme ils pourraient. Or les Veron-Du Jonquay, connaissant déjà bien la Charmette, comme consœur si l'on peut dire de la vieille grand'mère, ne purent manquer d'apprendre que cet aristocrate avait des manières peu communes de faire honneur à ses engagements.[13]

D'où une situation assez cocasse. Car tout tend à faire penser que le peu délicat Morangiés avait affaire, sans s'en douter le moins du monde, à des gens (nouvellement débarqués de la campagne) qu'il prenait pour des dupes mais qui étaient en réalité tout aussi peu délicats que lui et qui entendaient tourner la situation à leur propre avantage. Hélas! le dindon de la farce n'allait pas être celui qu'on croyait! Par une suprême ironie, tout concourt enfin à faire croire que les précautions mêmes dont le comte de Morangiés voulait entourer l'opération favorisaient plutôt l'escroquerie que les Veron-Du Jonquay imaginaient de lui faire subir: bref, pour que l'assemblée de ses créanciers ne fût pas au courant de la transaction et que ceux-ci (tout comme les commerçants auxquels il était redevable) ne vinssent pas lui réclamer leur dû, Morangiés avait exigé *le secret absolu*.[14]

Morangiés croyait en effet que le secret favorisait ses propres intentions ... alors qu'en pratique il ne faisait ni plus ni moins que favoriser les desseins de ceux-là mêmes qui complotaient sa propre perte. Tout bien mûrement pesé il était en vérité voué à être doublement perdu, car une fois qu'il se serait dessaisi de ses billets à ordre signés *valeur reçu comptant*,[15] il n'aurait aucun témoin pour certifier le contraire. Et quand, contre toute attente, il réussirait à en trouver comme par enchantement, ces témoins ne lui seraient pas d'un secours appréciable, ne pouvant évidemment que lui fournir des témoignages *négatifs*. La famille de la vieille veuve Veron par contre avait toute liberté de réunir les témoins qu'il fallait pour confirmer non seulement l'existence des sacs d'or chez la Veuve mais aussi la réalité de leur transfert chez le comte de Morangiés. C'est dire autant de dépositions *positives* à mettre à l'actif des soi-disants prêteurs, et, de ce fait, autant d'indices aux yeux de la loi qui tendraient à attester l'authenticité des billets à ordre.

Le plan était d'une simplicité aussi belle que pernicieuse. Les Veron-Du Jonquay n'avait qu'à mettre le comte de Morangiés en confiance et entrer en possession de ses billets contre un tout modique acompte de 1200 livres: imprudence normalement impensable mais ici facile à provoquer vu la cupidité de la victime et le peu de méfiance que cette famille de naïfs éveillait chez elle. Au jour nommé, pour déclencher toute l'opération et précipiter les démarches nécessaires, il ne restait aux 'prêteurs' que d'avertir différentes personnes (et par elles d'en faire avertir d'autres) que la somme fabuleuse de 300,000 livres en or était désormais en la possession du comte. De sorte que celui-ci, n'ayant évidemment point vu l'argent qu'il avait négocié, serait contraint de réclamer contre ses billets. Mais ce faisant, il donnerait l'impression de se préparer encore une fois son échappatoire coutumière, et ne pourrait par là qu'étayer la vraisemblance des prétentions de la famille Veron. Répétons-le: le plan était d'une simplicité aussi belle que pernicieuse.

Le 25 septembre 1771, ce plan que nous croyons pouvoir discerner commençait à fonctionner. Ce jour-là, la Charmette, qui depuis quatre mois déjà servait de courtière au comte de Morangiés, vint chez lui dans un but intéressé pour le 'complimenter sur la conclusion de l'affaire avec le sieur Du Jonquay qui lui avait', disait-elle, 'compté cent mille écus'. Environ une heure après, le sieur Monvoisin, marchand mercier, à qui le comte devait 4300 livres, vint lui rendre visite à son tour pour réclamer – événement de mauvais augure – un acompte à valoir sur la belle somme qu'assurait-on il avait reçue la veille.

Le 26 septembre, l'engrenage s'enclencha définitivement et les choses commencèrent à se précipiter: le comte se vit assaillir par la Charmette et Du Jonquay qui lui envoyèrent des lettres de protestations et qui se permirent d'aller jusqu'à se plaindre auprès d'un procureur de la mauvaise foi, partant des mauvaises intentions, du 'débiteur'. Le lendemain, 27 septembre, la vieille grand'mère Veron, fort 'inquiète' comme il se devait (ou comme la plan plutôt l'aurait voulu) sur le sort réservé à ses économies, jeta de l'huile sur le feu en se plaignant à son tour auprès du commissaire Chesnon que le comte de Morangiés lui eût tendu un piège; pour donner plus de consistance à ses affirmations, elle jugea politique, de concert avec sa fille et son petit-fils, de réitérer ses doléances le lendemain en présence de Sartine, lieutenant-général de police.

Une telle opiniâtreté chez ses adversaires (le moment des hostilités ouvertes était arrivé), doublée de la féroce volonté de publier leurs malheurs, ne pouvait que provoquer une série de contre-mesures de la part de Morangiés: dans la nuit du 30 septembre au 1er octobre, après un interrogatoire qui avait duré sept heures, la police arracha à la dame Romain, peu ferme parce que sans doute peu habituée aux exigences de la vie des grands criminels, la déclaration que le transfert des 300,000 livres n'était qu'une fable. Son fils, placé dans une position délicate par cette confession entière ne se fit pas trop prier pour reconnaître le délit à son tour.

Normalement l'histoire aurait dû trouver sa conclusion à ce moment précis.

C'était compter sans l'imprévu: la vieille grand'mère n'entendait sûrement pas que les choses, naguère si prometteuses, en restassent là. Puisque les billets du comte de Morangiés, signés valeur reçue comptant, étaient toujours en sa possession, les apparences se trouvaient de ce fait du côté de la partie prêteuse. Tout incitait à croire qu'elles le seraient encore davantage si ses enfants rétractaient leurs aveux sous prétexte qu'on les avait violentés pour les faire souscrire à leur propre perte. Un ancien avocat, nommé La Ville, plaça mère et fils devant l'alternative ou d'accepter d'être damnés sans murmure ou bien de combattre dans d'assez bonnes conditions, et les encouragea à voir tous les avantages d'une telle dérobade. Mère et fils de se déterminer à tout remettre en cause.

D'où la nécessité de plaider. D'où l'affaire Morangiés à proprement parler. D'où enfin une nette et inquiétante scission – non verticale mais horizontale – dans le public.

Nous avons déjà évoqué la nature compliquée du procès. Nous ne revenons là-dessus que pour préciser que c'est justement son caractère embrouillé qui passionna d'abord le grand public. Il n'y a pas lieu de s'en étonner. On ne connaît que trop bien le vif intérêt que le public d'ancien régime portait aux crimes et à la criminalité, intérêt dont l'existence et l'ampleur se trouvent attestées par l'abondante littérature des causes célèbres, pour ne rien dire des recueils d'arrêts notables ou de plaidoyers que l'on voit se suivre en quantités considérables tout au long du dix-huitième siècle.

Or quels étaient au juste les contours et les conditions *sine qua non* d'une cause susceptible d'intéresser le public de façon durable? A notre sens, une lecture des avertissements que Gayot de Pitaval plaça en tête des volumes successifs de son recueil des *Causes célèbres et intéressantes* suffit à indiquer ce qui, psychologiquement, déterminait l'intérêt du public. A la lumière de ses réflexions l'affaire Morangiés était digne, et digne à deux titres, de soulever la passion des foules, car elle réunissait de manière éclatante les deux qualités primordiales des causes célèbres.

Selon Pitaval, il fallait avant tout que leur réalité brute dépassât la fiction ... ou que le roman, si l'on préfère, retrouvât la vie. Ce qui, en premier lieu, attire donc et subjugue Pitaval, ses continuateurs et leur public, c'est l'aspect franchement romanesque de la réalité.[16] Personne ne songerait à nier que c'est là une des qualités principales de l'affaire Morangiés: le vocabulaire des avocats et des commentateurs à son égard en est le plus sûr garant.[17]

Pitaval devait ensuite poser en principe (ou peu s'en faut) que toute cause véritablement digne du qualificatif de *célèbre* devait être dramatique.[18] Peu importait, semble-t-il, le genre exact: tragédie, drame ou mélodrame – l'essentiel, c'était de mettre en branle les émotions du lecteur, autrement dit de le tirailler sans cesse entre l'espoir et la crainte en lui faisant revivre en compagnie des protagonistes toutes les péripéties de leur épreuve. Qui pourrait douter que ce soit là aussi une des qualités essentielles de l'affaire Morangiés[19] ... à cette seule, mais énorme, différence près: cette fois-ci le spectateur ne l'était plus par l'entremise de la littérature, de façon éloignée. Au contraire, il était voué ici à être spectateur au sens propre du terme, condamné en tant que contemporain à *vivre* en compagnie des acteurs les coups de théâtre, les rebondissements et les revirements de fortune auxquels ils étaient et allaient être sujets.

Il va donc de soi que le public, qui se passionnait pour les causes criminelles, trouvait dans cette curieuse affaire Morangiés de quoi subjuguer son attention et ses émotions de façon plus ou moins permanente. Or cette cause déjà si vivante et compliquée, qui l'envoûtait en tant que drame romanesque vécu, ne devait pas tarder à soulever aussi un très vif sentiment d'indignation d'ordre socio-politique. Il faut dire que, simultanément, le procès s'était entouré d'une atmosphère qui, par l'entremise d'avocats et de défenseurs engagés, était continuellement envenimée par le heurt des prétentions aristocratiques et des aspirations populaires. Ce qui revient à dire que le public, engagé déjà par les émotions, devait l'être encore plus par ses préjugés d'ordre social qui se trouvaient sans cesse insultés.

Dès le commencement, les uns soutenaient qu'il existait deux poids et deux mesures selon que la victime était noble ou non. Et comme une telle rancune aussi vieille que le monde (ou plutôt aussi vieille que les systèmes judiciaires) ne pouvait que rarement s'exprimer sans ambages et sans retenue, il fallait s'attendre à ce qu'elle fût exprimée avec une amertume certaine et de manière aussi monotone que tapageuse pendant les vingt-trois mois du procès.[20] D'autre part Linguet, le défenseur de Morangiés, contrebalançait cette accusation par la trop évidente volonté d'établir que le crime crapuleux était le propre de la populace et que le comte de Morangiés, rejeton tout à fait digne d'une vieille famille illustre, était *ipso facto* incapable de la vile escroquerie qu'on s'ingéniait à lui imputer. Tout parlait en sa faveur: sa naissance, le rang distingué qu'il tenait dans le monde, le grade dont il était décoré. Tout, en somme, écartait de lui jusqu'au moindre soupçon d'indélicatesse.[21]

Nous ne savons à qui revient le triste honneur d'avoir ajouté cette dimension supplémentaire, et fort mal venue, à un procès qui n'avait déjà que trop de complications à son actif. Tout ce que l'on peut décemment dire à ce sujet, c'est qu'une lecture chronologique de tous les plaidoyers démontrera sans contredit que c'était une erreur déplorable que d'évoquer la qualité sociale des adversaires. Loin de rendre plus impérieux les arguments avancés en faveur des parties en présence, un tel procédé – avec toutes les distorsions qu'il devait nécessairement enfanter – ne fit en pratique que reculer de plusieurs crans la possibilité de découvrir la vérité et de porter la lumière dans un labyrinthe qui ne s'avérait déjà que bien trop ténébreux.

Les avocats des deux parties étaient conscients du caractère peu recommandable des arguments de caste et se défendaient expressément de vouloir porter leurs coups mal à propos. Ils établissaient, les uns et les autres, qu'il fallait, en parlant du Tiers Etat comme de la Noblesse, séparer le bon grain de l'ivraie et ne fustiger que les mauvais sujets qui se trouvaient dans ces deux couches de la société et qui les déshonoraient.[22]

Se mettre en devoir de différencier de manière si rigoureuse était très louable. Malheureusement, la pratique ne devait que démontrer à quel point la théorie était en l'occurrence stérile: ceux que Linguet fustige et insulte en termes grossiers comme des exemples de la racaille sont précisément ceux-là mêmes que Vermeil, Delacroix et Falconet prenaient pour de solides citoyens.[23] Et justement, celui que Delacroix et Falconet conspuaient (en termes élégants toutefois) n'était-il pas celui-là même qui passait aux yeux de Linguet pour un exemple de vertu et de probité sans égal?[24]

Les deux parties en présence rejetaient sur l'adversaire la responsabilité de la polarisation ou de l'intoxication collective qui s'ensuivait et dont les plus intelligents dans le public étaient bientôt conscients[25] en même temps qu'unanimes à la déplorer.

Nous ne savons pas, il convient de le répéter, qui était responsable de ce mauvais prolongement.[26] Mais il convient en même temps de préciser qu'on ne le saura jamais parce que celui-ci date de l'époque des toutes premières confrontations et audiences. Nous déplorons donc la perte irrévocable de la parole telle qu'elle y fut prononcée. Nous la déplorons à deux titres même: il n'y a qu'elle qui, par la même occasion, eût pu indiquer si ce malheureux prolongement était le fait de la *tactique* ou d'un *préjugé*.

Etant donné la direction très particulière imprimée à tout le mouvement du procès, la question n'est pas futile. Nous ne prétendons pas pouvoir démêler ici le vrai du vraisemblable. Cependant, ayant longuement réfléchi à tous les éléments du dossier: forces et faiblesses respectives des parties; caractère et mentalité des avocats; manières de plaider habituelles; attitude prépondérante chez le public, il nous semble possible (mais nous avançons la proposition avec toute la prudence requise) de faire peser de graves soupçons sur Linguet. Ce serait plutôt lui qui aurait eu recours le premier à ces arguments de caste en essayant de retourner la situation au profit de son client qui se trouva, pendant bien des mois suivant le délit supposé, dans une position inconfortable, pour ne pas dire impossible. A l'inverse, on peut dire que les avocats de la famille Veron-Du Jonquay qui jouissait manifestement de l'approbation du public au commencement de l'affaire, n'avaient par conséquent aucun besoin, et de là sans doute aucune raison, d'avoir recours à une telle manœuvre.

Ce serait donc – revers de la médaille – l'attitude du public, qui n'avait en général que de la bienveillance pour les Veron-Du Jonquay, qui expliquerait pourquoi Linguet aurait le premier adopté une telle tactique, comme ce serait plus tard l'argument de caste que Delacroix et Falconet se virent obligés d'avancer à leur tour qui ne pouvait qu'inciter le défenseur de Morangiès à faire appel, encore plus souvent et en termes de plus en plus véhéments,[27] à cette équation qui semblait signifier noblesse: innocence / roture: culpabilité.

Le passage du temps, qui nous permet de dominer ces passions d'autrefois, de parvenir à ce point de sérénité qui permet de manier cette cause, si brûlante, avec une neutralité absolue, aide à comprendre qu'on n'aurait pas dû choisir cette sorte de terrain et que la partie adverse aurait mieux fait de ne pas suivre. La théorie est juste. Encore une fois la pratique ne pouvait par malheur qu'en souligner la stérilité. L'engrenage qui avait été selon toute vraisemblance mis en marche par Linguet est de ceux qui sont *impitoyables*.

Mais si l'on peut se permettre de parler de *tactique* chez les avocats, on est tenté, en évoquant leur public, de parler carrément de *préjugés* ou de *préventions*. Quand par exemple, une dizaine d'années plus tard, Chamfort devait dire que 'la plupart des nobles rappellent leurs ancêtres, à peu près comme un *Cicérone* d'Italie rappelle Cicéron', il ne ferait pas preuve d'une grande originalité. Il répéterait très fidèlement (dans une formule, il est vrai, piquante et neuve) un lieu-commun qui cachait mal cette sorte d'hostilité contre l'aristocratie qui se concrétisait quelquefois par des manifestations analogues à celles du public vis-à-vis du comte de Morangiés en 1771-1773.

Celui qui connaît les remous de la vie politique et sociale à cette époque-là et qui n'ignore pas les déceptions de deux générations de *philosophes*[28] et de bourgeois, ne saurait s'en étonner. Il sait que, pour certains 'malotrus', la noblesse, sous des dehors brillants, joignait à l'ineptie qu'on lui connaissait de mieux en mieux une certaine (prétendue) indélicatesse morale.[29] D'autres, beaucoup plus primaires, ne voyaient en elle qu'une suite ininterrompue d'insolences assorties de brigandages, qui étaient à leur tour assaisonnés de lettres de cachet et de voies de fait.

Il suffit de penser aux détails de l'affaire Morangiés à ses débuts pour comprendre que le comte était donc assez mal placé pour affronter ce public et mériter sa bienveillance. Car ce qui semble acquis, c'est que cet aristocrate s'était prévalu de son rang pour déjouer et intimider ses adversaires: tactique bien compréhensible s'il n'avait été, au vu et au su de tous, que la victime d'une sombre machination; tactique absolument sans nom toutefois si ses adversaires n'avaient été (comme on était prédisposé à le croire) que l'objet d'une sombre machination de sa part à lui.

La rhétorique des avocats qui plaident pour Du Jonquay et sa mère, et qui évoquent l'interrogatoire, est décidément remarquable.[30] Mais ce qui devait donner un poids accru à leurs allégations, et consolider le public encore plus dans son préjugé, c'est que Desbrugnières, le commis de police qui avait aidé l'inspecteur Dupuis pendant l'interrogatoire désormais célèbre du 30 septembre 1771 devait être poursuivi à son tour par l'appareil de la justice pour violences envers Du Jonquay et sa mère.[31] Et comme la collusion de Desbrugnières avec Morangiés passait pour flagrante et incontestable, la police elle-même passait fatalement par extension pour être tout à fait complaisante envers la noblesse au détriment des hommes du peuple innocents.[32] De là à insinuer que la justice elle-même était au service exclusif de la noblesse, il n'y avait évidemment qu'un pas.[33] Il n'est pas inutile de souligner que les avocats de Du Jonquay et de sa mère faisaient tout comme pour entretenir un climat, sinon de terreur (le mot serait peut-être excessif), du moins d'inquiétude chez le peuple vis-à-vis de la police et de la justice en général (*Mémoire pour la dame Romain* [B11], p.2):

> L'habitant paisible de cette capitale se demande avec inquiétude si la justice le méprise assez pour souffrir qu'on le tourmente, qu'on le force à signer dans une maison étrangère son opprobre et sa ruine [...] La nation alarmée répète avec douleur, 'les loix ont-elles perdu leur empire? restent-elles sans force, sans vigueur? Depuis quand donc ne s'appliquent-elles plus qu'à la foule obscure que l'on nomme peuple et que l'orgueil dédaigne?'

Ce sont là des paroles que l'on peut qualifier de franches et de directes, propres à donner à réfléchir à ces autorités que l'on accusait sans détours d'avoir deux poids et deux mesures. Si de telles paroles pouvaient se trouver au bout de la plume d'un Delacroix, qui n'avait rien d'un démagogue, on ne manquera pas de s'interroger sur les émotions du peuple et de la bourgeoisie devant de telles propositions. Quand celles-ci sont transmises par voie orale, quand elles sont commentées de vive voix dans la chaleur du moment, elles n'ont que trop tendance, le préjugé social aidant, à se grossir, à se déformer, à s'amplifier. Le registre risque de subir de profondes modifications. Le tout finit par engendrer un climat de profonde indignation, voire d'horreur et de révulsion.

De telles accusations, et leurs versions déformées, firent beaucoup de mal à Morangiés car elles revenaient, sous diverses formes, comme une sorte de rengaine pendant tout le cours du procès pour envenimer une atmosphère qui n'était déjà que trop viciée et pour entretenir un climat de haine à son égard. Se rappelant la toute récente affaire Monbailli,[34] qui lui semblait de plus en plus empiéter par certains côtés sur l'affaire Morangiés, Voltaire commençait à s'inquiéter de cette atmosphère qui résultait de l'action conjuguée des avocats et du public, et à entrevoir la possibilité d'une sentence par voie d'un vote populaire à l'égard du comte: 'Plus le procès devient compliqué,' écrivait-il à Morangiés lui-même le 30 octobre 1772 (Best.D17987), 'plus il semble que les préjugés augmentent. Il peut y avoir des juges prévenus, ils peuvent se laisser entraîner à l'opinion dominante d'un certain public, puisqu'ils voient déjà par avance dans cette opinion même l'approbation d'une sentence qu'ils rendraient contre vous.'

Il serait sans aucun doute déplacé de soutenir que la peine requise, le 20 avril 1773, contre Morangiés est la mesure de la haine qu'on lui portait dans le public,[35] comme il serait hasardeux de vouloir prouver que sa condamnation[36] devant le Bailliage du Palais, le 28 mai 1773, était le résultat chez les sept juges de préventions favorables pour la famille Veron-Du Jonquay. Tout ce que l'on peut affirmer, c'est que la condamnation était non seulement attendue, mais attendue aussi par les amis de Morangiés avec une certaine impatience, comme le seul élément neuf qui pût faire revenir le public en sa faveur. Espoir franchement paradoxal mais solidement enraciné dans la connaissance de la psychologie des foules.[37] Dès le mois d'octobre 1772, Voltaire s'était montré là-dessus d'une franchise brutale. Il avouait dans sa lettre à Morangiés du 30 octobre (Best. D17987):

> Je ne m'embarrasse pas que vous soyez condamné ou non en première instance; il serait triste sans doute de perdre au bailliage ce procès, qui me paraît si juste, mais ce malheur même pourrait tourner à votre avantage en vous ramenant un public qu'on a vu changer plus d'une fois de sentiment sur les choses les plus importantes.

On commençait en effet dès le mois de juin 1773 à considérer que, si par hasard le comte de Morangiés était innocent (ce qui était après tout possible, attendu que sa culpabilité n'était nulle part établie de manière absolument incontestable), il se trouvait à la fois dupe et victime du complot de quelques fripons, dépouillé de cent mille écus et puni de sa confiance dans des agioteurs par la perte de son honneur et de sa liberté. Cette destinée était sans doute affreuse. Et la pitié publique qui l'avait d'abord disgrâcié commençait à s'élever en sa faveur.[38]

Tout lecteur averti de Montaigne s'était attendu – ayant prévu cette conjoncture – à ce qu'un revirement de proportions sensibles commençât à s'opérer chez ce public ondoyant. L'explication proposée à ce sujet par Grimm (CLT x.293) nous semble d'une justesse irrésistible:

Ce qu'il y a de certain, c'est que jamais l'opinion publique n'a varié à ce point sur une même affaire. La raison en est fort simple: depuis le commencement du procès jusqu'à la fin, les preuves pour et contre ont paru toujours presque également fortes ou également faibles. Il n'y avait qu'une présomption grave ou l'intérêt du parti qui pût faire pencher la balance d'un côté plutôt que de l'autre. Dans ce cas, la multitude se décide toujours avec beaucoup de chaleur et s'en repent de même, surtout lorsque aucun motif personnel n'arrête précisément son inconstance.

Il est vrai que, dès le mois de juin 1773, cette pirouette tant souhaitée par les partisans du comte de Morangiés commençait à s'esquisser. En conséquence, la cause ayant été renvoyée devant la Tournelle en deuxième instance pour jugement définitif, les avocats de part et d'autre redoublèrent d'efforts. Aucun ne se signala aussi bruyamment que Voltaire: coup sur coup ce sera le *Précis du procès de mr le comte de Morangiés contre la famille Veron*, suivi d'une seconde édition remaniée, et puis trois bordées successives: les fameuses *Lettres à la noblesse du Gévaudan*[39] qui demontrèrent, s'il convient de faire entière confiance à Grimm, de quelle manière une certaine section de ce public était inconstante (CLT x.293):

Sans approfondir la cause, [Voltaire] a su la rendre intéressante pour une infinité de lecteurs qui, sans lui, ne s'en seraient pas mis en peine. Le moyen le plus adroit qu'il ait employé en faveur de son client a été de représenter sa cause comme la cause de la noblesse entière. Il y a si bien réussi que beaucoup de gens se sont imaginé qu'il suffisait dans le monde de se déclarer hautement du parti Morangiés pour avoir l'air gentilhomme.

Une disposition plus compatissante parmi les juges semblait toutefois moins certaine et Voltaire pour sa part (Best.D18531, D18534, D18543, D18552) craignait auprès d'eux la perte du procès. Nous ne saurons jamais ce qu'il en était, car les quelques rares documents qui nous sont parvenus de la Chambre du Conseil de la Tournelle sont trop arides pour permettre une mise au point claire, précise et convaincante. Tout ce que l'on peut savoir, c'est qu'après quinze séances l'intention – attendu les conclusions du rapporteur et les peines que l'on requérait – était de renouveler le jugement du Bailliage.[40] Or, révolution inattendue! Morangiés gagna.

Quant aux raisons de cette heureuse issue, les opinions diffèrent radicalement. Dans son *Fragment sur la justice*, mis au point peu de jours après l'arrêt rendu en faveur du comte, Voltaire devait soutenir que cette conclusion ne se produisit que grâce à l'intelligence du premier président, Berthier de Sauvigny, qui avait 'interrogé lui-même deux coquins de la bande Jonquay' (voir aussi Best.D18586) pour faire jaillir enfin la vérité (qui avait persisté, ne l'oublions pas, à fuir tout le monde pendant vingt-trois mois!).

En toute impartialité il convient de dire que la version de Voltaire n'est pas entièrement convaincante. Car il faut savoir aussi qu'il y avait eu à l'époque une explication toute différente du succès de Morangiés. Puisque Hertz, l'une des rares personnes à avoir consacré une étude fondamentale à Voltaire et au problème de la justice criminelle au dix-huitième siècle y a souscrit,[41] nous ne pouvons nous dispenser de reproduire les quelques lignes qu'il écrit à ce propos (pp.357-58):

Voltaire erzählt, der erste Präsident Berthier de Sauvigny habe persönlich die beiden Schurken des Dujonquay'schen Bande, Gilbert und Aubriot, vernommen; und diesem Umstande hätte Morangiés seinen Sieg im Parlamente zu danken gehabt. In Wirklichkeit war aber Morangiés hierfür nur den guten Freunden verpflichtet, die er im Parlamente besaß. Die grand'chambre war nämlich in ihrer Majorität gegen den Grafen und geneigt gewesen, den Anträgen des Berichterstatters zuzustimmen, die auf Bestätigung des erstinstanzlichen Urtheils lauteten. Dies war Morangiés' Anhängern in der grand'chambre nicht entgangen. Der Präsident von Château-Giron, des Grafen eifrigster Fürsprecher, wandte deshalb folgende List an: Nach dem im Parlamente herrschenden Brauch wäre er erst in vorletzter Stelle und der erste Präsident in letzter Stelle zur Abgabe seiner Stimme gekommen. Außerdem hätte über die einzelnen Anträge in der Reihenfolge, wie sie der Berichterstatter gestellt hatte, abgestimmt werden müssen. Da hiernach zuerst über den Morangiés betreffenden Theil des Erkentnisses Beschluß zu fassen war und der Präsident von Château-Giron einsah daß, wenn man diese Ordnung befolgte, sein Schützling verloren sei, so ergriff er außer der Reihe und unter Verletzung des bestehenden Brauches das Wort. Er erklärte, daß er über den Fall ernstlich und lange nachgedacht habe und zu der Überzeugung gekommen sei, man müsse zuerst über einen anderen Punkt abstimmen. Deshalb schlage er vor, mit Gilbert zu beginnen und denselben zur Galeere zu verurtheilen. Sofort erhoben sich alle anwesenden geistlichen Räthe, um einen Augenblick Rücksprache mit einander zu nehmen, und verließen dann den Sitzungsaal. Denn an einer Berathung, in der die Verhängung einer Peine afflictive beantragt worden war, dürften sie nicht weiter Theil nehmen. Hierauf hatte aber der Präsident von Château-Giron gerechnet. Er wußte, daß die geistlichen Räthe gegen Morangiés stimmen und durch ihre Entfernung dessen Anhänger die Majorität gewinnen würden. Der Graf wurde denn auch völlig freigesprochen.[42]

Cette version de la séance du 3 septembre 1773 est curieuse. Comme d'instinct on est plus porté à se laisser séduire par elle que par l'assertion quelque peu flagorneuse, même franchement invraisemblable, de Voltaire. Résiste-t-elle à l'examen? Dans ses grandes lignes assez bien: on n'ignore pas, par exemple, que les conseillers-clercs s'abstenaient depuis de nombreuses années de paraître dans les procès criminels (et, en règle générale, dans n'importe quel procès) où l'on condamnait ou entendait condamner à des peines afflictives. On n'ignore pas de même la procédure du Parlement où il était d'usage en effet que le premier président donne son avis le dernier, précédé de peu par ses collègues, les trois présidents. On relève enfin dans le registre de la Chambre du Conseil de la Tournelle (Archives nationales, X^{2a} 1137) une indication des plus intéressantes qui tend à militer en faveur du bien-fondé de l'anecdote: les conseillers-clercs se sont en effet retirés de la séance *avant* les délibérations sur les verdicts, l'un 'de Messieurs' – d'après le registre – 'ayant ouvert l'avis à la peine du fouet, de la marque et de l'Hôpital'. C'est là une révélation qui donne à réfléchir et qui rend si séduisante la version rapportée par Hertz.

Voyons par contre ce qui peut nous amener à révoquer en doute son authenticité absolue. Armé du registre de la Tournelle, on décèle assez vite chez Hertz des contradictions et des inconséquences. Commençons par cet avis pour une peine afflictive, bien propre en toute circonstance, il faut bien l'avouer, à éloigner jusqu'au dernier des conseillers-clercs. On prétend que le président de Château-Giron, méprisant les us et coûtumes de la cour, prit la parole, proposa de commençer par Pierre Gilbert,[43] et déclara que son opinion était de le condamner aux galères. Il y a là *quatre* détails qui nous paraissent peu conformes à la réalité: 1° les galères, quoique peine afflictive, n'étaient absolument pas la sentence que l'on avait en vue; 2° il ne s'agissait pas de Pierre Gilbert, mais d'une certaine Marie-Josèphe Hérissé; 3° un président de la cour, même en méprisant les usages de celle-ci, ne les aurait pas méprisés au point de vouloir commencer par Pierre Gilbert qui n'avait été que le douzième témoin déposant en faveur de Du Jonquay; d'ailleurs, selon l'ordre des interrogatoires, il fallait que la cour commençât par opiner, *non point sur Morangiés* comme Hertz le prétend, mais sur le premier témoin: Marie-Josèphe Hérissé[44] (ce que l'on fit de toute évidence). Finalement, le président de Château-Giron n'était pas membre de la cour.[45]

De telles constatations sont pour le moins troublantes. Il faut donc se résoudre à se dire que l'incident ne trouve pas sa pleine confirmation dans les documents authentiques du greffe. Reste toutefois l'élément essentiel qui se trouve corroboré: le départ des conseillers-clercs. Reste surtout une opinion largement répandue dans ce public hostile à Morangiés, qui laisse rêveur: à savoir que *la majorité eût été pour les Veron si les conseillers-clercs avaient siégé.* Point de vue (ou vérité ou vœu pieux?) qui se trouve étayé *a contrario* par l'amère déclaration de Desbrugnières, ce 'commis violent et entremetteur' (voir n.35), contenue dans une lettre qui date de juin 1776: 'Depuis le jugement du parlement qui nous déclare innocents nous avons toujours paru coupables, aux yeux de bien des gens' (Best.D20193).[46]

Il n'est en somme que trop évident hélas! que le Parlement, loin de démêler le vrai du faux, loin de dissiper les doutes et les ténèbres comme Voltaire le prétend, n'avait fait autre chose en laissant planer un énorme point d'interrogation sur le jugement définitif que confirmer les deux factions 'dans toute leur force ou dans toutes leurs préventions' (Grimm, CLT x.292).[47]

Gayot de Pitaval aurait été fasciné par l'affaire Morangiés qui ne le cédait en rien aux causes les plus célèbres et les plus intéressantes de la criminalité française aux dix-septième et dix-huitième siècles. Elle surclassait même par certains endroits celle de Martin Guerre, du Gueux de Vernon, de Saint-Géran, de Pierre Mège, du sieur de la Pivardière, les plus fameuses de toutes.

On peut se demander cependant si Pitaval – malgré les indéniables qualités romanesques et dramatiques de l'affaire – aurait jugé Morangiés digne de figurer dans un recueil tel que le sien. L'énorme inconvénient, c'est que l'énigme des 300,000 livres (à l'encontre du mystère de la fille réputée hermaphrodite qui, lui-même, n'avait pas résisté à l'examen) s'obstinait, en dépit des efforts, à demeurer entière. Quelle place donc, de par sa nature, aurait-elle pu trouver dans une littérature qui se proposait d'ordonner la disparate en un tout harmonieux et satisfaisant, où par ailleurs l'on se proposait de plaider la cause des victimes innocentes, où l'on montrait comment les pièges des coupables avaient été éventés et de quelle manière les coupables eux-mêmes avaient été châtiés? On ne pouvait en somme tirer aucune leçon morale de l'affaire Morangiés qui, dépourvue d'une conclusion convaincante, était esthétiquement détestable. Elle l'est encore.

2. Avril-octobre 1772: l'examen des probabilités

A LA lumière de notre brève introduction, l'affaire Morangiés qui avait fait révoquer en doute, dans presque tous les domaines et chez de nombreuses personnes, les principes mêmes de la justice, paraîtra une affaire embrouillée à souhait, pénible, mauvaise et périlleuse, capable de faire naître les émotions les plus fortes. En un mot, c'était dès le départ une affaire qui s'annonçait abominable. Qu'est-ce qui explique donc la présence de Voltaire dans cette galère qui, comme celle de Scapin, était maudite, et même trois fois maudite?

Pour répondre à cette question, pour expliquer cette présence de plus en plus remarquée car de plus en plus insistante et de moins en moins neutre, il faut remonter à la fin du mois d'avril 1772, époque à laquelle des mentions de l'affaire commencent à se manifester dans la correspondance de Voltaire. C'est par une lettre du 27 avril 1772, à Marin (Best.D17715), que nous apprenons que Voltaire vient de lire le *Plaidoyer* de Linguet *pour le comte de Morangiés* [B2], qu'il se sent vaguement concerné (car autrefois lié avec la mère et la grand'mère de Morangiés)[1] et que son intérêt ne se borne pas au seul plaidoyer de Linguet puisqu'il demande à Marin de lui 'procurer les deux factum pour et contre'.[2] Mais d'inquiétude, point! Il évoque, quelque peu goguenard, une affaire analogue (et décidément scabreuse) qui s'était produite à Bruxelles en 1740, et feint de croire que Du Jonquay serait payé de sa peine par le fouet et le bannissement. Pourquoi d'ailleurs se serait-il alarmé, attendu que la défense des intérêts de Morangiés se trouve confiée à Linguet dont le plaidoyer lui paraît irrésistible (Best. D17715-16, D17721, D17728, D17731)? Pourquoi se serait-il mis en peine, alors que les avocats de la partie adverse lui semblent en mauvaise posture, voire incapables de répondre à Linguet de façon cohérente (Best.D17721, D17728, D17731, D17740)?

Pour l'instant l'émotion dominante semble être non la peur, non l'inquiétude, non même pas l'indignation, mais la simple *curiosité* (Best.D17740, D17743). La seule curiosité – aussi vive qu'elle puisse être – paraîtra toutefois une raison insuffisante pour expliquer de la part de Voltaire une activité en faveur de Morangiés qui aboutira à l'*Essai sur les probabilités en fait de justice* et, plus tard, à sa seconde édition très augmentée. Il convient de chercher ailleurs.

La correspondance datant des mois d'avril et de mai 1772 ne nous est pas ici d'un grand secours. Et il faut se reporter à une lettre du 3 mars 1773 (Best. D18238) pour apprendre que c'est Rochefort d'Ally, ami du marquis de Morangiés, père du malheureux comte, qui avait pressé Voltaire d'écrire en faveur du fils. Si l'on se reporte à un écrit de Voltaire, datant de la même époque, intitulé *Déclaration [...] sur le procès entre m. le comte de Morangiés et les Veron*, on comprendra qu'il s'était lancé dans cette bataille peu commode et peu séduisante, avec l'intention de répondre à l'appel de l'amitié et aussi de demeurer fidèle (mais ici il faut le deviner) à des obligations contractées vis-à-vis des Châteauneuf bien des années auparavant, à une époque plus calme, plus heureuse et plus sereine.

Si l'on prospecte un peu plus loin dans cette *Déclaration*, on trouvera même quelques détails supplémentaires qui aident à situer un peu mieux cette intervention. On lit (p.10): 'Pressé par des amis de M. de Morangiés, j'ecrivis, malgré ma répugnance et mon peu de capacité, dans l'absence de M. Linguet, quelques réflexions sommaires sur les *probabilités en fait de justice.*'

L'aveu est simple. Les questions qu'il suscite sont pourtant nombreuses. Rochefort d'Ally avait-il donc été ou non le seul ami à inviter à une intervention écrite? Ces amis de m. de Morangiés (s'ils avaient été plusieurs) avaient-ils sollicité l'aide de Voltaire pour contrebalancer la présence de Delacroix et de Courtin? En d'autres termes, le Maître, n'était-il destiné dans leur esprit à servir ni plus ni moins que de suppléant à Linguet? Ou cette invitation avait-elle été provoquée par l'absence de Linguet et (selon toute vraisemblance) par le refus de tout autre avocat de se charger de la défense de Morangiés? Ou enfin, Voltaire, prévenu et désireux de mettre sa plume au service du comte, avait-il décidé de sa propre initiative de combler le vide laissé par Linguet qui se trouvait en l'occurrence en prison pour une durée que l'on ne pouvait alors déterminer? ... Hélas! on dirait que cette affaire Morangiés si embrouillée, dont nous avons déjà évoqué les complications et les complexités, semble contaminer tout ce qui s'en approche. Quoi qu'il en soit, puisque l'absence de Linguet (Best.D17759) se situe au milieu du mois de mai 1772, on peut croire que c'est vers cette même époque que Voltaire décida de se lancer dans la mêlée et de prêter main forte au petit-fils du marquis de Châteauneuf en rédigeant le premier de ses douze ecrits sur l'affaire des 300,000 livres.

Amitié, sens des obligations, nécessité sans doute de défendre un homme momentanément sans défenseur. Il y a là de bonnes et solides raisons pour expliquer la présence active de Voltaire. Mais en est-ce là le total? Evidemment non. L'ensemble, ou plutôt la mosaïque des raisons qui incitent Voltaire à telle ou telle activité, telle ou telle initiative, s'avère autrement plus riche et compliquée.

Si nous nous contentons de faire abstraction de tout contexte qui n'est pas le contexte purement juridique, d'autres motifs encore se présentent à l'esprit. Nous ne parlerons pas, même en termes généraux, de l'intérêt de plus en plus vif porté par le vieillard, depuis 1762-1764, au problème de la justice. Mais comment passer sous silence le fait que la sensibilité de Voltaire à ce sujet est encore mal remise de l'épouvantable Méprise d'Arras (voir chapitre précédent, n.34)? Que la révision du procès Sirven, où il s'était tant dépensé, vient d'avoir lieu? Ce sont là autant de raisons supplémentaires qui expliquent la présence du Maître.

C'est enfin le point de vue de Hertz, que nous jugeons douteux, même franchement trompeur, qui sert toutefois à indiquer qu'il y avait sans doute une autre raison encore qui rend compte de cette présence (que les partisans de la famille Veron-Du Jonquay qualifiaient d'*immixtion*) et qui enfin l'excuse amplement. Hertz écrivait (p.346):

Graf Rochefort, ein Freund von Morangiés' Vater, hatte Voltaire gerade an dessen alte Verbindung mit der Familie erinnert, um ihn zu bewegen sich des Grafen anzunehmen. Daß sich Voltaire hierauf einließ, setzte allgemein in Erstaunen. Denn als er für die Calas, Sirven und Montbailli eintrat, als er La Barre und Lally zu rächen suchte,

> handelte er aus innerem Drange; und alle seine für diese Opfer des Justiz verfaßten Schriften spiegeln sein empörtes Rechtsgefühl, sowie die Begeisterung wieder, mit der er für die Verbesserung der Strafrechtspflege kampfte. Der Morangiés'sche Proceß ist hingegen unter allen Criminalfällen, an denen Voltaire Antheil nahm, der einzige, bei welchem er dies ideale Ziel nicht vor Augen hatte.[3]

Un tel jugement, dans un tel ouvrage, et qui est superficiellement exact, est bien propre à induire en erreur. On peut à la rigueur se permettre d'aller jusqu'à dire – car rien, il est vrai, n'infirmerait une telle assertion – qu'en défendant la cause de Morangiés, Voltaire ne combattait pas en connaissance de cause pour la réforme de l'*administration de la justice criminelle*. Mais se permettre de dire cela, et par extension de prétendre que Voltaire n'avait plus ce but idéal devant les yeux en prenant fait et cause pour Morangiés est cruellement trompeur. Car Hertz insinue, ou pour le moins paraît fatalement insinuer, que les motifs régissant la conduite de Voltaire en 1772 étaient en conséquence moins nobles.

Mais au nom de quel critère Hertz suppose-t-il, ou laisse-t-il supposer, qu'on peut ici parler de *plus* ou de *moins*, qu'on peut en somme comparer l'affaire Morangiés aux autres affaires de triste mémoire qu'il évoque: Calas, Sirven, Monbailli, La Barre, Lally? Une comparaison de ces affaires, au niveau où Hertz semble vouloir la situer, ne mène et ne mènera jamais qu'à de fausses inductions. Pour la bonne raison que l'affaire Morangiés – procès en devenir – ne saurait en aucun cas se comparer aux autres procès révolus (tous les cinq, erreurs judiciaires); pour la bonne raison également que les motifs qui avaient poussé Voltaire à s'occuper de celles-ci sont forcément et même radicalement *différents* de ceux qui président à sa conduite en avril et mai 1772. Bref, nous sommes convaincu que si Voltaire reprend les armes à cette époque précise, c'est en fin de compte pour qu'il n'ait pas, à plus ou moins long terme, à réparer une erreur judiciaire perpétrée sur la personne du petit-fils de son ancien bienfaiteur.[4] C'est dire que la nonchalance primitive s'est vite muée en la crainte que le comte de Morangiés, quoique innocent, ne perde son procès.

Une telle affirmation nous met devant la nécessité toutefois de proposer une définition des sentiments de Voltaire relativement au problème Morangiés, et d'examiner par la même occasion la manière dont il envisageait le procès et son futur déroulement.[5] A considérer la seule correspondance de Voltaire pour la période d'avril-mai 1772, nous serions tenté d'affirmer qu'il croyait le comte non seulement innocent, mais aussi cantonné dans un poste inexpugnable. Une enquête plus large entreprise à travers cette correspondance, doublée d'un examen de la première rédaction de l'*Essai sur les probabilités en fait de justice*, démontre toutefois et sans conteste que Voltaire devait être, un peu plus tard, beaucoup mieux renseigné sur les arguments de la partie adverse que sa correspondance ne le laisserait supposer et, par conséquent, beaucoup plus nuancé dans son opinion sur le délit que son attitude publique d'apparence simpliste ne permettrait de croire.

Trois lettres, d'une belle franchise, nous intéressent tout particulièrement. Le 13 juillet 1772, il écrivait à d'Alembert (Best.D17824):

> Je pense qu'il [Morangiés] a voulu emprunter de l'argent très mal à propos, et au hazard de ne point paier, que dans l'yvresse de ses illusions et d'une conduite assez mauvaise il a signé des billets avant de recevoir l'argent.

Deux jours plus tard, dans une lettre tout aussi cordialement sincère, il disait à son neveu, Vincent Mignot (Best.D17828):

> Mr de Morangiés me paraît coupable d'avoir très mal conduit ses affaires, d'avoir ajouté de nouvelles dettes à celles de sa famille, pour les quelles il s'était accommodé avec ses créanciers, et leur avait abandonné une partie de son bien; de s'être livré continuellement à des Usurières, à des Prêteuses sur gages; d'avoir été en commerce de lettres avec elles; de s'être fait illusion jusqu'à croire qu'on lui prêterait cent mille écus sur ses billets, et qu'il payerait ensuite ces cent mille écus comme il voudrait.

Six semaines plus tard, le 28 août 1772, il exposait enfin sa pensée intime, résumée de façon nette et précise, en écrivant au vieil ami d'Argental (Best. D17888):

> J'ay toujours été persuadé que [...] M. de Morangiés a cru attraper les Dujonquai en se faisant prêter par eux cent mille écus qu'il ne pouvait rendre; qu'il a été attrappé lui même; que dans l'ivresse de l'espérance de toucher cent mille écus dans trois jours il a signé des billets avant d'avoir l'argent. Mais je tiens qu'il est impossible que les du Jonquai aient eu cent mille écus.

Les trois lettres, fort éclairantes, donneraient à croire que Voltaire raffinait son opinion sur Morangiés et le fond du procès au fil des semaines, au fil de ses lectures et de ses réflexions personnelles. Il n'en était rien. La conclusion qu'il semble émettre pour la première fois le 28 août (où l'adverbe *toujours* peut paraître déplacé, mais qu'il faut prendre au pied de la lettre) était *déjà* la sienne bien avant la rédaction de la plus ancienne de ces trois lettres. Si l'on consulte la première édition de l'*Essai sur les probabilités en fait de justice* à laquelle, selon toute bonne vraisemblance, Voltaire travaillait vers la fin du mois de mai 1772, l'on y trouvera la confirmation de ce détail, non pas une, mais *deux* fois. La teneur du premier passage est comme suit (p.20):

> Il [le magistrat de la police] pouvait raisonner ainsi: 'Voilà un gentilhomme endetté qui paraît avoir fait des billets de trois cent mille livres pour en tirer peut-être quarante mille comptant dans l'incertitude d'être en état de les payer: il s'est aveuglé, il a très grand tort; mais ses adversaires semblent avoir un tort plus funeste et bien plus répréhensible.'

Même franchise, mais encore plus *brutale*, plus préjudiciable, dans le deuxième passage situé dans un développement (p.33) qui devait être entièrement supprimé plus tard:

> Les juges pourront se dire à eux-mêmes, en consultant toutes les présomptions: 'L'officier-général ayant mal fait ses affaires, ayant abandonné tous ses biens à ses créanciers, voulait emprunter de l'argent secrètement, au risque d'être hors d'état de le rendre; et en cela il est très répréhensible.'

Evidemment des passages de cet ordre (pour ne rien dire des termes dans lesquels ils sont formulés), enchâssés tels quels dans un ouvrage voué à la publicité, et à la défense de Morangiés, sont étonnants. Or, à la réflexion, on comprend pourquoi ils se trouvent placés dans la bouche de gens-porte-parole de Voltaire qui, selon Voltaire écrivain (qui juge la situation objectivement du dehors), sont tout à fait mystifiés par les données contradictoires du problème et qui cherchent néanmoins la vérité de bonne foi. On comprend encore pourquoi ces gens, en voulant cerner cette vérité, examinent (sous l'impulsion de Voltaire) toutes les possibilités, même les possibilités qui font peu d'honneur au comte de Morangiés mais qui aideraient à expliquer comment et pourquoi Morangiés avait été, selon toute apparence, la victime d'une escroquerie. On comprend enfin que Voltaire profère ici des suggestions qui sont censées n'avoir valeur que d'hypothèses et qui ne font, dans son esprit, qu'indiquer tout au plus ce qu'auraient pu être les *intentions primitives* de l'infortuné comte, et non pas ce qui, selon lui, *s'était produit en réalité*. Après tout, pour Voltaire, on n'allait pas juger les intentions du comte, mais les faits perpétrés par la famille Veron-Du Jonquay.

Par malheur, ces hypothèses (et Voltaire devait sentir de plus en plus qu'il avait été trop franc) frisaient la vérité historique de très près. A telle enseigne qu'elles risquaient de semer des doutes encore plus graves sur l'innocence de Morangiés dans l'esprit des gens qui lui étaient hostiles[6] ... d'autant qu'on apprenait que le comte avait vécu, et vivait encore, à l'époque même de l'instruction de son procès, d'expédients indélicats.

Voltaire comprit donc très vite qu'il valait mieux ne rien dire des intentions probables de Morangiés. Celles-ci n'embellissaient pas son dossier et, considération encore plus essentielle, ne faisaient strictement rien à l'affaire si l'on était persuadé, comme le Maître, que le malheureux n'avait pas reçu les 300,000 livres, mais qu'il avait été au contraire la victime de fripons particulièrement audacieux qui, ayant deviné son projet, avaient essayé de retourner la situation à leur propre avantage.

Voltaire homme était convaincu de bonne heure de ce que Morangiés n'avait point touché les cent mille écus (Best.D17753). Mais en tant que polémiste, et au nom de la justice, il était également convaincu qu'il fallait ignorer les intentions, les velléités, les demi-teintes et les nuances. Point de milieu. On était innocent ou on ne l'était pas. Dans cette affaire il fallait établir les faits déposant en faveur de l'innocence de Morangiés et ensuite prouver leur réalité.

Il y avait à cela plusieurs difficultés, à commencer par le *droit* et le *fait*. Laissons la parole ici encore une fois à Masmonteil, qui précise (p.73):

> En droit les Du Jonquay-Romain avaient un titre légal; les billets du comte de Morangiés. On leur opposait la déclaration signée d'eux par laquelle ils avouaient que ces billets ne leur avaient été confiés que pour être négociés et qu'ils n'en avaient jamais fourni la valeur. Ce titre anéantissait le premier; mais ils réclamaient contre cette déclaration qu'ils disaient avoir été extorquée et il fallait alors en venir à la question du fait.

Et le *fait*, c'était de savoir si le comte de Morangiés avait ou non reçu les 300,000 livres.

Il y avait encore à cela aussi des difficultés: pour établir l'innocence de Morangiés, il fallait des preuves. Or il n'y en avait point. Et comme il n'y en avait point, chaque partie s'en tenait à des allégations, allégations qui – par malheur – étaient tout à fait plausibles. Chaque partie avançait des arguments lumineux qui contredisaient les arguments tout aussi lumineux et convaincants de la partie adverse. Il était évident, dès le départ, que l'unique *présomption de droit* que l'on pût trouver pour ou contre Morangiés était ses billets à ordre ... que Morangiés prétendait pourtant lui avoir été extorqués.

Il fallait à la fin que Voltaire se rendît à l'évidence: à défaut de preuves, il allait falloir se battre sur le terrain des probabilités. Une telle perspective était inquiétante. Car il avait lu les arguments pour et contre. Il avait même examiné sans doute l'une des rares pièces de la cause dont la disposition matérielle rendait la confrontation de ces arguments immédiatement accessible: nous entendons la *Dénonciation du comte de Morangiés* [B1] qui résume à elle seule le caractère effroyablement complexe de ce procès aux données pourtant si simples. Malgré la longueur de ce texte éloquent, nous avons pris le parti de le reproduire (voir appendice E). Placé devant le choix, soit de résumer tant bien que mal thèses et antithèses, soit de laisser parler les documents d'époque authentiques, nous avons pris la décision de rapprocher le lecteur autant que possible de Voltaire lui-même. Qu'il lise donc cette *Dénonciation* et qu'il juge de l'ampleur du problème devant lequel Voltaire se trouvait placé avant de rédiger son premier texte en faveur de Morangiés.

Tout lecteur de la *Dénonciation* tant soit peu logicien ne pouvait que trop bien comprendre le but que s'était proposé Picard en fondant la défense des Veron-Du Jonquay sur le principe évident et universellement reconnu que de deux propositions contradictoires, si l'une est fausse ou controuvée ou inconséquente, l'autre est nécessairement vraie ou plus digne de foi. Malheureusement pour ses clients, la logique de l'avocat et sa façon de présenter la contre-partie n'étaient pas de nature à entamer, même légèrement, la version des faits telle que Morangiés l'avait présentée devant le Commissaire Chesnon. On pouvait en somme et malgré les invraisemblances de part et d'autre faire pleine et entière confiance soit à l'une soit à l'autre version. Mais un tel acte, devant les arguments peu concluants des parties en présence, n'était absolument pas un acte de logique. Chez les uns, c'était une intuition; chez d'autres sans doute un acte de foi pur et simple. Il est bien entendu inutile d'insister sur le fait que les actes de foi ou les intuitions ne comptent toutefois pour rien, tels quels, devant la loi.

Devant l'impossibilité depuis longtemps établie d'apporter à cette énigme des *preuves* indiscutables appuyées sur des *faits* certains et avérés, Voltaire comprit que la seule approche permettant de cerner enfin la vérité était celle qui passait par l'étude minutieuse des probabilités. Non pas qu'il faille imaginer que le Maître, en rédigeant son *Essai sur les probabilités en fait de justice*, faisait œuvre de novateur. L'affaire Morangiés n'était évidemment pas la première affaire épineuse, d'apparence insoluble même, que la justice française avait été appelée à juger. Les jurisconsultes et les commentateurs de tous les temps n'ignoraient pas ce problème des probabilités, diversement connues sous le nom de: présomptions, conjectures, signes, suspicions, indices ou apparences. Pour s'en convaincre, il suffit de savoir que, la même année que l'affaire Morangiés, Daniel Jousse publiait son célèbre *Traité de la justice criminelle de France* où il avait entrepris, dans la section réservée aux preuves, un minutieux examen du problème.[7] Et peu d'années auparavant, Beccaria et Servan, pour n'en nommer que deux, avaient tout particulièrement attiré l'attention de leur public sur les précautions dont doit s'entourer un juge, appelé à trancher une question roulant sur de seules apparences.[8]

L'intérêt porté par Voltaire à la question se situe donc dans un des courants majeurs de la pratique de la justice, tant française qu'européenne, où se trouvaient déjà des jurisconsultes et des avocats illustres et qui, en France, sous une certaine optique, remontait jusqu'au chancelier d'Aguesseau.

Confronté, en 1772, avec un faisceau d'indices ou de présomptions ou de probabilités, et cherchant des éclaircissements sur la manière de les présenter au public sous le jour le plus favorable à Morangiés, Voltaire – lecteur de Servan et de Beccaria – se rappela peut-être leurs injonctions, consulta de nouveau sans doute leurs ouvrages. C'est en relisant Servan (ii.63-64) qu'il ne pouvait manquer d'être frappé par une remarque dont l'application à la conjoncture actuelle était évidente. Servan écrivait en 1766:

> Un magistrat qui s'est rendu célèbre a prétendu que l'étude de la probabilité était trop négligée par ceux qui se destinaient à la magistrature; il a désiré que nous eussions un bon ouvrage où les règles de la vraisemblence fussent développées.[9] Un tel ouvrage serait sans doute utile, surtout si on rendait ces règles sensibles en les appliquant à un grand nombre d'exemples bien choisis.

Or une lecture, même approfondie, des textes de Servan et du chancelier d'Aguesseau ne lui aurait pas dévoilé quels étaient ou plutôt quels pourraient être ces règles et leur mode d'emploi. Des préceptes enjoignant la prudence, la vigilance et l'équité n'y font pas défaut. Mais d'esquisse de la manière de développer à usage juridique les règles de la vraisemblance, point! Les spécialistes étaient à ce sujet précis d'un mutisme décevant.

Nous ne savons si c'est dans le but d'élargir l'enquête ou dans celui de se documenter encore plus sérieusement dans un ouvrage qui se voulait la synthèse, la mise au point des connaissances actuelles, que Voltaire se tourna vers l'*Encyclopédie*. Mais nous avons en tout cas la certitude qu'il y consulta l'article 'Probabilités'.[10] Il est vrai – nous n'en disconvenons pas – que tout connaisseur de Servan, de Beccaria ou des interprètes de l'Ordonnance criminelle ne serait pas impressionné outre mesure par cet article qui contient tout au plus (pour ce qui est de l'examen des vraisemblances en matière de témoignages) un abrégé, par ailleurs intelligent et instructif, de la pensée courante des juristes (pp.397, première colonne - 399, première colonne). Or ce qui différencie cet article de leurs traités, de leurs exhortations et leurs mises en garde, c'est le contexte résolument *mathématique* dans lequel le problème est campé, et l'espoir qu'il donne par là pour sa bonne résolution dans un avenir plus ou moins immédiat.

C'est au fil des pages de cet article à la fois dense et lumineux, qui invitait expressément à considérer la question des vraisemblances ou des probabilités sous l'angle des mathématiques, que Voltaire trouva le tracé du chemin qu'il cherchait. Car au fil des pages, les renseignements et les suggestions s'amoncelaient, répondant parfaitement au but qu'il se proposait, l'affermissant de plus en plus dans sa volonté de croire que l'on finirait par ériger en science mathématique le calcul des probabilités en matière de comportement humain.

Il est vrai que cette science dont on connaissait fort bien les principes et dont on donnait, dans l'*Encyclopédie*, une image si nette et alléchante, n'était pas encore établie. Il est également vrai que cette science était présentée à plusieurs reprises, non pas exactement comme un feu-follet, mais comme un idéal à la portée uniquement des esprits d'élite largement dotés de lumières, de bon sens et de courage (p.394, deuxième colonne). Au sujet des degrés par lesquels nous parvenons à la certitude morale l'auteur écrit (pp.399, deuxième colonne - 400, première colonne):

Concluons qu'il ne serait pas entièrement impossible de réduire toute cette théorie des *probabilités* à un calcul assez réglé, si de bons génies voulaient concourir par des recherches, des observations, une étude suivie, et une analyse du cœur et de l'esprit, fondés sur l'expérience, à cultiver cette branche si importante de nos connaissances, et si utile dans la pratique continuelle de la vie. Nous convenons qu'il y a encore beaucoup à faire, mais la considération de ce qui manque doit exciter à remplir ces vides, et l'importance de l'objet offre de quoi dédommager amplement des difficultés.

A bon entendeur, salut! Il nous semble que c'est précisément cet aspect de la conclusion, et de la mise au point en général, cette atmosphère de défi optimiste, qui ne pouvaient que séduire le Maître de façon définitive. En quoi il était bien le fils de son siècle, surtout le fils de l'époque des Lumières[11] et de la foi dans le progrès continuel des connaissances. Après tout, si la probabilité était, selon Laplace, relative en partie à leurs *connaissances*, en partie à leur *ignorance*, il devait nécessairement s'ensuivre que – dans la simplicité, ou tout au moins dans l'unité de la nature, même de la nature humaine – plus les connaissances s'accroissaient et plus l'intelligence progressait par l'étude et l'expérience, moins il resterait d'incertitudes.

Mu par ce bel optimisme, mu à la fois par le désir de sauver Morangiés et de briller intellectuellement d'une façon révolutionnaire, Voltaire eut recours au calcul des géomètres, lesquels regardaient 'la certitude' [y compris, par extension, la certitude morale] 'comme un tout et les probabilités comme les parties de ce tout' (p.393, première colonne).

Attentif aux conseils du bon sens, et partant à l'une des règles élémentaires des jurisconsultes, Voltaire pesait donc les preuves et les probabilités de part et d'autre; il les opposait les unes aux autres, tantôt accordant tantôt enlevant des points[12] dans le but d'indiquer enfin un résultat *concret* et beaucoup plus *précis* que ne pouvait jamais l'être l'*impression* plutôt floue et fuyante qui devait nécessairement résulter de la simple confrontation, dans le seul esprit des juges, entre les différentes sortes d'indices et de présomptions aux poids si dissemblables.

Il croyait indiquer en somme un moyen moins aléatoire de peser les témoignages et les vraisemblances dans ces cas difficiles où l'on n'avait pour tout guide que les dires et les assertions parfois contradictoires des parties en présence. Il voulait, par la même occasion, remplir des devoirs plus pressants et doter sa prise de position en faveur de Morangiés d'une rigueur toute mathématique, concrétiser par là encore plus les arguments pour et contre en les rendant comme *palpables*.

Si ce n'était l'évident sérieux de Voltaire, on serait pourtant enclin à croire qu'il s'agissait d'un abus de confiance intellectuel de sa part, d'un simple stratagème psychologique pour racoler des partisans dans une cause pour le moins obscure et douteuse. Dans son désir de transférer des procédés de géomètre dans le domaine de l'étude du comportement humain, il avait hélas! donné tête baissée dans un nombre impressionnant de traquenards. Soit séduit jusqu'à l'aveuglement par la beauté de son procédé, soit parfaitement inconscient des faiblesses criantes de sa méthode et donc des insuffisances de son dossier, il pouvait en conséquence donner (et il devait effectivement donner) l'impression de vouloir prouver coûte que coûte, même au mépris du bon sens, que Morangiés était innocent.

Son procédé appelle donc les plus sérieuses réserves. Sur un plan général l'on peut dire initialement que nulle part, au seuil de cette étude qui se veut importante et neuve, Voltaire ne définit le rapport qu'il peut y avoir entre *probabilité* et *réalité*. Mieux, il accentue cette faiblesse en donnant l'impression de croire (mais ce n'est sans doute qu'une impression) que l'on peut, l'*intelligence et l'application aidant*, discerner quelle probabilité entre toutes celles qui se présentent à l'esprit équivaut à la réalité. Il donne cette impression dès l'abord en soutenant que 'si, dans le fameux et triste jugement contre d'Anglade et sa femme, on avait pesé probabilité contre probabilité, indice contre indice, un gentilhomme innocent ne serait pas mort aux galères après avoir subi deux fois la torture'; que 'les juges de Toulouse, qui condamnèrent Calas au plus horrible supplice, devaient avoir certainement plus de présomptions de son innocence que de son crime'; que 'les juges d'un bailliage de Bar, qui firent périr, en 1768, un père de famille, un vieillard, nommé Martin, sur la roue, le condamnèrent sur les plus fausses conjectures'; que la même chose s'était produite à Arras, en 1770, lors de la fatale méprise qui coûta la vie à Monbailli (*Essai sur les probabilités*, pp.5-7).

Qu'il l'ait voulu ou non, Voltaire paraît, sur ce chapitre, induire en erreur. Le lecteur tant soit peu averti aurait pu objecter, et peut objecter encore, qu'on a trop beau jeu d'insinuer, après coup, qu'une certaine probabilité et la réalité (tardivement reconnue) n'auraient dû être, pour celui qui a de bons yeux, qu'une seule et même chose. D'insinuer qu'une réussite aussi heureuse est à la portée, dans le présent, des esprits d'élite ennemis de la prévention et de la précipitation.

Ce lecteur averti aurait objecté encore plus fort que l'étude des probabilités, en matière de comportement humain, ou plus généralement la probabilité philosophique, est beaucoup plus complexe que la probabilité carrément mathématique. Le comportement humain échappe aux calculs et ne saurait se traduire en chiffres. L'étude du comportement humain, la force ou la faiblesse des probabilités que nous y voyons, tiennent à l'idée même que nous faisons du monde, comme de l'ordre et de la nature des choses.[13]

Non! cette étude est essentiellement personnelle. Elle fait naître dans notre esprit une sorte de certitude, certitude de pouvoir cerner entre toutes les probabilités celle qui correspond à la réalité, qui tient à nous-mêmes en tant qu'individus, à nos propres connaissances, à notre propre manière de raisonner. Et cette certitude est comme la résultante de toutes nos pensées, de toutes nos particularités individuelles. Or, par cela même, ce qui constitue pour l'un des esprits d'élite la certitude, ou des éléments de probabilité, n'en constitue absolument pas pour un autre.[14]

Les réserves plus ou moins graves que l'on peut formuler sur le plan de la théorie ne manquent pas. La plus considérable étant de toute évidence le fait que Voltaire assoit tout ce plaidoyer en faveur de Morangiés sur une base philosophique bien chancelante. Et par malheur, quand nous passons avec

Voltaire de la théorie à la pratique, il est (et il a dû être) manifeste à tout un chacun que nos réserves trouvent une confirmation éclatante dans le texte.

Sa méthode paraît manquer de la rigueur la plus élémentaire. Ou en d'autres termes, Voltaire ne semble pas être de bonne foi: en règle générale, il présente les arguments déposant en faveur de Morangiés sous le jour qui lui est le plus favorable, mais il est scrupuleux, voire extrêmement rigoureux, quand il s'agit d'examiner les probabilités en faveur de la famille Veron-Du Jonquay. De sorte que les points qu'il accorde à des probabilités, ou qu'il enlève pour des invraisemblances, semblent être accordés ou enlevés d'une manière tout arbitraire. Il dispose ou combine ces arguments pour en tirer les conclusions qu'il veut accréditer et faire accréditer. Et toutefois le lecteur impartial ne peut manquer de remarquer qu'il y avait logiquement tant de combinaisons possibles dans les événements que l'on discute que les probabilités qui en découlent augmentent ou diminuent en raison de leurs combinaisons mêmes.[15]

Une lecture de l'*Essai sur les probabilités en fait de justice* nous laisse en somme sur la fâcheuse impression que nous n'avons dans cet écrit qu'une liste raisonnée des préjugés de Voltaire. Et cette impression se trouve fortifiée par les tournures dont il affuble et continuera d'affubler les Veron-Du Jonquay, représentants, selon lui, d'une certaine classe vivant en marge de la société et qu'il trouve sans exception semi-canaille: la veuve Veron, veuve obscure, prêteuse sur gages, liée avec des courtières, qui paraissait jouir tout au plus du nécessaire; la Charmette, maquignonne d'affaires; Aubourg, solliciteur de procès et profiteur sans mœurs;[16] Gilbert, vulgaire piqueur; Aubriot, vérolé;[17] Du Jonquay, illettré mais socialement prétentieux.

Ayant examiné les données du problème dans le secret de son cœur – avec sans doute toute l'impartialité requise – Voltaire prit son parti et décida de faire peser tout le poids de son autorité morale du côté de Morangiés. Ce qui était son droit le plus strict. Or, au lieu de proposer au public un examen qui reposait désormais sur un parti pris très évident, il aurait mieux fait de lui présenter plutôt les différentes étapes qui avaient constitué sa quête de la vérité ou de la probabilité la plus authentique. *Il ne suffisait pas d'avoir été impartial, il fallait encore le démontrer au lecteur.*

Bref, la faute de Voltaire, réduite à son expression la plus simple, réside dans son incapacité à comprendre qu'il faisait œuvre de polémiste engagé (comme il pouvait se le permettre en traitant des erreurs judiciaires) dans une cause non encore décidée qui, par là même, demandait un juge ou un commentateur plus impartial.[18] C'est somme toute l'attitude qu'il adopte vis-à-vis de l'affaire devant le public qui laisse le plus à désirer.

Une telle critique ne manque pas d'à-propos. Cette même critique prend toutefois des proportions autrement plus graves quand nous considérons que Voltaire n'écrivait pas uniquement pour le grand public: sa rhétorique trahit assez l'intention parallèle de plaider son dossier devant les juges du Bailliage qui avaient été appelés à prononcer un verdict. Ces mêmes juges qu'il voulait séduire risquaient par contre de conclure qu'il enfreignait la règle primordiale de la jurisprudence: celle de la neutralité, pour tomber *ipso facto* dans la prévention. Selon Servan (ii.46), il n'y avait point d'égarement plus funeste.

En un mot, pour un certain public intellectuel, pour les avocats en général, l'*Essai sur les probabilités en fait de justice*, avec tout son appareil mathématique que Voltaire voulait à n'en pas douter révolutionnaire, devait prêter le flanc à des critiques acerbes.

Cela ne signifie pas pour autant que Voltaire devait s'avouer en faute, pris en flagrant délit de préjugé aveugle. La forme de son plaidoyer était viciée. Soit. Mais non pas le fond. Il avait établi à sa propre satisfaction que le comte de Morangiés ne pouvait pas avoir reçu les 300,000 livres, attendu sa conviction intime que les Veron-Du Jonquay se trouvaient dans l'absolue impossibilité matérielle et morale de les posséder. Il demeurera inébranlable dans cette conviction, ayant une foi inébranlable dans ses propres capacités intellectuelles et son expérience du monde. C'est un point de vue qui se laissera deviner plus ou moins aisément dans tous les textes qu'il consacrera à Morangiés, mais qui ne sera proclamé ouvertement (et encore de façon quelque peu oblique) qu'une seule fois, vers la fin du mois de juin 1773, dans son *Précis du procès* (pp.24-25):

Thémis, selon cette mythologie sublime, remit sa balance et son glaive entre les mains de vieillards sans passions, sans intérêt, sans vice (non pas sans défauts), exercés dans l'art de sonder les cœurs et de démêler les plus grandes vraisemblances et les moindres. Retirés de la foule, ils ne se montraient aux hommes que pour apaiser leurs misérables différends, et pour réprimer leurs injustices.

L'*Essai sur les probabilités en fait de justice* dans sa première rédaction, quoique d'une intelligence supérieure, est maladroit. Là-dessus les opinions varient peu. Sorti vers le 8 juin 1772 (Best.D17776) de l'obscurité qui avait entouré sa genèse et son élaboration, le texte fut assez mal accueilli à Paris une dizaine de jours plus tard. Grimm, par exemple (CLT x.41), loin d'être impressionné, écarte l'écrit en lui-même d'un geste impatient.[19] Mi-figue mi-raisin, mais en tout cas intrigué, le rédacteur des *Mémoires secrets* (vi.151-52) devait, le 20 juin, noter ainsi ses appréciations:

M. de Voltaire vient de répandre une brochure ayant pour titre: *Essai sur les probabilités en fait de justice*. Après avoir rappelé les divers procès criminels dans lesquels il prétend avoir dévoilé l'impéritie, la mauvaise foi ou le fanatisme des juges, il raconte l'histoire de la veuve Genep de Bruxelles, dans le même genre, mais encore plus merveilleuse que celle de la veuve Veron, et il vient à celle-ci; enfin il prend la balance et pèse les vraisemblances pour et contre; desquelles il résulte, suivant son calcul, qu'il y en a *cent quatorze* pour l'officier général, et rien pour la pauvre famille. Cette méthode anglaise de soumettre au calcul les faits douteux, est très amusante, très attrayante pour le philosophe; elle fixe l'imagination, et semble écarter tout esprit de cabale ou de parti. Cependant si les juges la prenaient pour règle, il serait à craindre qu'ils ne rendissent encore plus souvent de mauvais arrêts. Elle exige une rectitude de jugement si invariable qu'elle ne peut convenir qu'à très peu de têtes, assez bien organisées pour avoir une telle justesse. Celle de M. de Voltaire ne semble pas encore dans cet équilibre essentiel; on voit qu'il a omis beaucoup de probabilités ou d'improbabilités, qu'il en a trop ou trop peu évalué d'autres, en un mot qu'il n'a pris la balance à la main que déjà décidé à la faire pencher pour M. le comte de Morangiés. Au surplus, si ce petit écrit se lit avec beaucoup de plaisir, on y voit une cause intéressante présentée sous un point de vue neuf. Malgré la sécheresse de ce genre de plaidoyer, l'auteur a su y répandre le charme inexprimable qui fait lire avec avidité ses rapsodies les plus absurdes.

De tels jugements n'étaient guère encourageants. Non pas que Voltaire, s'il en eut vent, se fût senti offensé dans sa dignité d'écrivain et de penseur ... il avait déjà essuyé et à maintes reprises trop de démonstrations d'hostilité autrement plus blessantes pour s'en soucier. Mais des jugements de cette sorte étaient préoccupants sur le plan de la campagne entreprise en faveur de Morangiés. Car ils étaient en grande mesure liés à la manière plus ou moins généralisée dont le public à cette époque envisageait l'affaire, et au peu d'estime qu'il avait pour Morangiés lui-même. De cela Voltaire était conscient. A mesure que les semaines passaient, il devait toutefois devenir de plus en plus conscient que la situation où se trouvait son client dégénérait de manière alarmante: 1° Morangiés (on ne sait par quelle fatalité, et en plein cours de l'instruction de son procès!), avec une inconscience sublime de la gravité de son comportement, s'était livré à des indélicatesses financières, conduite bien propre à lui perdre des partisans;[20] 2° les plaidoyers pour ou contre Morangiés, au nombre de sept à l'époque où paraissait l'*Essai*, loin de clarifier le problème l'avaient obscurci et par là laissaient le comte en plus piètre posture que jamais;[21] 3° Linguet enfin, qui avait paru naguère un des atouts majeurs de Morangiés, commençait très sérieusement à incommoder le public.[22]

Il y avait là de quoi inquiéter un partisan convaincu de Morangiés. Et en effet l'insatisfaction de Voltaire devant ces révélations ne pouvait qu'augmenter. Depuis le début du mois de juillet 1772 – convaincu de la nécessité d'une nouvelle initiative de sa part – il complétait selon toute bonne évidence son dossier. Redoublant d'efforts, il écrivait à droite et à gauche, interrogeant d'Argental, Marin, Morangiés, Rochefort d'Ally, Mignot.[23] S'interrogeant surtout lui-même, sachant qu'il faudrait reprendre les armes tôt ou tard, mais ne sachant pas trop bien quelle tactique adopter à ce propos. C'est dans une lettre, fort bien venue, adressée à Rochefort d'Ally, que nous surprenons le Maître en train de supputer les diverses possibilités, de se demander s'il fallait attendre encore ou agir tout de suite. Le 12 juillet 1772, il écrivait (Best.D17823):

Si on avait des réponses détaillées sur tous ces objets, et de nouvelles instructions, on pourrait faire un nouveau mémoire sur les probabilités, dans lequel, en discutant de bonne foi le pour et le contre, on tâcherait de manifester l'innocence de M^r^ de M: aux yeux les plus prévenus.

Comme la curiosité du public paraît un peu refroidie sur ce procez intéressant, et que cette curiosité ne se ranimera que lorsqu'il sera prêt d'être jugé, il serait bon de ne faire paraître ce nouveau mémoire que peu de temps avant l'arrêt.

Il serait nécessaire de savoir quand on croit que le jugement sera porté, et qui instruit actuellement la procédure.

13e juillet 1772, à Ferney

J'aurais, Monsieur, bien d'autres éclaircissements à demander; et il faudrait m'éclairer plus qu'on n'a fait. Je prends cette funeste affaire très à cœur. Plusieurs magistrats paraissent pencher pour les Verons. Il y en a même qui ont été révoltés du ton décisif de Mr Linguet. Je crois que le public ne peut revenir que par un écrit modéré qui paraisse impartial.

Nous ne savons si la nuit du 12 au 13 juillet 1772 avait porté conseil. Toujours est-il que c'est vers cette époque précise que Voltaire semble avoir pris la décision définitive d'intervenir de nouveau sans tarder. Mais pourquoi cette intervention réitérée? Pourquoi surtout – au lendemain de la décision d'attendre prudemment l'époque des ultimes delibérations – cet empressement subit? Après tout, Voltaire était le premier à savoir que son dossier, auquel il ne laissait pas d'ajouter de nouvelles pièces, des réflexions inédites et des pensées originales de son cru,[24] était loin de pouvoir supporter une publication qu'il voulait sans doute entièrement neuve. Et évidemment le fait même de laisser aller ses préférences, non plus à de *Nouvelles probabilités*, auxquelles il pensait, mais à une seconde édition de l'*Essai* rapidement publiable, dénote à son tour quelque vive inquiétude. A la lumière de sa correspondance, nous décelons assez facilement la raison d'être de cette seconde édition et surtout de la rapidité de sa confection. D'une part, un des soucis majeurs de Voltaire résulte de sa conviction que le temps qui passait ne travaillait pas pour Morangiés: 'Je crains même', avait-il confié à Rochefort d'Ally, le 8 juillet 1772, 'que le tems n'affaiblisse, ou n'anéantisse ses preuves. Ses adverses parties ont un intérêt trop pressant à détruire toutes les allégations qui pouraient leur nuire' (Best.D17818).

En d'autres termes, quand la partie adverse avait déjà pour elle *quatre* avocats[25] (dont deux, Vermeil et Delacroix, étaient redoutables); quand en face des deux plaidoyers de Linguet, on en avait déjà vu *cinq* pour les Veron-Du Jonquay qui se donnaient précisément pour but l'anéantissement des arguments du comte, il était évident que le silence ou l'inactivité chez les partisans de Morangiés n'était nullement souhaitable. La division des forces était déjà préoccupante. Le fait que la source d'où jaillissaient les mémoires en faveur de la partie adverse ne donnait encore aucun signe de tarir[26] l'était encore plus. Mais la considération la plus préoccupante, qui eût pu, à elle seule, l'emporter sur toutes les autres, c'est le comportement et l'attitude de ce compagnon de route très gênant qu'est le défenseur en chef, Linguet lui-même; en somme, nous soupçonnons Voltaire assez volontiers de vouloir surtout contrebalancer la mauvaise impression que Linguet, dans ses plaidoyers et dans les audiences,[27] commençait à donner de lui-même et donc, par ricochet, de son client et de sa cause.

Voltaire se sentit par conséquent obligé de redresser la balance, de réparer tant bien que mal les dégâts d'une campagne jusqu'à présent plutôt mal conduite dont il partageait en quelque sorte la responsabilité avec Linguet. Reprenant sa plus belle plume, tournant le dos aux calculs mathématiques qui n'avaient pas fait fortune, Voltaire se mit à cataloguer, sous une forme plus classique et moins sujette à contestation, les nouvelles probabilités que l'on pouvait mettre au passif des Veron-Du Jonquay. Et puisqu'il en appelait délibérément à 'l'homme impartial et désintéressé' il dota sa nouvelle rédaction d'un ton délibérément plus neutre.

C'est le 14 août 1772 que Voltaire devait envoyer à d'Argental (Best.D17862) un exemplaire de la seconde édition très augmentée de l'*Essai sur les probabilités en fait de justice*. Un pas de plus avait été fait dans la défense de Morangiés. Mais combien d'autres encore resterait-il à faire pour combattre l'antipathie du public pour le maréchal de camp? 'De quel côté la raison [devait-]elle faire pencher sa balance en attendant que la Justice paraisse avec la sienne'? (Best.D17828). Cette affaire allait-elle infailliblement occuper tout Paris? (Best.D17866). Autant de questions qui, pour le moment, pouvaient exciter la plus vive curiosité chez tous les acteurs du drame.

Si Voltaire avait pu prévoir toutefois que cette affaire, qui lui avait déjà coûté tant de veilles et causé tant d'inquiétude, était vouée à un avenir des plus turbulents, il aurait peut-être fait comme le jeune homme de Shakespeare (*Henri IV*, deuxième partie, III.i.45-54) et rendu l'âme de désespoir.

La rédaction de la deuxième édition de l'*Essai sur les probabilités en fait de justice*, où Voltaire avait rassemblé de nouveaux arguments contre le clan Veron-Du Jonquay et dont la force et la sobriété paraissaient à l'épreuve de toute réplique, ne pouvait pourtant rien faire en elle-même pour le rassurer sur le sort de Morangiés. Nul paradoxe. A la fin du mois de juillet 1772, malgré la force de sa propre rhétorique, malgré la véhémence de Linguet, malgré tous les appels que l'on avait adressés au bon sens, la situation restait inchangée. C'est que l'examen des probabilités, des conjectures et des invraisemblances, pour scrupuleux qu'il pût être, ne pouvait presque rien contre la pièce capitale qui étayait les prétentions des adversaires de Morangiés, pièce fournie d'ailleurs par Morangiés lui-même: il s'agit bien entendu de ses billets à ordre.

Ce sont ces billets qui causaient, et qui ne laisseront pas de causer, une extrême inquiétude à Voltaire. Si bien que la mention de ce problème autour duquel tout gravitait, les lamentations, les questions et les démonstrations d'incrédulité à son sujet devaient revenir dans sa correspondance, dans ses écrits, comme une sorte de rengaine. Dès le 8 juillet 1772, Voltaire n'avait pas craint, dans son abattement, d'écrire à Delacroix, avocat fort actif et éloquent de la partie adverse, dans les termes suivants (Best.D17819):

> Vous m'avouerez encor que l'origine des cent mille écus est bien suspecte.
>
> D'un autre côté, voilà trois cent vingt sept mille livres de billets paiables à ordre, signés d'un père de famille âgé de quarante cinq ans, et qui est accoutumé aux affaires les plus épineuses. Entre ces deux excez d'improbabilités quel parti prendre? Celui des interrogatoires et des confrontations. Mais si chaque partie bien avertie, bien préparée s'en tient à ses allégations, n'est-il pas évident qu'alors les billets restants pour unique preuve légitime, il faudra que celui qui les a faits les paie?[28]

Il ne s'agissait pas en fait de *preuves légitimes*, comme Voltaire les appelle, mais de présomptions de droit. Peu importait cependant la terminologie. Le problème, partant la difficulté, restait le même: détruire tout le poids des billets. Pour ce faire un seul et unique moyen: l'étude réitérérée des probabilités, exercice peu alléchant, pénible et ardu.

Certes devant cette nécessité un esprit timide aurait renoncé à plaider une cause dont l'heureuse issue était désormais incertaine au point même de paraître impensable. Mais Voltaire, de par sa nature peu enclin à s'avouer vaincu, n'est pas cet esprit timide. Mais Voltaire est persuadé aussi que le comte, toute brebis galeuse qu'il semble être, est innocent du délit dont on l'accuse; par conséquent la perspective d'une condamnation qui s'annonce inévitable choque profondément son sens de la justice naturelle. Si l'on y ajoute la compassion qu'il ressent pour la famille du comte, qui risque d'être atteinte sans appel dans son honneur (Best.D17956), et surtout pour le marquis, son père, vénérable vieillard, nous comprendrons pourquoi Voltaire est déjà trois fois moins susceptible que qui que ce soit de laisser Morangiés en cours de route. Et il est sans doute encore moins susceptible de se montrer partisan d'une telle facilité vu que le dossier

Morangiés ne laisse pas de constituer un défi à son intelligence, surtout à ses capacités de manier la langue dans un but de convaincre.

Il y avait précisément dans ce secteur bien des raisons supplémentaires pour aiguillonner un lutteur épris de justice. Il s'agissait – au nom de l'équité la plus élémentaire – de faire revenir le public qui s'était en grande partie prononcé pour les Veron-Du Jonquay cruellement opprimés par un aristocrate avide et sans mœurs, aidé dans ses desseins honteux par des suppôts de la police. Mais quand, à quelle époque rouvrir les hostilités?

Naguère, dans cette lettre du 12/13 juillet à Rochefort d'Ally, Voltaire semblait vouloir opter par principe pour une attente sage, disant qu'il valait mieux guetter l'époque précédant de peu le jugement du procès afin de battre le fer au moment le plus propice: 'Comme la curiosité du public paraît un peu refroidie sur ce procez intéressant, et que cette curiosité ne se ranimera que lorsqu'il sera prêt d'être jugé, il serait bon de ne faire paraître [un] nouveau mémoire que peu de temps avant l'arrêt' (Best.D17823).

La tactique n'était pas mauvaise, ou plutôt n'aurait pas été mauvaise si la situation était restée stationnaire. Comme nous l'avons déjà indiqué, elle avait pourtant évolué et assez rapidement pour obliger Voltaire à s'adapter aux circonstances, à oublier son 'nouveau mémoire' (qu'il casait désormais dans un avenir plus ou moins lointain) et à faire circuler, au milieu du mois d'août 1772, une seconde édition augmentée de l'*Essai sur les probabilités*.

Mais ayant parlé une seconde fois, ayant contrebalancé autant qu'il était en son pouvoir les écrits des avocats de la partie adverse (qui devaient rester désormais silencieux), ayant aidé à contrebalancer tant bien que mal la mauvaise impression que Linguet avait donnée de lui-même, il aurait pu réadopter la tactique de l'attente, toujours valable, et penser à faire revenir le public à la veille même du jugement.

Au lieu d'attendre ce moment favorable, Voltaire récidive. Le 23 octobre 1772 – après un intervalle de deux mois seulement – le 'nouveau mémoire', en l'occurrence les *Nouvelles probabilités en fait de justice*, paraît, comme de nulle part, parfaitement inattendu; récidive d'autant plus curieuse que le procès est à ce moment de l'année dans le creux de la vague, que rien ne se passe, et que de toute évidence rien ne se passera avant le premier trimestre de 1773.

Pourquoi donc avoir parlé pour parler apparemment si mal à propos? *Nous ne le savons.* Toutefois il se peut que Voltaire ait été mu par plusieurs considérations dont aucune peut-être, prise séparément, ne saurait expliquer cette intervention solitaire, mais qui, prises ensemble, constituaient pour lui une raison suffisante. Evidemment, opérer un revirement chez le public en faveur de Morangiés s'annonçait en gros un travail considérable et de longue haleine.[29] Travail rendu d'autant plus difficile que la mauvaise impression laissée dans le public par Linguet et surtout par Morangiés[30] était encore loin de s'effacer ... pire, tous les deux avaient même réussi, paraissait-il, à incommoder entre-temps un certain nombre des juges (Best.D17823, D17866).

C'est peut-être ce dernier fait, beaucoup plus qu'aucun autre, qui aide à situer la nouvelle intervention (en apparence intempestive) que Voltaire trouve indispensable. Maintenant ce sont *les juges*, et surtout les plus prévenus (ceux qui penchent pour les Veron-Du Jonquay après avoir été offusqués par le comportement de Linguet ou Morangiés) qu'il importe de convaincre (Best.D17823). Evidemment, étant donné leur position-clef dans cette affaire, il fallait les convaincre le plus tôt possible. Faisant abstraction du mauvais comportement de Morangiés, des indélicatesses renouvelées dont on l'accusait hautement,[31] de ses tentatives de subornation – autant d'indices aux yeux des moins prévenus d'une conduite de fripon invétéré – il fallait leur présenter de nouveau le problème fondamental, sans fioritures, sans digressions. Et si Voltaire semble avoir profité précisément d'une conjoncture où ces juges devaient être *psychologiquement* vulnérables, il ne faut pas s'en étonner: 'Grand mercy de la nouvelle que nous me mandez, mon cher ami,' écrit-il à Marin le 31 août 1772, 'que de faux témoins qui déposaient contre Mr de Morangiés ont pris la fuitte.'[32]

Tenaillé par la crainte obsédante que Morangiés ne perde son procès (Best. D17961), Voltaire semble effectivement – d'après la syntaxe des *Nouvelles probabilités* – s'adresser aux juges. Contrefaisant dans ce nouveau plaidoyer une assurance qui lui manquait dans la vie, il y détailla encore une fois, avec cette sobriété qui avait caractérisé les additions faites à l'*Essai sur les probabilités en fait de justice*, les détails et les invraisemblances les plus fondamentaux, les contradictions les plus éclatantes qui déposaient contre les Veron-Du Jonquay. Il réussit en somme à résumer les principales probabilités d'une manière incisive.[33] Si bien que: 'L'honneur de l'officier paraît [...] à couvert aux yeux de tout homme qui ne juge que suivant les lumières de la raison' (*Nouvelles probabilités*, p.18).

La formule, quoi que l'on soit tenté de croire, n'est pas si optimiste qu'il y paraît. On pouvait, il est vrai, juger Morangiés suivant les lumières de la raison et l'absoudre quant au fond du procès, et se trouver néanmoins obligé de le condamner à la lumière des formes. Voltaire le savait et s'en explique très clairement dans une lettre, du 23 octobre 1772, à Marin (Best.D17977):

> Voicy, mon cher ami, de nouvelles probabilités qui m'ont paru nécessaires.[34] Il s'agit de bien distinguer icy la forme du fond, et l'arrêt qui dépend des juges de l'honneur qui n'en dépend pas. Il est certain que la prévention est contre Mr de Morangiés; mais il me paraît à moi très certain qu'il ne peut être coupable.
>
> Ce qui frape le plus les juges c'est le mistère qu'il a voulu mettre à un emprunt considérable qui ne se peut jamais faire secrettement.[35] Ses billets d'ailleurs parlent contre lui, et si des témoins qu'il est difficile de convaincre persistent à deposer en faveur des Dujonquay, je ne vois pas qu'il puisse gagner sa cause. Mais il ne faut pas qu'il la perde au tribunal du public.
>
> Je crois donc qu'il est de la dernière importance de séparer bien nettement son honneur de ses cent mille écus. J'espère toujours qu'il ne sera pas condamné à paier ce qu'il ne doit point. Mais enfin ce malheur peut arriver et il faut le prévenir. Je crois que c'est le tour le plus favorable qu'on pouvait prendre, et que cette manière d'envisager la chose peut servir même auprès des juges comme auprès de tous ceux qui ne sont pas instruits.

Les *Nouvelles probabilités*, qui répondent assez à cette esquisse, sont donc un curieux pladoyer,[36] destiné à regagner pour Morangiés le terrain qu'il avait perdu et à le replacer si possible sur un pied d'égalité avec les Veron-Du Jonquay; mais c'est en même temps un plaidoyer qui n'a aucune prétention à renverser la situation. Pour s'en convaincre, il suffit de lire ce que Voltaire écrivait, le 30 octobre 1772, à Morangiés lui-même, peu de jours après la parution de la brochure (Best.D17987):

Je suis toujours, monsieur, très persuadé de la justice de votre cause, et je ne le suis pas moins de la violence des préjugés contre vous, et de l'acharnement de la cabale. Un parti nombreux vous poursuit, et se dechaîne sur votre avocat autant que sur vous. Je me souviens que quand il défendait la cause de Mr le duc d'Aiguillon, on m'envoya les satires les plus sanglantes contre l'avocat et contre l'accusé [...] Il ne faut pas vous dissimuler un malheur que m. le duc d'Aiguillon n'avait pas, c'est celui de vous être trouvé chargé de dettes de famille trés considérables qui vous ont forcé d'en faire encore de nouvelles, et de recourir à des expédients aussi onéreux que désagréables.

La saisie de vos meubles ordonné par le parlement en faveur de quelques créanciers pendant le cours de votre procès contre les Du Jonquai a pu vous faire très grand tort. On a mêlé malignement toutes ces affaires ensemble. On s'est élevé également contre vous et contre votre avocat.

Plus le procès devient compliqué plus il semble que les préjugés augmentent. Il peut y avoir des juges prévenus, ils peuvent se laisser entraîner à l'opinion dominante d'un certain public, puisqu'ils voient déjà par avance dans cette opinion même l'approbation d'une sentence qu'ils rendraient contre vous.

Contre de tels préjugés, contre un tel mouvement, les *Nouvelles probabilités* ne pouvaient rien. Voltaire, il convient de le répéter, ne l'ignorait pas et il ne visait pas l'impossible. Loin de penser à renverser la situation, il se contentait pour l'instant – en la clarifiant – de rendre celle de Morangiés moins inconfortable, de laisser celui-ci par ailleurs dans une posture moins précaire où il lui conviendrait d'attendre patiemment que la situation se renverse d'elle-même. Il fallait attendre que le public (abstraction faite de ses éléments irréductibles) finisse par comprendre qu'il s'était entiché, contre toute vraisemblance, d'un ramassis de fripons. Par se rendre compte que l'innocence opprimée n'était pas enfin du côté que l'on croyait. Mais il fallait à cela du courage, et surtout de la patience.

Restait à savoir si 'la patience', comme l'avait écrit Vauvenargues,[37] cet ami de Voltaire trop tôt disparu, 'est l'art d'espérer'.

3. Octobre 1772 - juillet 1773: Voltaire devient partie dans l'affaire

Le 30 octobre 1772, peu de temps après avoir envoyé à Paris ses *Nouvelles probabilités*, tentative redoublée de contre-balancer l'influence si évidemment exercée par les avocats des Veron-Du Jonquay, Voltaire écrivait à Morangiés (Best.D17987):

> Je ne m'embarrasse pas que vous soyez condamné ou non en première instance [...] En un mot cette affaire est une bataille dans laquelle vous devez commander en personne. Vous me paraissez d'autant plus capable de livrer ce combat avec succès, que vous semblez tranquille dans les secousses que vous éprouvez. Vous savez qu'il faut qu'un général ait la tête froide et le cœur chaud. Je serai de loin le secrétaire du général, pourvu que j'aie son plan de bataille [...] En un mot, monsieur, je suis à vos ordres sans cérémonies.

La bonne volonté du Maître est sans limites et, pour celui qui voulait entendre, tout à fait évidente. Depuis six mois il s'intéresse à l'affaire, demande des renseignements, donne des conseils, se documente, se dépense tant et si bien qu'avant la fin du mois d'octobre 1772, il a déjà contribué aux débats par deux ouvrages d'un poids certain bien qu'inégal.

Dans son amour pour la justice, comme dans sa haine pour l'illusion et les ténèbres, il ne demande qu'à pouvoir défendre sans répit l'innocence opprimée, écarter toute possibilité d'une nouvelle erreur judiciaire, erreur d'autant plus pénible pour lui qu'elle frapperait le petit-fils du marquis de Châteauneuf. Bref, Voltaire est désormais si complètement engagé par le cœur, par la raison, qu'il tient à remettre sa plume à la disposition de la toute petite bande de ceux qui défendent Morangiés. Il ne demande même, ce faisant, qu'à pouvoir servir dans des postes subalternes et ingrats où il donnera néanmoins le meilleur de lui-même.

Il ne demande qu'à pouvoir agir, car il a tant à donner. Or sa conviction de se compter parmi le petit nombre des gens qui peuvent être *utiles* est vouée à être profondément froissée puisqu'il est condamné à rester dans une expectative aussi longue qu'inexplicable et blessante. Alors qu'il s'est montré à plusieurs reprises pendant l'année le champion intrépide d'un homme que conspue la quasi-totalité du public, on le tient pourtant à l'écart – dès le mois de novembre 1772 et pour toute récompense de sa fidélité – sans nouvelles et sans encouragement.

Trois mois plus tard l'attente devient à ce point insupportable qu'il ne réussit plus à cacher sa douleur. Le 25 janvier 1773, il écrira à Marin (Best.D18157).

> On mande de Paris dans les nouvelles à la main que le s^r^ Brugnières est toujours en prison, et toujours conduit devant les juges avec des menotes aux mains. Celà n'est pas favorable pour m^r^ De Morangiés. Il paraît qu'il y a bien de l'animosité contre lui; il ne m'ecrit plus. Apparamment que son confesseur Linguet lui a déffendu tout commerce avec moi. Cependant je le crois toujours innocent.

Voilà un *cependant* bien douloureux. Mais si son incompréhension devant cette mise en quarantaine est totale, si le 27 janvier 1773 la peine qu'il en ressent est devenue extrême (Best.D18159, encore à Marin), son dégoût (qu'il soit passager ou non) est tout aussi évident. Le 29 janvier il écrit de nouveau à Marin: 'J'ai reçu votre petit billet, mon cher historiographe. Il est bien étonnant que Mr de Morangiés ne vous ait point écrit, soit que son affaire aille bien, soit qu'elle tourne mal. J'attendrai l'événement et je m'en laverai les mains' (Best.D18160).

Etant donné tout ce que nous savons de Voltaire et de sa vie, comme de sa manière de penser et de réagir, il est peu probable que la décision de jouer désormais le rôle de simple spectateur, et puis de se laver les mains de la cause de Morangiés (quelle qu'en soit l'issue), puisse être autre chose qu'une boutade de mauvaise humeur. Qu'une telle boutade sur un tel problème, où les convictions intimes de Voltaire étaient en jeu, ait pu être prononcée est cependant la mesure exacte de la douleur qu'il ressent devant une ingratitude d'autant plus blessante qu'elle était feutrée, et même voulue. Nous connaissons d'ailleurs assez bien la vie et les écrits de Voltaire pour savoir que c'est précisément ce vice, ce défaut de reconnaissance, qui lui avait toujours causé une peine des plus profondes.[1]

La douleur que Voltaire ressentait le 27 janvier 1773, et qu'il ne cherchait pas à cacher (ou qu'il ne savait pas cacher) devant Marin, n'était pas de celles qui s'estompent d'elles-mêmes. Au contraire. Un rien pouvait l'exacerber. Par malheur, ce qui attendait Voltaire n'était pas rien: c'était un concours de circonstances tout à fait déplorables, bien propres à irriter cette douleur et à y ajouter de nouvelles souffrances. Par malheur, ce même 27 janvier 1773, à Paris, François Liégard Du Jonquay et Ambroise Falconet,[2] son conseil, mettaient la dernière main à une consultation, intitulée *Preuves démonstratives en fait de justice* [B10], qui était consacrée à un examen des *Nouvelles probabilités en fait de justice*, de la conduite de leur auteur et de sa compétence à prendre si publiquement fait et cause pour Morangiés.

Nous ne savons à quelle époque les *Preuves démonstratives* devaient parvenir à Voltaire; nous ignorons aussi de quelle manière il réagit. La correspondance est muette. Nul indice, même oblique, n'est à déceler dans les nombreuses lettres datant du mois de février 1773 qui sont à notre disposition. Point n'est besoin cependant de se perdre en conjectures. Il suffit de donner libre cours à l'imagination. Car un homme qui venait de se rendre compte que Morangiés et Linguet faisaient si peu de cas de sa sollicitude était particulièrement mal armé pour supporter une attaque qui était, selon les *Mémoires secrets* (vi.280) en date du 8 février 1773, aussi impitoyable que victorieuse:

> *Preuves démonstratives [...] pour servir de réponse aux probabilitiés de M. de Voltaire.* Tel est le titre d'un nouveau mémoire, qui réveille l'attention du public sur une affaire assoupie et non finie. A la suite de ce mémoire est une consultation du 28 janvier, signée Falconet: ce qui désigne le nom de l'auteur de l'ouvrage. On ne peut faire une réfutation plus solide et plus amusante des paralogismes continuels du philosophe de Ferney. Ce jeune orateur l'écrase absolument.

Qui dit *Mémoires secrets* dit toutefois prévention à l'encontre de Voltaire (donc nécessité de peser avec soin chaque mot sur son compte), et même le devoir de confronter de tels jugements habituellement hostiles avec d'autres puisés dans des sources plus neutres. L'assertion subjective d''écrase absolument', appliquée à Voltaire, laisse rêveur et est sans doute d'une personne qui en toute bonne foi prend ses désirs pour la réalité. Mais toute subjective qu'elle est, elle dépasse de peu la vérité. Les *Preuves démonstratives* sont en effet un écrit terrible[3] qui ne mettait sûrement pas les rieurs du côté de la victime.

Dans ce plaidoyer, Du Jonquay-Falconet se montre remarquable par son assurance, par son agressivité et surtout par sa capacité à se défendre en termes clairs et convaincants. Il prétend que l'opinion, le bon sens et le bon droit sont tous les trois de son côté et du côté de ses mère et grand'mère. Et arrivé à la fin de son exposé, l'on est obligé en toute impartialité de reconnaître que son style et ses raisonnements sont fort persuasifs:[4] il examine d'une manière aussi spirituelle que solide (pp.34-36) quelques-unes des probabilités avancées par Voltaire en faveur de Morangiés, avant de proposer à son tour cinq principes sur les probabilités en général (pp.37-38), qui servent d'introduction à un examen serré de son propre cas (pp.38-77). Il faut reconnaître que sa logique paraît si impeccable que l'on prend volontiers au sérieux toutes les remarques qu'il peut lancer contre Morangiés et ses défenseurs.

Mais ce ne fut certainement pas – parmi ces nombreuses remarques acerbes – le mélange d'insultes, de plaisanteries ou d'anecdotes blessantes et pour lui et pour Morangiés (pp.30-31, 43-44) qui devait le plus ulcérer le Maître. Tout cela était de bonne guerre. Ce qui ne l'était pas, c'etait la brutale mise en question de sa rectitude ... de son intelligence ... de sa compassion ... de son impartialité ... de son sens de la justice! Les accusations et les insinuations à ce propos sont particulièrement sanglantes (pp.13, 16-17, 18, 24, 25, 55, 76). Car, selon Falconet et Du Jonquay, on ne trouvait dans les *Nouvelles probabilités* qu'une démarche de simple complaisance faite pour obliger le comte de Morangiés, qu'une audacieuse volonté de contribuer à la perte de deux innocents, victimes d'un gentilhomme sans foi ni loi, que les tristes divagations enfin d'un vieillard à la bouche impure qui s'immisçait dans une affaire qui ne saurait aucunement le concerner.

De telles allégations, marquées au coin de la conviction la plus absolue, et doublées de l'insinuation qu'il n'y avait, en somme, qu'un goujat pour refuser sa compassion à Du Jonquay et à sa mère, étaient évidemment fort mal venues. Mais que dire d'une cuisante humiliation infligée devant le public, humiliation infligée apparemment par un 'jeune homme achevant son droit par bénéfice d'âge, passant sa vie dans les salles d'armes et avec des gens de la lie du peuple' (*Nouvelles probabilités*, p.8), par celui-là même que Voltaire avait encore affecté de croire un 'jeune inconnu, sans crédit et sans aveu' (p.20).

A cette distance il est évident que les accusations et les insinuations contenues dans les *Preuves démonstratives* étaient aussi perfides que mal fondées. Or à l'époque, et parmi le public de Paris, surtout parmi les sept juges du Bailliage, un tel jugement était-il aussi inévitable? Assurément non. Même ceux qui se comptent normalement, sinon parmi les amis de Voltaire, du moins du même bord, trouvaient que, pour l'essentiel, Du Jonquay disait vrai et visait juste.[5]

Il n'est pas établi que Voltaire avait pris connaissance de l'opinion du public sur sa défense de Morangiés, opinion selon laquelle il faisait 'la mouche du coche'. Peu importe. Il savait trop bien comment juger la valeur de l'argument écrit pour ne pas comprendre que celui de Du Jonquay et de son avocat était de ceux qui portent. Par extension il savait trop bien que ces derniers trouveraient facilement un auditoire porté à les croire. Saisir le fait qu'une telle attaque contre ses principes les plus chers, voire les plus sacrés, qu'une telle incompréhension de sa bonne foi aidaient à former l'opinion à son égard dut être un choc des plus rudes.

Les calvaires dans la vie de Voltaire se comptent par centaines. Celui du mois de février 1773 n'en est qu'un parmi tant d'autres. Toutefois cela ne diminue pas pour autant sa souffrance. Il y avait eu tout d'abord, pour le rendre nerveux et inquiet, la vilaine affaire de l'édition Valade des *Loix de Minos* (Best. D18162-81 etc.); puis quelques jours plus tard (Best.D18212), vers l'époque probable de l'arrivée des *Preuves démonstratives*, une strangurie particulièrement douloureuse (Best.D18206, D18208, D18211, etc.) était venue s'ajouter à toutes ces douleurs morales: ses 'deux fuseaux de jambes [deviennent] gros comme des tonneaux' (Best.D18211), il a 'quelque indigestion, il ne dort plus' (Best. D18214), il 'a la fièvre' (Best.D18214) et puis 'une violente attaque de goutte' (Best.D18214, D18216) vient le tenailler. En un mot, il se trouve tellement mal que tout le monde est dans les plus vives alarmes.

Et pourtant, par un mystère dont lui seul possédait le secret, c'est au milieu d'une telle épreuve, au milieu d'une 'fièvre double tierce, une toux convulsive, la goutte et une strangurie' (Best.D18221) que Voltaire parvient à rédiger sa réponse à l'écrit diffamatoire de Du Jonquay et de son conseil.[6] Non content toutefois de répondre à ses détracteurs et de relever leurs assertions erronées, il rédige en même temps à l'intention du public – puisque c'est le mois des déclarations[7] – un deuxième écrit destiné à détailler les motifs pour lesquels, après mûre réflexion, il avait jugé raisonnable et juste de prendre fait et cause pour Morangiés, non point comme un vulgaire importun, mais comme un sage vénérable, défenseur reconnu de l'innocence qui avait été expressément invité à remplir encore une fois ce rôle par les amis du comte.[8]

Le 12 mars 1773, le public de Paris et les sept juges du Bailliage qu'il s'agit d'éclairer sont en possession des deux écrits. Dans les *Mémoires secrets* (vi.292) on lit:

> M. de Voltaire a fait une réplique au sieur Falconet, qui a répondu aux probabilités avec tant de succès. Aussi le philosophe de Ferney baisse-t-il beaucoup le ton: il est très modeste dans cet écrit; il rend compte des motifs qui l'ont déterminé à défendre M. de Morangiés.[9] On voit qu'il a peur des menaces de la consultation, et qu'il veut éviter d'être pris à partie.

A esprit malicieux lecture malicieuse et superficielle. Pour les moins prévenus, qui suivent de loin et de haut cette affaire Morangiés, la *Déclaration* et la *Réponse* ne sont point, n'en déplaise au redacteur des *Mémoires secrets*, d'un homme intimidé ou confus. La *Déclaration*, qui relève l'accusation d'une serviabilité moralement (et criminellement) déplacée est rédigée sur un ton très digne. Tandis que la *Réponse* tout aussi ferme et pleine de gravité, qui relève les assertions les plus scabreuses des *Preuves démonstratives*, cache à peine une frémissante colère. Le registre de l'un et de l'autre écrit est visiblement plus neutre, il est vrai, ou plutôt moins emporté. Mais en connaissance de cause. Voltaire ne voulait en aucune manière imiter Linguet, même si sans doute l'inclination y était (Best.D17823, D17866). Versé dans les lettres classiques, il connaissait trop bien toutes les conséquences du 'Jupiter, tu te fâches!' Plaider pour Morangiés, se défendre par la même occasion de l'accusation d'être inconsidérément son champion demandait surtout, non une violence verbale grossière, mais un tact et une adresse de diplomate consommé. Tout autre procédé aurait été impensable. D'ailleurs Voltaire est depuis le début de l'affaire partisan de la mesure. Déjà le 12 juillet 1772, parlant de ce public qui avait été incommodé par le style 'haut en couleurs' de Linguet, n'avait-il pas écrit à ce propos: 'Je crois que le public ne peut revenir que par un écrit modéré qui paraisse impartial' (Best.D17823)?

La *Déclaration* et la *Réponse* (l'ordre de leur publication n'est pas indifférent) répondent toutes les deux à ce critère. Encore une fois il s'agissait de faire revenir le public en contrebalançant les efforts des avocats de la partie adverse pour remettre Morangiés au moins sur un pied d'égalité avec les Veron-Du Jonquay. Mais désormais il y a une partie de plus dans cette affaire: 'Je suis devenu, par une singulière fatalité', écrit Voltaire au vieil ami compatissant qu'est d'Argental, 'partie dans cette affaire. Je me déffends, et je crois me déffendre en honnête homme et en homme modéré. Ce travail a pu augmenter ma maladie, mais il valait mieux mourir que de ne se pas justifier' (Best.D18221; voir encore D18223, D18231, D18232).

Le plaidoyer *pro domo*, s'il convient de faire pleine et entière confiance aux dires de son auteur, était heureusement de ceux qui portent. Le 17 mars 1773, Voltaire apprenait à Marin (Best.D18253) que 'Plusieurs personne[s] me mandent que mon mémoire les a convaincues de l'innocence de M^r^ De Morangiés', mais que ces personnes, tout comme lui, n'étaient pas optimistes sur l'issue du procès de l'infortuné comte. Elles croyaient qu'il le perdrait. Et Voltaire d'ajouter avec une générosité non feinte: 'Je crois avoir gagné le mien contre l'avocat Lacroix, mais je voudrais l'avoir perdu, et que Mr de Morangiés gagnât le sien.'

Au milieu du mois de mars 1773, Morangiés au bord du gouffre avait besoin, eût-on dit, d'un abandon en sa faveur aussi charitable. Son avenir paraissait bien sombre: la majorité des gens et des juges étaient contre lui; il avait été décrété et emprisonné (Best.D18213, D18258) pour subornation à l'époque même où Du Jonquay et Falconet malmenaient si impitoyablement le Maître qui était somme toute un porte-parole aussi accrédité dans cette affaire que Linguet lui-même.

Mais la bataille, pour inégale qu'elle pût être, était loin d'être terminée; et tant que la balance pencherait du côté de Du Jonquay et de ses alliés, Voltaire ne devait pas quitter la partie.

Dès l'envoi de sa réponse à Falconet et de sa mise au point concernant le rôle qu'il jouait dans cette affaire, Voltaire donne toutefois l'impression de se désintéresser du sort de son protégé. Il n'écrit plus rien. Sa correspondance des mois de mars-avril-mai 1773 au sujet de l'affaire se fait moins volumineuse. Et cela s'explique aisément si l'on prend en considération encore une fois le calvaire du mois de février qui avait été en somme une époque particulièrement éprouvante tant sur le plan physique que nerveux et moral.

Or, malgré les apparences, Voltaire ne se désintéresse pas en réalité du sort de Morangiés. Il continue de suivre l'affaire, demande des renseignements, pose des questions, fait venir des brochures (Best.D18280, D18324, D18357, D18374, D18389). Mais, par contre, quelle qu'en soit la cause – lassitude, découragement ou dégoût – son *activité* en faveur de Morangiés n'est plus aussi fébrile. Il a été choqué par son ingratitude, bouleversé par son emprisonnement pour subornation de témoins (Best.D18258), découragé par la solide haine que la majorité du public voue à Linguet (Best.D18280), déçu par l'incroyable manque de tact de celui-ci dans la défense de son client, et démoralisé enfin par le peu de succès de ses propres interventions qui avaient fini par lui valoir une pénible réplique.

Non seulement son activité en faveur de Morangiés n'est plus aussi fébrile, mais il n'écrit plus rien. Même l'activité de plus en plus remuante des avocats de la partie adverse, qui lui cause sans doute de l'inquiétude, ne l'encourage pas à quitter son silence. Assurément ce n'est pas qu'il craigne leurs ripostes; ce n'est pas qu'il veuille punir Morangiés de son ingratitude: les peurs que lui causent les folliculaires, comme les rancunes qu'il peut avoir contre ses amis, sont de si courte durée! S'il n'écrit plus rien, s'il donne l'impression de se désintéresser de la cause, c'est sans doute non pas qu'il ne veut, mais ne *peut* absolument plus rien écrire en faveur de Morangiés. Ce genre d'exercice – le passé l'a assez démontré – est en l'occurrence dénué de sens et ne lui sera actuellement d'aucun secours. Car l'unique difficulté qui ne se laisse pas résoudre – Voltaire le dit depuis des mois sur tous les tons – consiste à savoir comment démontrer par *la seule force de la rhétorique* l'innocence de Morangiés.

Il le dira encore le 27 mars 1773 (Best.D18274): 'L'affaire de Mr de Morangiés est d'un ridicule bien triste et bien cruel. Il la perdra, quoiqu'il soit démontré qu'il n'a jamais reçu les cent mille écus. L'insolence de la friponerie la plus absurde l'emportera sur la vérité la plus claire.' Et il le redira encore plus explicitement le 10 avril (Best.D18305): 'Le grand malheur est qu'on ne peut prouver cette imposture juridiquement et que les billets de M^r De Morangiés subsistent toujours.'

Voltaire est peu communicatif, il est vrai, sur la tactique à adopter dans la conduite de l'affaire. C'est peut-être parce qu'il n'en a pas ou si peu. Quelquefois on peut façonner l'avenir. Cette fois-ci hélas! cet avenir est tout à fait en dehors du pouvoir de Voltaire. Il faut attendre patiemment, docilement, qu'il se dévoile. Et pas besoin d'un Œdipe pour deviner ce que cet avenir pouvait réserver à Morangiés. Sa condamnation. Mais désormais cette condamnation était seule à pouvoir imprimer une nouvelle direction à l'affaire: 'Je ne m'embarrasse pas', avait-il écrit six mois plus tôt à Morangiés, le 30 octobre 1772 (Best.D17987), 'que vous soyez condamné ou non en première instance; il serait triste sans doute de perdre au bailliage ce procès, qui me paraît si juste, mais ce malheur même pourrait tourner à votre avantage en vous ramenant un public qu'on a vu changer plus d'une fois de sentiment sur les choses les plus importantes. J'oserais vous répondre que le parlement n'en aura que plus d'attention à écarter tout préjugé dans son arrêt en dernier ressort, et qu'il y mettra l'application la plus scrupuleuse, comme la justice la plus impartiale.'

C'est le 28 mai 1773 que l'événement que Voltaire avait tant craint et tant souhaité à la fois, mais qu'il s'était quand même efforcé d'empêcher, finit par se produire: le comte de Morangiés se trouvait 'condamné, et par corps, à payer 299,000 livres à sa partie adverse; condamné de plus à 20,000 livres de dommages et intérêts envers elle, et à 10,000 livres d'amende envers le roi, et admonesté par la cour'.[10]

Si l'on peut en croire Grimm (CLT x.239), le comte, de guerre lasse et faisant peu confiance à la prétendue légèreté des foules, s'était resolu à subir son jugement sans appel. Sous la pression de sa famille, il se détermina cependant à s'exposer de nouveau à la rigueur ou à l'indulgence des juges en permettant que sa cause fût renvoyée en deuxième instance devant la Tournelle.

Cette décision devait évidemment déclencher de part et d'autre un regain d'activité. Pour fortifier le public dans la conviction que Morangiés avait largement mérité sa sentence, pour convaincre les juges de la Tournelle que leurs confrères du Bailliage avaient porté leur arrêt selon les principes de la plus pure sagesse, Delacroix et Courtin devaient bientôt ajouter chacun un plaidoyer à la masse considérable de ceux qui s'étaient amoncelés en faveur des Veron-Du Jonquay. A ce poids d'arguments considérables (considérables tant par la quantité que par la qualité),[11] Linguet devait opposer coup sur coup son *Supplément aux Observations* [B19] ainsi que son *Précis pour le sieur Ménager* [B23].

A l'époque on pouvait croire que, bravement mais sans profit, il allait contre un courant qui était devenu, avec la condamnation de Morangiés, un torrent de force à briser et engloutir toutes les démonstrations que l'on voudrait faire d'une innocence à laquelle sept juges n'avaient pas cru. La force des arguments, comme des apparences, disposés contre le client de Linguet pouvait en effet sembler invincible. Le 4 juin 1773, au reçu de la nouvelle de la condamnation, Voltaire devait indiquer assez clairement son sentiment là-dessus dans une lettre à Anne de La Tour (Best.D18413):

> A propos de loix, Madame, je ne suis point surpris de la sentence portée contre Mr De Morangiés. J'ai toujours dit qu'aiant eu l'imprudence de faire des billets il serait obligé de les paier, quoiqu'il soit évident qu'il n'en ait jamais touché l'argent.
>
> J'ai toujours dit encor que les faux témoins qui ont déposé contre lui, aiant eu le temps de se concerter et de s'affermir dans leurs iniquités triompheraient de l'innocence imprudente.
>
> Voilà une affaire bien singulière et bien malheureuse; elle doit apprendre à toute la noblesse de France à n'avoir jamais à faire avec des usuriers, et à ne jamais connaître Madame de La Ressource. Mais on ne corrigera point nos officiers du bel air. J'ai peur qu'il ne soit difficile de faire modérer la sentence par le parlement, et impossible d'en changer le fond, à moins que quelqu'un des fripons qui ont gagné leur procez ne meure incessament, et ne demande pardon à Dieu et à la justice de ses manœuvres criminelles. Tout cette avanture sera longtemps un grand problême.

Ceci dit, et malgré toute sa réticence, Voltaire veut bien apporter son aide pour résoudre ce grand problème. Le moment d'écrire de nouveau, qu'il ne saurait esquiver, est venu; car le mutisme où il a l'air de se cantonner depuis trois mois signifierait que les arguments avancés par l'adversaire depuis l'époque des *Preuves démonstratives* avaient été irréfutables. Or ce mutisme, de la part d'un

Voltaire – l'homme des Calas – serait encore plus grave: il ne ferait ni plus ni moins que signifier une reconnaissance tacite de sa part du bien-fondé de la sentence.

Le moment de parler de nouveau en faveur de Morangiés est non seulement arrivé, mais il est en même temps favorable. Le mouvement assez naturel que Voltaire avait tant souhaité dans le public commence en effet à s'esquisser.[12] Ce revirement d'opinion n'était pas à dedaigner, surtout si cette opinion – disons le mot – aidait à influencer la façon de penser des juges.[13]

Une disposition plus compatissante parmi les juges envers Morangiés semblait pourtant moins certaine. Ici il s'agissait, non de s'adresser aux juges du Bailliage (que Voltaire soupçonnait de s'être laissés influencer par les cris, les imprécations ou la clameur de la 'lie du peuple'), mais à ceux de la Tournelle. C'est auprès d'eux qu'il s'agissait de démontrer l'innocence de Morangiés, ou plutôt la friponnerie des Veron-Du Jonquay. Et pour ce faire le nécessaire préalable était de contrebalancer toute une série d'écrits qui dataient de la fin du mois de février 1773. La tâche s'annonçait ardue. Les *cinq* écrits de la partie adverse dont il s'agit, très habilement présentés et publiés à peu d'intervalle les uns des autres, portaient des coups apparemment mortels à la cause de Morangiés.

Quant au fond de l'affaire et aux principaux acteurs, jamais on n'avait vu un assaut aussi percutant: la défense des Veron-Du Jonquay s'y était faite plus obstinée, les attaques contre Morangiés (et surtout contre son avocat) plus acérées et même plus personnelles. Hélas! sous l'impulsion de Linguet, on avait commencé à plaider l'affaire comme dans une petaudière. Au lieu de respecter les bienséances du barreau, Linguet – d'un naturel peu pondéré et même quelque peu hystérique – avait réagi comme il réagissait toujours dans l'adversité: il perdait son sang-froid, commençait à devenir scandaleusement agressif, à assaisonner ses plaidoyers d'odieuses et dangereuses allégations contre les avocats de la partie adverse, contre les juges et même contre l'avocat général![14]

En somme la pente que Voltaire avait à remonter, même en tenant compte des mouvements de pitié en faveur du condamné, était encore fort raide. Et essayer de contrebalancer dans l'esprit des nouveaux juges la force des arguments de la partie adverse et l'impression néfaste laissée par Linguet était encore comme une gageure. Les trois premiers écrits à paraître, le *Mémoire pour la Dame Romain* [B11], celui *pour Pierre Gilbert* [B15] et le *Précis pour la Dame Romain* [B16], sortis à quelques jours d'intervalle en février-mars 1773, traitaient tous les trois de la subornation de témoins, accusation trop bien fondée et qui avait valu la prison à Morangiés, mésaventure que Delacroix, Courtin et Vermeil avaient exploitée sans pitié.

Or Delacroix et Courtin, en bons et implacables tacticiens, étaient allés plus loin encore. Profitant d'un délit aussi incontestable, ils avaient espéré démontrer à la lumière de cette récente conduite de Morangiés la parfaite innocence de leurs propres clients dans le contexte plus large du procès ... après tout, si Morangiés n'était pas coupable d'avoir escroqué 300,000 livres aux Veron-Du Jonquay, qu'avait-il besoin de suborner des témoins? Logique fort simpliste, mais fort séduisante. Logique qui leur permettait, qui leur imposait même, des morceaux de bravoure très efficaces où Pierre Gilbert est présenté de nouveau comme un Caton moderne, ferme et courageux dans son innocence malgré les pires vexations exercées sur lui par le comte de Morangiés,[15] où d'autre part l'habitant de Paris, voire la nation tout entière, élève sa voix éplorée sur la mort de la justice.[16]

Un tel langage qui dépeignait de façon convaincante les souffrances infligées à ces victimes d'un grand seigneur avide et sans mœurs, qui clamait leur innocence et vantait leur patience endurante, n'était évidemment pas déplacé en ce siècle larmoyant, siècle épris de bonté, de vertu et de bienfaisance. Un tel langage, qui faisait délibérément comprendre que la police, comme la justice, avaient tendance à être au service de la noblesse, pouvait en somme laisser les magistrats mal à l'aise, et les décider par conséquent à démontrer le contraire.

Ces trois plaidoyers à eux seuls (et tout particulièrement ceux de Delacroix et de Courtin) pouvaient donner sérieusement à réfléchir à Voltaire. Mais ce ne fut pas tout. Des pièces autrement plus lourdes et aggravantes devaient s'ajouter au dossier. Linguet, dont l'esprit s'aigrissait de plus en plus à la seule pensée qu'il était en passe de perdre ce procès qu'il s'etait vanté de gagner,[17] avait perdu toute maîtrise de soi, oublié les règles de la courtoisie les plus élémentaires (qu'en tout cas il respectait rarement) et avait rédigé contre la partie adverse, contre tous ceux en somme qui n'étaient pas de son avis sur l'innocence de son client, ses *Observations pour le comte de Morangiés* [B14] (mars-avril 1773), mémoire d'une *rare* violence.

Les avocats qui y étaient pris à partie en termes grossiers et injurieux s'étaient sentis obligés de suivre l'adversaire sur son terrain de prédilection et d'imiter son style. Plus de quartier. 'Le public jouira de cette guerre,' avait écrit Delacroix en prévenant Voltaire que Falconet reprenait les armes (Best.D18307), 'comme la populace qui entoure deux dogues en fureur l'un contre l'autre.'

On pouvait donc s'attendre au pire. Du moins Delacroix le laissait-il craindre. Sur le plan de la polémique, il n'en était heureusement rien. Le quatrième des mémoires à paraître, la *Réponse aux observations du comte de Morangiés, avec la défense des Preuves démonstratives* [B17] (avril 1773) avait, il faut en convenir, toute la dureté d'un Linguet, moins sa trivialité et sa bassesse.[18] Dans la première partie de sa réplique, où il y avait 'beaucoup de force et de logique' (MS, vi.308), Falconet répondit dignement à son détracteur, en minant encore plus sa position et du même coup celle de son client,[19] en versant au dossier des indélicatesses financières du dernier de nouvelles pièces à conviction (pp.68-69). Mais s'il était cruel pour Morangiés, pour Linguet il devait se montrer impitoyable: dans la seconde partie, il critique de façon cinglante son intelligence, son style et sa manière de plaider (pp.1-2, 3-4, 9, 14, 17); il l'accuse vertement de dénaturer les faits – comme par principe – d'être un charlatan et un chicaneur, un arithméticien sophistique et frauduleux (pp.17,23, 28); il redit son fait à Voltaire qu'il prétend avoir trop ménagé (pp.32-33) avant de ressaisir sa proie encore plus cruellement et de l'accuser de manquer de toute conscience professionnelle (pp.38-39):

> En effet, n'est-ce pas M. Linguet qui, entrant dans la carrière sans les connaissances et les instructions préalables, a substitué à la découverte, à l'examen et à l'application des principes, des lieux communs de rhéteurs, des déclamations d'énergumène, et les sillogismes captieux d'un sophiste! N'est-ce pas lui qui, par une ignorance profonde du droit et des ordonnances, a tenté d'introduire dans la jurisprudence un pyrrhonisme aussi ridicule que dangereux, en élevant, au mépris des autorités les plus respectées, et souvent

contre le vœu de la loi, des questions insoutenables pour le plus mince jurisconsulte [...] N'est-ce pas M. Linguet, enfin qui, passant de la partie adverse à son défenseur, s'est occupé sans relâche à transformer le barreau en une vile arène où les combattants, n'employant pour armes que l'ordure et le scandale, ne cherchent qu'à s'avilir mutuellement, et semblent par là vouloir réduire les fonctions augustes des magistrats à décerner le prix de ces honteuses escrimes?

Si, comme Falconet le prétendait, ce n'était pas uniquement son opinion personnelle sur Linguet qu'il exposait dans sa *Réponse*, mais l'opinion générale (p.39), le moins que l'on puisse dire est que Morangiés était particulièrement mal servi en ayant un tel défenseur dans sa bataille avec les Veron-Du Jonquay, et que Voltaire pour sa part avait sur le dos un allié bien peu recommandable.

Le dernier des cinq écrits de cette période, encore intitulé *Réponse aux observations du comte de Morangiés* [B18] qui était sortie en même temps de la plume de Delacroix était en tous points beaucoup plus digne: 'Je ne paroîtrai dans cette affaire si étrange', avait-il écrit dans cette même lettre à Voltaire (Best.D18307), qui annonçait l'assaut incessamment attendu de Falconet, 'que comme avocat. Je ne servirai ni la colère des parties outragées par Linguet, ni la jalousie de ses rivaux.' C'était un homme de parole. Se plaçant délibérément au dessus de cette mêlée 'où les combattants', selon Falconet, 'n'employaient pour armes que l'ordure et le scandale', il avait retrouvé le ton de son récent *Mémoire pour la Dame Romain* [B11]. Il usait des mêmes accents, tantôt pathétiques, tantôt fermes, en évoquant la flagrante cruauté de la police envers Du Jonquay et sa mère; il usait des mêmes arguments que Falconet pour souligner la confusion de Morangiés chaque fois qu'il se trouvait en présence de ses adversaires,[20] détail de mauvais augure dans l'esprit des jurisconsultes.[21]

Au début du mois de juin 1773, le fond de l'affaire ne pouvait donc paraître à Voltaire que fort préoccupant: les arguments en faveur des Veron-Du Jonquay avaient été habilement présentés, les démonstrations de Linguet contrées et ses preuves de l'innocence de Morangiés encore une fois adroitement neutralisées.

Or il y avait désormais plus préoccupant encore: c'etait la forme que Linguet, modifiant toute l'orientation du procès, avait imprimée à son déroulement. Falconet avait fini, au mois d'avril 1773, par se plaindre en termes animés de son manque de retenue verbale. Pris comme tout le monde dans l'engrenage de cet incroyable procès, mais de par sa nature beaucoup plus pris que tout autre, Linguet s'était laissé en effet emporter par son propre élan. Il est malheureux que son naturel batailleur et sarcastique ait pu – comme ici – l'emporter bien souvent sur la modération et masquer par là ses talents bien réels pour le barreau. Car en l'occurrence il s'aliénait forcément la sympathie de ceux qui étaient convaincus de l'innocence de Morangiés, et surtout de ceux-là mêmes qui avaient été appelés à le juger. Son style et son comportement s'avéraient en somme l'antithèse de ceux du monde où l'on prisait la politesse, la modération, la simplicité et le naturel.[22]

C'est cette agressivité, présente dès le début, qui, se faisant de plus en plus insistante et grossière,[23] était d'une insigne maladresse. Elle attirait sur son auteur, et du même coup sur Morangiés, le mépris.

Comme toutefois l'attention du public, comme celle des juges, avaient été éveillées par ce manque de courtoisie, on ne pouvait à l'inverse que priser encore plus celle des avocats que Linguet conspuait. Et d'ailleurs, comme on était choqué par l'insensibilité que ce dernier affichait envers Du Jonquay, sa mère et Gilbert, on ne pouvait que priser encore plus la compassion (réelle ou feinte, on l'ignore – mais en tout cas ils jouaient le jeu suivant les règles) que les avocats de ceux-là montraient pour Morangiés.

Que le lecteur pèse ces exemples frappants, mais parfaitement typiques, et qu'il en juge:

Delacroix, *Mémoire pour la dame Romain* [B11] (p.5):

Avec quelle amertume ne nous voyons-nous pas forcé de plonger de nouveau le poignard de la conviction dans le sein d'une famille respectable! Depuis que les malheureux que nous avons défendu avec courage sont venus implorer nos faibles talents, et arroser notre plume de leurs larmes, que de vœux n'avons-nous pas faits pour qu'il n'en coûtât pas l'honneur à celui que nous avons combattu, terrassé! Il demande sa liberté. Ah! qu'il dépose ce qu'il doit; qu'il fuie au loin, que le glaive de la Justice ne puisse jamais l'atteindre, que le deuil ne s'étende pas sur les vieux jours d'un Lieutenant Général, sur ceux d'un Duc et Pair que la France honore et plaint.

Courtin, *Mémoire pour Pierre Gilbert, demandeur* [B15] (p.11):

Mais ne poussons pas plus loin d'accablantes réflexions, que nous arrache la rigueur de notre ministère. Plaignons le coupable, sans insulter à ses malheurs. Pourquoi faut-il que dans cette cruelle affaire la Justice ait nécessairement des victimes, et peut-être des victimes illustres à frapper? Arrêtons-nous: une juste sensibilité doit succéder au zèle qui nous anime, et nous alarmer d'avance sur le jugement que le devoir nous force de provoquer.

Même Falconet, dans sa *Réponse aux observations* [B17] (p.29), savait, ou jugeait politique de se montrer compatissant:

Nous n'insulterons point à la douleur du comte de Morangiés; nous n'appellerons point sur sa tête la vengeance des loix; nous voudrions pouvoir le sauver du danger qui le menace, affaiblir le coup qui va lui être porté, et dire à la Justice, il est coupable, mais il n'aurait point opprimé ses adversaires, il n'aurait point eu recours à la subornation, si la loi n'eût pas été transgressé en sa faveur; si on ne l'eût pas, pour ainsi dire, placé entre le crime et le déshonneur. *Signés* Romain et Dujonquay.

Si donc le 4 juin 1773, Voltaire se disait 'point surpris de la sentence portée contre m^r^ de Morangiés' (Best.D18413), c'est désormais sans aucune peine qu'on le croit. Il a attendu l'événement, mais il ne s'en pas, comme il l'avait juré à Marin (Best.D18160), lavé les mains. Sa colère du mois de février oubliée, Voltaire-Achille sort de sous sa tente, déterminé cette fois-ci à brûler les politesses et à abandonner le ton neutre qu'il s'était si bien efforcé de donner à ses plaidoyers durant toute l'instruction du procès. Bref, si la mauvaise tournure prise par l'affaire dans les mois précédant le jugement du 28 mai 1773 avait été susceptible de l'effrayer (le dossier des Veron-Du Jonquay avait été si habilement plaidé), la façon dont leurs avocats – pour ne rien dire de celui de Morangiés! – s'y prenaient pour preparer la joute en deuxième instance ne devait rien faire pour le rassurer.

Courtin, dans un *Précis pour Pierre Gilbert, appellant* [B20], s'adressait déjà (juin 1773) aux juges supérieurs, non pas pour les amadouer, mais pour se plaindre en termes énergiques de l'indulgence que les juges du Bailliage avait montrée à l'égard de Morangiés (pp.1-2, 21, 23-24)! Pour lui, le bien-fondé de la sentence n'était pas en question et ne pouvait pas l'être. Justice avait été faite, mais en ce sens seulement que le coupable avait été enfin reconnu. Justice par contre n'avait point été rendue proportionnellement aux souffrances infligées à son client Gilbert, ni à la perte entière de son état et de sa modeste fortune (p.3). Consacrant donc de nouveau sa plume à l'innocence, Courtin rédigea un plaidoyer où Gilbert était peint des plus belles couleurs, où tout portait l'empreinte de la conviction la plus absolue, où l'art enfin dont il prétendait n'avoir pas besoin pour convaincre les magistrats (p.4) avait cependant été un puissant allié. Un plaidoyer où son assurance en somme était telle qu'il allait falloir une belle indépendance d'esprit chez les magistrats supérieurs pour résister à ses si habiles insinuations concernant leur devoir, et même leur fonction exacte dans ce jugement en deuxième instance.

A juste titre on pouvait craindre le jugement en deuxième instance. Et le *Supplément aux observations* [B19] de Linguet – paru vers la fin du mois de juin 1773 – ne devait sûrement rien faire pour aider Voltaire à envisager l'avenir avec un regain de sérénité. Son plaidoyer dont on ne niait pas la distinction,[24] se distinguait, malheureusement, encore plus par sa violence excessive. Le 5 juillet 1773, le Maître exprime son mécontentement là-dessus dans les termes suivants (Best.D18454, à Dompierre d'Hornoy):

> Si vous avez lu le nouveau mémoire de Linguet pour le comte de Morangiés, vous avez dû être surpris qu'au sujet de quatre lettres de change Linguet ait parlé de la forêt enchantée du Tasse, du gouffre de Curtius, d'Euridice et d'Orphée, de Tantale et des furies. Je ne sais d'ailleurs s'il est prudent et s'il est permis de dire tant d'injures à ses juges. Ce Linguet a un orgueil bien révoltant. La modération n'a jamais gâté les affaires. Louis onze avait raison de dire, *quand orgueil et outrecuidance marchent devant, honte et dommage vont derrière.*

C'est à n'en pas douter pour contrebalancer tant bien que mal cet *orgueil* et cette *outrecuidance* si mal venus, pour neutraliser cette 'manière offensante et révoltante' (Best.D18470) que Voltaire se mit à rédiger, sans doute vers le 10 juillet 1773, son *Précis du procès de m. le comte de Morangiés* qu'il entendait soumettre à l'attention des juges supérieurs de la Tournelle.[25]

Cette intention ne l'empêche pas toutefois – bien au contraire – de suivre le mouvement de tous ces avocats qui peu à peu s'étaient vu obligés d'emprunter la voie dans laquelle Linguet les avait infailliblement attirés. En se faisant plus simple, plus direct, plus positif, il devient, à son tour aussi, quelque peu *agressif*. Il quitte sa relative neutralité de naguère pour soutenir (pour la première fois) on ne peut plus carrément que Morangiés n'avait été ni plus ni moins que la victime d'une habile escroquerie, et pour pousser un cri de douleur contre une sentence rendue malgré le bon sens le plus évident. Avec une ironie à peine cachée, il souligne la parfaite invraisemblance des prétentions de la nécessiteuse famille Veron et de l'inculte Du Jonquay qu'il ne craint pas d'assimiler à la lie du peuple, au monde des escrocs et des usuriers fraudeurs.

Le moment des égards et de la retenue n'est plus. Il souligne donc de nouveau toutes les contradictions, les non-sens, les paralogismes et les inconséquences qui déposent contre les adversaires de Morangiés ... Et pourtant, note-t-il avec incrédulité, c'est Morangiés qui a subi toute la rigueur de la cour! Et c'est l'énormité de cette injustice qui justifie, de façon oblique, son appel aux magistrats du Parlement; c'est ce qui justifie en même temps sa façon élégante d'insinuer qu'ils feraient bien de n'écouter que les vieillards (comme lui, s'entend) 'sans passions, sans intérêt, sans vice [...], exercés dans l'art de sonder les cœurs et de démêler les plus grandes vraisemblances et les moindres' (*Précis*, p.25). Et précisément ils feraient d'autant mieux d'écouter les seuls vieillards que le barreau est devenu un mauvais lieu où plaideurs et avocats s'ingénient à faire accréditer le mensonge.

En somme, dans son mémoire court, puissant et direct, Voltaire adopte cette attitude intraitable qu'il s'était autrefois constamment interdite pour faire comprendre de manière percutante que trouver de nouveau en faveur des Veron-Du Jonquay serait l'acte gratuit d'un imbécile (*Précis*, pp.26-27). Or non content d'exercer des pressions qu'il voulait proprement intellectuelles, Voltaire double celles-ci volontairement d'un genre de chantage beaucoup plus distingué, chantage auquel il s'était aussi naguère toujours refusé, et qui prouve à quel point, dans son esprit, Morangiés était en posture pitoyable. Aux juges son dernier mot, éhonté, est tout simplement (pp.27-28):

> Qu'on mette d'un côté dans la balance les subtilités, les subterfuges d'une cabale aussi obscure qu'acharnée, et de l'autre l'opinion de celui qui est en France le premier juge de l'honneur; ce premier juge a senti qu'il était impossible que le comte de Morangiés eût jamais reçu l'argent qu'on lui demande. Qui l'emportera de ce juge sacré ou de la cabale?

En d'autres termes: osez-vous trancher autrement que votre roi? Vraiment, quand Voltaire se mit à suivre le mouvement des Linguet, des Falconet ou des Courtin, ceux-ci n'avaient strictement rien à lui apprendre!

4. Les *Lettres à la noblesse du Gévaudan* et le jugement en deuxième instance

L'AFFAIRE Morangiés – l'examen de tous les écrits à elle consacrés jusqu'à present l'a démontré à l'évidence – est une affaire *diablement* compliquée. Accusations et contre-accusations, assertions et démentis émanant de l'un comme de l'autre camp se suivent à une cadence régulière, embrouillant le fond même du problème et rendant la découverte de la vérité une entreprise des plus aléatoires. Mais cette affaire, dont les données se faisaient de plus en plus obscures à mesure que le temps passait et que les avocats ferraillaient entre eux, avait été autrement compliquée par un problème des plus inopportuns que nous avons évoqué au seuil de cette étude et qu'il nous incombe d'aborder de nouveau, mais ici dans son contexte Voltairien: l'affaire – on le sait – n'avait pas tardé à soulever un fort vif sentiment d'indignation d'ordre *socio-politique*. Par l'entremise de ces avocats et défenseurs engagés, l'atmosphère entourant la cause – qui n'était déjà que trop tendue – avait été progressivement viciée par le heurt des prétentions aristocratiques et des aspirations populaires.

Dès le départ il y a dans ce procès – et on le souligne en connaissance de cause – deux qualités sociales distinctes: d'un côté une famille obscure, vivant selon les apparences à l'étroit et en marge de la société, de l'autre un officier général, rejeton d'une famille distinguée qui servait l'Etat depuis longtemps avec éclat et fidélité. Et dès le commencement les défenseurs des premiers soutenaient qu'il existait deux poids et deux mesures selon que la victime était noble ou non (Grimm, CLT x.189-90). Le principal défenseur de Morangiés, pour sa part, ripostait avec autant de fermeté en voulant établir que le crime crapuleux était le propre de la populace et que le comte de Morangiés, de par sa qualité,[1] était incapable de la vile escroquerie qu'on s'ingéniait à lui imputer.[2]

Quoi qu'il en soit de ces prétentions de part et d'autre,[3] c'était à n'en pas douter une erreur déplorable que d'évoquer sans cesse et de faire sonner bien haut la qualité sociale des personnes en cause. Loin de rendre plus impérieux les arguments avancés en faveur des parties, un tel procédé – avec toutes les distorsions que la rhétorique des avocats devait enfanter – ne faisait en pratique que diviser les spectateurs, d'après leur origine sociale, en deux clans,[4] que reculer donc de plusieurs crans la possibilité de découvrir, dans la sérénité, quels avaient été les faits authentiques de cette triste rencontre entre le comte de Morangiés et François Liégard Du Jonquay.

Voltaire, moins susceptible, par son éloignement, d'être en proie à de telles passions et, par son esprit, à de tels arguments de caste, déplorait cette polarisation d'ordre socio-politique, comme il déplorait l'immixtion d'un public trop impressionnable dans le déroulement du procès. 'Je suis attaché', avait-il écrit à Mignot en lui expliquant sa propre position, 'dès mon enfance à la maison de Morangiés, mais je ne prends son parti que parce que je suis attaché mille fois davantage à la vérité' (Best.D18531). Le style et la retenue de ses propres écrits en faveur de Morangiés vont pendant un certain temps de pair avec la haute idée qu'il se faisait de son rôle: faire éclater cette vérité aux yeux les plus prévenus. Mais, tout comme les avocats qui s'affrontaient à Paris et dont les plaidoyers (sous l'impulsion de Linguet) se distinguaient de plus en plus par leur violence verbale, Voltaire devait nécessairement à son tour se ressentir de l'âpreté avec laquelle l'adversaire attaquait son protégé ... pour ne rien dire de sa propre personne.

En un certain sens donc, Voltaire était *obligé* de suivre le mouvement (heureusement de loin, si toutefois sur un parcours parallèle): la forme et le fond de ses écrits évoluent sensiblement. Il quitte la relative neutralité qui lui avait permis dans ses premiers plaidoyers de peser le pour et le contre de l'un et de l'autre dossier, et perceptiblement de mémoire en mémoire il se fait plus simple, plus direct, plus positif et surtout plus agressif.[5]

Cette progression est assez frappante. Ce qui, à la réflexion, ne l'est pas moins, c'est l'insistance avec laquelle le Maître, par degrés, se met à parler de l'*honneur* de son client. Plus il parle de façon directe ou oblique de cet honneur dans ses écrits comme dans sa correspondance particulière, moins il semble convaincu que son protégé l'emportera sur ses adversaires. A Morangiés il déclarait, le 30 octobre 1772 (époque à laquelle, dirait-on, son bel optimisme de naguère s'évaporait): 'Quand vous seriez battu par les formes, il faut vaincre par le fond; il faut que votre réputation soit à couvert, c'est là le point essentiel pour vous et pour toute votre maison' (Best.D17987).[6] Plus tard, et peu avant l'époque des *Lettres à la noblesse du Gévaudan*, il écrivait dans sa *Lettre à Beccaria*:[7]

> Je suppose (ce qui n'est pas vraisemblable) que les juges, liés par les formes, condamnent le maréchal de camp à payer ce qu'il ne doit point, ne ruinent-ils pas sa réputation ainsi que sa fortune? Tous ceux qui se sont élevés contre lui dans cette étrange aventure ne diront-ils pas qu'il a calomnieusement accusé ses adversaires d'un crime dont lui-même est coupable? Il perdra son honneur à leurs yeux en perdant son bien. Il ne sera justifié que dans l'esprit de ceux qui examinent profondément: c'est toujours le très petit nombre.

Voltaire parle en effet de plus en plus souvent de cet honneur qu'il faut à tout prix garder intact. C'est un projet qui n'avait de sens que pour ceux, peu nombreux, qui pour diverses raisons étaient intimement convaincus que Morangiés n'avait point touché les 100,000 écus mais qu'il avait été lui-même, en confiant ses billets à Du Jonquay, la victime peu prudente d'une manœuvre résolument criminelle. C'est plus précisément un projet-obsession chez Voltaire qui tend à indiquer chez lui la crainte d'un arrêt défavorable. Car on le verra en effet tendu dès les *Nouvelles probabilités* à sauver du naufrage progressif de sa cause au moins l'honneur de Morangiés en établissant sans conteste l'existence d'une manœuvre criminelle dirigée contre lui: autrement dit, en accusant les Veron-Du Jonquay, il essaie de disculper Morangiés quant au fond du procès. Il semble, ce faisant, comme le croyait Grimm de bonne heure (CLT, x.84), vouloir capituler avec le public en lui disant de plus en plus souvent et de plus en plus clairement qu'on peut perdre un tel procès par défaut de forme, sans que l'honneur soit compromis.

C'est là par contre une idée fixe que peu de gens arrivaient à comprendre (MS vi.214; CLT x.84). Pour la plus grande majorité, Morangiés était coupable d'escroquerie, coupable – par personne interposée – des voies de fait exercées contre Du Jonquay et sa mère, coupable de subornation de témoins, coupable enfin de l'intention d'immoler l'innocence à sa propre cupidité. Quant aux indécis, ils devaient fatalement basculer dans le camp de ses adversaires en apprenant, par l'entremise de Delacroix et de Falconet, que le comte de Morangiés, opérant à l'abri de sauf-conduits pour se garantir contre ses créanciers,[8] était dans l'habitude de procéder en affaires d'une manière indélicate:[9] il faisait des billets à ordre et en touchait le montant, bien résolu à nier par la suite qu'il l'eût jamais reçu. Par malheur, et avec une inconscience sublime de la gravité de ses actes, il avait eu recours au même expédient pendant l'*instruction même* de son procès!

Les incrédules ne pouvaient donc manquer de se demander en vertu de quelle dialectique Voltaire voulait sauver l'honneur d'un homme qui était en passe de le perdre bien avant sa rencontre avec Du Jonquay et qui, de toute évidence, avait perdu le peu qui lui en restait avant et pendant son procès.

Les partisans de Morangiés, dont Voltaire, déploraient cette affreuse inconscience chez leur protégé. Ils ne pouvaient hélas! que déplorer encore plus amèrement la parfaite inconscience professionnelle de son défenseur accrédité, Linguet, qui faisait du barreau comme un lieu d'immondices, qui invectivait sans distinction avocats et partie adverses, juges, Avocat Général, public et qui, ce faisant, minait fatalement avec sa propre position celle de son client. En somme, le ton rogue, insolent, grossier et arrogant de Linguet incommodait tout le monde et lui attirait des résponses impitoyables.[10]

C'est cette agressivité chez Linguet, présente dès le début qui, se faisant de plus en plus insistante, était d'une insigne maladresse. Mais l'attention du public, comme celle des juges, ayant été éveillées par ce manque de courtoisie, on ne pouvait à l'inverse que priser encore plus celle des avocats que Linguet conspuait. Et comme on était sans aucun doute choqué par l'insensibilité que celui-ci affichait envers Du Jonquay, sa mère et Gilbert, on ne pouvait que remarquer la compassion que ceux-là montraient pour Morangiés.[11]

Tout cela était bien propre à miner la confiance de Voltaire qui n'était déjà que trop chancelante. Avec un client d'un caractère aussi franchement douteux que Morangiés, et un allié aussi peu recommandable que Linguet, on pouvait en effet craindre la perte du procès. Il n'est donc guère étonnant que Voltaire, entravé de la sorte, ait essayé de sauver de ce naufrage le peu qu'il croyait honnêtement pouvoir sauver: l'honneur de Morangiés, honneur qui, selon lui, ne pouvait être en cause puisque, encore selon lui, le malheureux Morangiés n'avait pas touché les 100,000 écus.

Démontrer cette innocence, clamer donc par là la pureté de cet honneur, c'était pourtant tenter l'impossible. Mais comme Voltaire est du petit nombre qui croit fermement à cette innocence et à cet honneur, il ne faut pas s'étonner s'il guette le moindre bruit, le moindre témoignage en faveur de l'adversaire de Du Jonquay. Pendant longtemps il attend en vain, portant tout seul le poids de ce nom de Morangiés dont personne ne voulait se charger. Ce qu'il lui fallait, c'était une déclaration à l'avantage du comte faite par une autorité d'une neutralité et d'une probité irréprochables.

Le hasard, qui à l'occasion fait bien les choses, voulut que cette déclaration tant souhaitée émanât enfin de Louis xv lui-même! Dans son *Précis du procès* (pp.27-28), Voltaire laissa donc hardiment imprimer ce passage que nous avons eu l'occasion de citer déjà:

> Qu'on mette d'un côté dans la balance les subtilités, les subterfuges d'une cabale aussi obscure qu'acharnée, et de l'autre l'opinion de celui qui est en France le premier juge de l'honneur; ce premier juge a senti qu'il était impossible que le comte de Morangiés eût jamais reçu l'argent qu'on lui demande.

Si ce premier juge de l'honneur estimait que Morangiés était innocent de l'affreux délit dont on l'accusait, il fallait nécessairement inférer de là que son honneur demeurait intact. Mais l'opinion de Louis XV suffisait-elle à neutraliser la solide haine que la plupart des gens semblaient nourrir pour Morangiés? à contrebalancer les insinuations et les allégations lancées par Delacroix et Falconet qui avaient porté gravement atteinte à son caractère? Suffisait-elle à contrebalancer l'impression des plus fâcheuses causée par le *Supplément aux observations* [B19] de Linguet (Best.D18452)? Suffisait-elle à faire oublier, peu de temps après, le terrible *Mémoire pour le sieur Du Jonquay* [B22] (Best.D18491) où Delacroix, dont le registre est tout aussi remarquable que jamais, en appelle sans crainte aux juges souverains en brossant un tableau pathétique des souffrances de Du Jonquay, et où il flétrit le comte de Morangiés qui en était responsable?

Evidemment non. C'est pourquoi Voltaire accueillit avec joie la longue et chaleureuse attestation que la noblesse du Gévaudan avait faite en faveur de son voisin Morangiés, et que Linguet avait insérée dans son *Supplément aux observations* [B19] (pp.73-76).[12] C'est elle qui devait galvaniser Voltaire et offrir une chance de renouveau dans une campagne qui n'était depuis toujours que redites et répétitions. L'attestation fournie par cette noblesse du Gévaudan n'était évidemment pas cette pièce capitale qui allait tout bouleverser. Car une disposition plus compatissante parmi les juges – étant donné la désastreuse impression que Linguet et Morangiés s'obstinaient à donner d'eux-mêmes – semblaient, sinon exclue, du moins peu probable. Et Voltaire pour sa part (Best.D18502, D18531, D18533, D18534, D18543, D18552) craignait la perte du procès. Toutefois, grâce au roi, grâce à la noblesse du Gévaudan, il commençait à craindre un peu moins la perte de l'honneur de la maison de Morangiés.

Il n'est pas indifférent de lire l'attestation vibrante que ses pairs du diocèse de Mende avaient composée en faveur de leur voisin:

> Prenant l'intérêt le plus vif à l'état où se trouve le Comte de Morangiés, notre compatriote, depuis le commencement de son malheureux procès: Nous soussignés gentilshommes du diocèse de Mende, nous bornions à réunir nos vœux en silence avec tous les honnêtes gens de qui il est connu, pour que la monstrueuse affaire qui lui est survenue, pût se terminer promptement par le développement de la trame noire ourdie contre lui.
>
> A supposer qu'il n'eût pu parvenir à faire triompher la vérité sur l'imposture, il nous paraissait que dans ce cas, les Juges, au défaut de preuves suffisantes pour mettre au grand jour la friponnerie de ses adversaires, le condamneraient en gémissant d'y être forcés, à payer la faute que lui a fait commettre son excès de bonne foi, et sa grande imprudence, mais éviteraient surtout de lui causer le moindre sujet d'humiliation.
>
> Dans cet état notre attachement particulier pour lui, fondé sur l'estime, eût tiré de nouvelles forces de ses malheurs même, et par les témoignages que nous lui en aurions

donnés, nous aurions tâché d'affaiblir l'impression fâcheuse dont son âme fût restée pénétrée, non par le dérangement de fortune qu'il eût éprouvé; ce motif ne pouvant entrer en parallèle dans les sentiments d'un homme d'honneur tel que lui, avec toutes les horreurs auxquelles il aurait été exposé jusqu'au dénouement, tel que nous venons de le supposer.

Nous étions convaincus que malgré les noirceurs publiées contre lui, tout ce qu'il y a d'honnêtes gens bien au fait de cette affaire ne prendraient pas le change, et que si par l'événement il succombait, on le plaindrait sans cesser de l'estimer; suite naturelle d'une infinité de considérations décisives.

Mais aujourd'hui que nous avons appris le traitement ignominieux qu'on lui a fait essuyer en l'arrêtant comme criminel; et de voir le mémoire imprimé de Me Linguet,[13] son défenseur, écrit ensuite de sa détention; aujourd'hui que l'on a ôté au Comte de Morangiés la triste mais consolante espérance de succomber pour le fond de son affaire, sans être déshonoré; prévenus, comme nous sommes, que nombre d'honnêtes gens de qui il est peu ou point connu, pensent sur son compte d'une manière peu avantageuse, pour aider à suspendre auprès d'eux la prévention que ce traitement rigoureux a occasionné, ou pour servir dans tous les cas à donner dans ses malheurs au Comte de Morangiés la faible satisfaction de savoir que ses compatriotes sont bien éloignés de penser de même: d'un commun accord, par un mouvement unanime propre à chacun de nous, Nous attestons *que la Maison de Morangiés est infiniment respectable à tous égards, qu'elle a toujours tenu dans ce diocèse le rang le plus distingué, plus encore par les vertus qui y ont été héréditaires, que par la fortune considérable dont elle a joui et jouit encore*; que le Comte de Morangiés dont l'honneur et la probité semblent devenir aujourd'hui un problème que bien de personnes n'expliquent pas à son avantage, *a toujours réuni en sa personne ce que l'on peut dire de sa famille*. Nous nous faisons aujourd'hui un devoir de faire connaître le degré de considération, d'estime et d'attachement qu'il s'est généralement acquis dans tout ce pays; c'est la base de nos sentiments pour lui, dont nous ne saurions donner des témoignages trop forts.

Les personnes qui pensent solidement, sensibles à l'honneur, sauront démêler facilement, et cela par un principe certain, qu'il ne se voit pas d'alliage monstrueux de vertus véritablement reconnues pour telles avec les crimes les plus bas; que si par un malheureux, mais possible phénomène, on apercevait une variation qui d'un homme parvenu à mériter l'estime générale, en fît dans la suite un juste sujet d'opprobre, cet homme supposé pris dans la classe de ceux où les premiers principes d'honneur doivent avoir eu pour origine le premier moment même de leur existence, cette étrange révolution ne pourrait avoir lieu que par des gradations proportionnées à ces deux extrêmes. Ceux qui cherchent à vouloir faire regarder aujourd'hui le Comte de Morangiés sous le point d'infamie le plus odieux, ne manqueraient pas sans doute de rapporter et prouver les traits par où ils ont pu y être amenés; traits qu'il ne serait pas possible d'ignorer.

Nous donnons pour garant de la justice du sentiment qui nous fait gémir sur l'innocence opprimée en la personne du Comte de Morangiés, la connaissance particulière que nous avons de son mérite, *mérite soutenu par des exemples de la probité la plus exacte*, qu'il a toujours donnés dans ce pays; nous nous flattons d'ailleurs de ne pas errer dans le jugement que nous portons de son affaire, en suivant les lumières d'un sens droit qui nous fait examiner scrupuleusement et sans préventions tout ce qui y est à la connaissance du public. Dès son commencement, son innocence nous a paru certaine malgré l'horrible voile dont ses ennemis ont tâché de la couvrir.

Aujourd'hui, quoiqu'on l'ait traité avec ignominie, nous ne pouvons changer notre façon de penser à son égard, à cause des motifs expliqués précédemment, et parce que son affaire reste la même qu'elle était avant, avec la différence que Dieu qui est le protecteur de l'innocence opprimée, semble vouloir nous faire espérer qu'il a mis des bornes aux criminels efforts qui cherchent à l'accabler, et va permettre que ce mystère d'iniquité soit enfin devoilé. Le Mémoire de Me Linguet, rapporté plus haut, nous donne lieu de croire que le moment n'en est peut-être pas éloigné.

C'est pour tout ce que dessus que, rassemblés dans cette ville, nous avons, un chacun de nous (seuls gentilshommes que nous sachions être actuellement présents dans ce diocèse) signé la présente déclaration pour être envoyée à M. Linguet, afin que, s'il le juge à propos, il en fasse publiquement mention aux fins ci-dessus.

A Mende, le 29 du mois d'avril 1773. Signé. L. M. de Ligonnés. Montesquieu. Volonzac. Le Baron de Servière. De Cultures. La Roquette. De Salles Chapelain. Serviés. De Clamouze. L'abbé de Chateauneuf du Tournel. De Chateauneuf. Auzeran du Luchadou. D'Ombret. Larochenegly. Malaval. Colombet. Landos. Soulaget. Belveser de Ligeac.

En possession de cette attestation chaleureuse depuis le début du mois de juillet 1773 (Best.D18454), Voltaire n'essaie toutefois pas d'en tirer profit séance tenante.[14] Il sait évidemment qu'il en fera usage et quel usage il en fera. Mais il sait aussi que le moment n'en est pas encore venu; en somme il garde ce document en réserve pour la dernière phase du procès, époque à laquelle il utilisera enfin, devant les Juges de la Tournelle, l'argument de caste qui jouait un rôle si néfaste dans les plaidoyers des avocats en présence ... et qu'il avait lui-même naguère trouvé si répréhensible!

Foin des scrupules! Pour une fois la fin justifiait les moyens. 'Il faut, mon cher ami,' écrivait-il à Marin, 'emploier hardiment les noms du Roi et de Dieu pour la cause de L'innocence si indignement oprimée par une canaille aussi insolente que vîle, et plus absurde encor qu'artificieuse' (Best.D18512). Instruit sans doute que la visite du procès devait commencer à la Tournelle le 6 août 1773,[15] Voltaire comptait reprendre ses démarches en faveur de Morangiés d'une manière que l'on ne peut manquer de qualifier d'intelligente.

Il commença par s'adresser nommément à la noblesse du Gévaudan qui avait soulevé le problème de l'honneur d'une manière si obligeante. Répondant à l'esprit de son attestation, Voltaire profitait de l'occasion pour représenter la cause de Morangiés comme la cause de la noblesse entière (CLT x.293). Mais pour ce qui est de la tactique, il s'adressait en fait, non à cette noblesse mais *par cette noblesse interposée* aux trente-huit juges de la Tournelle, et au grand public de Paris (Best.D18502, D18507, D18520, D18523, D18527). Par ailleurs, au lieu de rédiger un seul plaidoyer, il mit sous les yeux des juges, à intervalles réguliers (10, 16 et 26 août),[16] dans de courts mémoires, les différents aspects marquants du problème tels qu'il les avait évoqués dans son *Précis*. Ce faisant, il les mettait encore plus en relief, et à tour de rôle.[17] C'est cette exigence de *relief* qui l'emporta. Pas de fioritures ni de fleurs de rhétorique. Il mit de côté – ce sont les faits qui comptent, rien que les faits bruts – tout souci de style et de présentation. Il évoquait les différents aspects du problème de façon lapidaire et sobre.

Plus d'insinuations, plus d'invitations aux juges à peser et à prononcer. Ayant lui-même déjà depuis longtemps rejeté la moindre possibilité que les Veron-Du Jonquay puissent dire vrai en quoi ce soit, craignant désormais que la vérité ne succombe, il n'aura ici qu'une seule intention: exercer sur les juges toutes sortes de pressions intellectuelles, émotives et morales. Ses *Lettres* sont donc habilement dosées, comme par la même occasion ses suggestions sont évidentes et tendancieuses et irrésistibles. Dans la première, il assurera la noblesse du Gévaudan, à six reprises distinctes, et de différentes manières, que la saine partie de la nation avait fait éclater des sentiments conformes aux siens, conformes à ceux de son roi et qu'il n'était point de juge *éclairé* qui ne pensait précisément comme le roi. Dans la seconde, il se contentera d'une seule déclaration marquante, à savoir que les grands jurisconsultes, Solon, Numa, Aristide, Caton, le Chancelier de L'Hospital, revenus sur terre, se prononceraient pour Morangiés. Alors que dans la troisième, à six reprises encore, il en appelle à l'orgueil des juges en tant que Français dans une Europe jalouse et hostile.

Mais quand on se propose de diriger de loin des réflexes et de provoquer une série de réactions automatiques, il faut créer un climat susceptible de les favoriser. C'est pourquoi, dans ces *Lettres*, Voltaire se fait un devoir – et il s'en cache à peine – de passer derrière Linguet, fermant la marche, tantôt balayant les débris et essuyant les ordures que celui-ci avait laissées sur sa route, tantôt amadouant ceux-là mêmes que son allié embarrassant avait incommodés par sa violence verbale indécente.[18] Par conséquent, le ton qu'il adopte parout en s'adressant aux juges, au public, est mielleux, voire parfois patelin. Même en parlant des juges du Bailliage pour qui, dans sa correspondance particulière, il n'est guère tendre, il se montre compatissant et courtois. En évoquant l'escroquerie qu'il veut faire imputer aux Veron-Du Jonquay, nulle trace du registre de Linguet: il se refuse délibérément toute épithète injurieuse à leur égard.

En somme, dans ses trois petits plaidoyers qui se complètent et qui s'arcboutent les uns aux autres, Voltaire joue sa dernière carte avec toute l'adresse des chevaliers d'industrie. Avec une habileté étonnante, il y contrefait un optimisme qui devait en fait lui manquer cruellement (voir encore Best.D18502, D18531, D18533, D18534, D18543, D18552): 'Reste à savoir', avoue-t-il dans sa première *Lettre*, 'si, les juges étant persuadés dans le fond de leur cœur de l'impossibilité de cette dette prétendue, nos lois sont assez précises pour les forcer à condamner M. de Morangiés à payer un argent que certainement il ne doit pas.' Et de répondre à sa propre question tout à fait à la fin de son dernier mot sur l'affaire Morangiés, écrit le 26 août peu avant l'arrêt définitif: 'quand une fois la vérité a paru aux yeux des sages, dans quelque genre que ce puisse être, il n'est plus possible de la détruire. On ne peut ôter l'honneur à la maison de Morangiés, on ne peut que la ruiner.' La nuit est à son plus sombre juste avant les aurores. Car le 3 septembre 1773, le Parlement, en dernier ressort, tranche en faveur du maréchal de camp, déboute la famille Veron-Du Jonquay et condamne François Liégard Du Jonquay à trois ans de bannissement et à huit mille livres de dommages et intérêts.

Voltaire, dont le courage n'avait pas été inébranlable, mais qui – dès le premier instant – ne s'était pas lassé de soutenir l'innocence du comte de Morangiés, exulte. A celui qui vient de lui communiquer la nouvelle, il écrit (Best.D18543): 'Le vieux malade ressuscite un moment par l'excez de sa joie. Il craignait terriblement la cabale de la canaille. Il embrasse Monsieur Marin en versant des larmes d'attendrissement.'

L'affaire avait connu un dénouement favorable. Contre toute attente sans doute. Une dure vérité, dont Voltaire n'était que trop tristement conscient, se dégageait de cette cause: le public avait joué un rôle néfaste, mais déterminant, dans le déroulement de la procédure et, de là, dans le verdict prononcé en première instance.[19]

Cette découverte n'était pas de date récente. Elle n'avait pas germé non plus dans l'esprit d'un Voltaire confronté avec le fait accompli du premier jugement et qui avait visiblement craint le même résultat, pour les mêmes raisons, en deuxième instance. Déjà dans ses premiers mémoires (*Essai sur les probabilités en fait de justice; Nouvelles probabilités*), il avait commencé par insinuer que c'est l'esprit de parti qui animait le public et qui excluait chez lui toute recherche impartiale de la vérité. Or d'autre part, il devait soutenir dans sa *Lettre à Beccaria* que l'équité naturelle placée par Dieu dans le cœur des hommes et base de toutes lois était *pour* Morangiés. Les deux faits contradictoires étaient d'une évidence égale. Le second toutefois – Voltaire en était convaincu – ne pouvait manquer de l'emporter sur le premier. Hélas! une autre vérité devait se présenter de plus en plus clairement: cette équité, ce fondement de toute justice, comptait en pratique pour peu, voire même pour rien, devant la prévention et la haine d'un public déterminé.

Non pas que cette vérité fût une entière révélation pour un homme informé des diverses affaires, de triste mémoire, qui avaient enflammé, divisé l'opinion depuis l'affaire Calas. Et toutefois – bien que la tentation y soit – il serait excessif de conclure de là que le, ou mieux *les publics* étaient seuls coupables. L'affaire Morangiés, riche de rebondissements et de prolongements, ne devait pas tarder à lever des coins de voile tout aussi révélateurs: que dire, par exemple, du rôle joué par les avocats des parties adverses dans la formation de l'opinion publique? Peu de mystère là-dessus, bien que la pensée de Voltaire risque sur ce point de paraître légèrement flottante: leurs plaidoyers, d'une lecture pénible, démontrent que leur langage, leurs tournures et inductions, assez souvent (et même beaucoup trop souvent) grossiers et violents, influent sur l'attitude du public (*Réponse à l'écrit d'un avocat; Précis du procès de m. le comte de Morangiés contre la famille Veron*). Le spectateur averti, tel Voltaire, ne voit ici qu'une infernale ronde – les avocats incitent le public, qui à son tour incite les avocats ... qui incitent de nouveau le public!

Jamais, durant le procès, Voltaire n'alla au delà de telles affirmations ... et encore en termes assez vagues. Il se contente de déplorer l'esprit de parti, se borne à fustiger le peuple, aveugle et méchant, et trouve que la confiance que les avocats de Du Jonquay témoignent pour leur client est, pour le moins, excessive et détestable.

Sa correspondance particulière offre le même parallélisme, à cette exception près: au milieu du procès et avec une étonnante candeur qui ne s'explique que par l'intimité d'une lettre personnelle, Voltaire exposait à Morangiés même une intéressante vérité qui lui semblait désormais acquise (Best.D17987).[20] 'Plus le procès devient compliqué,' écrivait-il le 30 octobre 1772, 'plus il semble que les préjugés augmentent. Il peut y avoir des juges prévenus, ils peuvent se laisser entraîner à l'opinion dominante d'un certain public, puisqu'ils voient déjà par avance dans cette opinion même l'approbation d'une sentence qu'ils rendraient contre vous.'

Voltaire était donc convaincu et de bonne heure, semble-t-il, que les juges avaient été 'subornés': ils se laissaient influencer – tout comme la majorité du public – par les cris, les imprécations ou la clameur de la 'lie du peuple' et allaient sans aucun doute condamner Morangiés en vertu d'un 'vote' populaire.[21]

Révélation terrible s'il en fut! Le déroulement et les péripéties du procès lui avaient cependant dévoilé cette dure vérité d'une manière qu'il jugeait satisfaisante. Défenseur engagé de Morangiés, il était néanmoins trop prudent pour la publier ouvertement dans ses différents mémoires. Dans une société où l'*être* et le *paraître* n'étaient que rarement une seule et même chose, et où le *paraître* primait tout, bien maladroit (pour ne pas dire malappris) celui qui oserait mettre en question l'apparat extérieur de la magistrature et, par extension, les idées reçues de la nation. 'La populace', comme il devait le soutenir plus tard dans son *Fragment sur la justice* (p.108), 'gouverne souvent ceux qui devraient la gouverner et l'instruire.'[22]

Un tel verdict, à peine édulcoré par sa formulation prudente, allait claquer comme une vérité gratuite. Pour des raisons évidentes il n'était pas bon à publier *avant* l'arrêt définitif du Parlement. Mais après le 3 septembre 1773, peu importe que Voltaire cède – momentanément – au plaisir de révéler son amertume et sa déception relativement à la conduite de la plupart des juges, de la majorité du public – éclairé s'entend (ou qui se supposait tel), et à l'influence inacceptable exercée sur eux pendant tout le cours du procès par la *populace*. Peu importait même que, dès le 3 septembre, la cause ait été gagnée ou perdue. Quelle qu'en fût l'issue, Voltaire ne pouvait modifier son verdict désabusé: *la populace gouverne souvent ceux qui devraient la gouverner et l'instruire.*

Le 3 septembre la cause de Morangiés est pourtant gagnée. Or si ce dernier n'avait désormais strictement rien à perdre, l'inverse était non moins vrai: il n'avait plus rien à gagner. Pourquoi donc Voltaire rédige-t-il son *onzième* mémoire en sa faveur?[23] Pourquoi, par ailleurs, est-on obligé de relever ici dans ce *Fragment sur la justice*, un fort curieux manichéisme qui semble d'autant plus déplacé qu'on l'aurait en vain cherché dans ses pamphlets précédents en faveur du maréchal de camp? Pourquoi lave-t-il Morangiés de toute imputation d'indélicatesse[24] et, ce faisant, bâtit-il un roman sur les intrigues des Veron où tout (pour qui connaît l'affaire) est disposé de la manière la moins convaincante et, partant, la plus écrasante? Comment, enfin, s'expliquer le caractère superflu du pamphlet et la volonté très évidente d'accabler les vaincus?

C'est que Morangiés n'est ici que secondaire. En réalité, le *Fragment* rédigé en sa faveur n'a d'importance et de signification (le rédacteur des *Mémoires secrets* – voir note 23 – ne le comprenait pas) que lorsqu'on le considère précisément à la lumière du recueil où il paraissait, et en stricte fonction de la cause d'un autre malheureux militaire dont il y est question. Bref, avec les *Fragments sur l'Inde* nous sommes au début de la campagne entreprise pour la réhabilitation de la mémoire de Lally-Tolendal, le vaincu de Pondichéry.

C'est dans le cadre de cette campagne que le *Fragment sur la justice*, ainsi que le *Fragment sur le procès criminel de Monbailli*, trouvent leur unique raison d'être. Dans ces deux écrits, Voltaire démontre à sa propre satisfaction que le cours naturel de la justice, à tous les niveaux, à tous les stades, avait été cruellement faussé par la prévention et l'esprit de parti. La leçon si brutale qui se dégageait de ces deux affaires était salutaire et non moins utile ... Car l'argument démontré et admis, il ne restait qu'à laisser bénéficier la mémoire de Lally de l'opinion déjà cristallisée sur ces deux affaires absolument 'identiques'. Lally, n'avait-il pas été, lui aussi, victime comme Morangiés de la prévention et la haine;

n'avait-il pas enfin perdu la vie, comme Monbailli, par la lâcheté de juges qui avaient trop écouté la clameur de la populace?[25]

Dans cette nouvelle campagne, declenchée dans les *Fragments sur l'Inde*, la disposition des textes n'est pas tout-à-fait indifférente ... Une intelligence en éveil préside aussi – comme dans les *Lettres à la noblesse du Gévaudan* – à leur architecture interne. Parcourons la fin de ce *Fragment sur la justice* (pp.109-10) où l'insinuation si limpide vient renforcer l'ardent vœu qui clôt le *Fragment sur le procès criminel de Monbailli*,[26] et nous comprendrons pourquoi Voltaire, comme le comédien, comme le poète, a toujours le dernier mot:

> Enfin tout Paris s'étonna d'avoir été deux ans entiers la dupe du mensonge le plus grossier et le plus ridicule que la sottise et la friponnerie en délire aient pu jamais inventer.
>
> Puissent de tels exemples apprendre aux Parisiens à ne pas juger des affaires sérieuses comme d'un opéra-comique, sur le discours d'un perruquier ou d'un tailleur, répétés par des femmes de chambre! Mais un peuple qui a été vingt ans entiers la dupe des miracles de M. l'abbé Pâris, et des gambades de M. l'abbé Bécherand, pourra-t-il jamais se corriger?
>
> *Odi profanum vulgus et arceo.*

5. Conclusion

Dans le contexte de la carrière de Voltaire, l'affaire Morangiés – qui n'a jamais fait l'objet d'une étude spécifique et qui le plus souvent n'a donc jamais mérité qu'une mention des plus rapides de la part des biographes – n'a dû sans doute sembler qu'un vulgaire incident de parcours. Dans le contexte plus restreint, et encore assez mal connu, du problème de 'Voltaire et la justice', l'affaire Morangiés, restée inexaminée, a été vouée par conséquent à paraître sans importance, voire même insignifiante si on la 'comparait' mentalement aux autres affaires de triste notoriété: Calas, La Barre, Sirven, Lally. Par la présente étude nous nous sommes efforcé de faire comprendre que les démêlés peu édifiants du maréchal de camp et des Veron-Du Jonquay, qui débordent amplement le cadre où ils se sont déroulés par l'importance qu'ils ont réellement eue dans la carrière du Maître et par les pressions de toutes sortes qu'ils ont exercées sur lui, méritent d'être plus largement connus.

Nous avons évoqué plus haut à divers endroits (chapitres 2 et 3) les raisons intimes et personnelles qui poussèrent Voltaire à assumer la défense du comte de Morangiés. Au risque de paraître répéter parfois ce qui semble désormais acquis, nous croyons qu'il ne serait toutefois pas déplacé de rassembler enfin, ici même, en guise de conclusion, tous les éléments qui expliquent cette présence si utile et si remarquée et qui aident d'autre part à brosser le portrait en pied d'un Voltaire empêtré dans une affaire tout à fait périlleuse où enfin ses convictions les plus chères se trouvent menacées. En somme, l'affaire Morangiés – et ce n'est pas son mérite le plus mince – fait revivre un peu plus intensément non seulement un Voltaire *philosophe* à une époque de sa carrière qui s'avère cruciale (1772-1774), mais aussi, à travers une mosaïque d'attitudes d'une redoutable complexité, un vieillard particulièrement alerte et humain.

Au mois d'avril-mai 1772, époque à laquelle Voltaire prête main forte à Morangiés, il agit en vertu de plusieurs considérations essentielles. Au début, ce sont l'amitié et le sens des obligations qui se laissent aisément déceler (Best. D17715, D17815, D17824, D18531);[1] en répondant à l'appel de Rochefort d'Ally (Best.D18238) et en se lançant dans une bataille peu séduisante, Voltaire entendait de prime abord demeurer fidèle à des liens intimes noués bien des années auparavant, lors de sa plus tendre enfance, et resserrés encore davantage pendant sa jeunesse, avec les aïeux du comte, liens dont la force affective n'avait pas été entamée par le passage du temps. Comment aurait-il su rester indifférent, même dans un tout autre contexte, et refuser son aide dans une cause méritoire (Best.D18238; *Nouvelles probabilités*, p.20; *Déclaration de m. de Voltaire*, p.1) où, de surcroît, l'acteur principal était momentanément sans défenseur accrédité (Best.D17759; *Déclaration de m. de Voltaire*, p.10)?

Comment aurait-il pu demeurer sourd à un appel qui lui avait été lancé de la part du petit-fils des Châteauneuf, dont il ne devait pas tarder à reconnaître l'innocence? Comment à plus forte raison aurait-il pu demeurer inactif devant la conviction qu'il devait bientôt avoir que ce malheureux aristocrate – qui avait tant fait pour sa propre perte – était la victime d'une manœuvre criminelle tout à fait audacieuse (Best.D17815, D17818, D17824, D17828)? Son sens de la justice naturelle, joint à la haute idée qu'il se faisait de son devoir dans ce domaine, voulait qu'il se fît le champion inconditionnel de l'innocent opprimé (Best.D17753), et même – pourvu qu'elle fût innocente – de la brebis galeuse opprimée (Best.D17824, D17828, D17888, D18253; *Essai sur les probabilités en fait de justice*, première édition, pp.20, 33).[2]

Toutes ces considérations, qu'il est impossible de délimiter avec précision, sont réelles et ont agi sur Voltaire en commun et comme de concert pour éveiller sa sensibilité.

Cette sensibilité initiale de Voltaire (Best.D17815, D17818, D17828, D17956, D17987), jointe à sa compassion pour la pauvre famille du comte, ne se démentira pas un seul instant. Bien au contraire. Les rebondissements et les prolongements de la malheureuse affaire Morangiés devaient fatalement entraîner l'homme sensible et compatissant et, de ce fait, faire de lui un partisan de plus en plus engagé du maréchal de camp. Pour l'alarmer (et, par la même occasion, pour lui rendre la tâche encore plus difficile), il y a les expédients dont vit le comte – ou dont il est obligé de vivre – pendant l'instruction même de son procès (Best.D17815, D17818); il y a la saisie de ses meubles (Best.D17987) et son emprisonnement pour subornation de témoins (Best.D18213, D18258); il y a enfin, devant cette victime des plus affreuses calomnies, la perspective d'une condamnation imméritée et insensée qui choque très profondément chez Voltaire son sens de la logique et de la justice.

Cependant cette sensibilité initiale, sans jamais s'effacer, doit céder le pas à un autre sentiment: sauver Morangiés, malgré lui-même, malgré Linguet, malgré la vaste majorité du grand public qui semble acharné à le condamner, devient chez Voltaire une priorité voisinant l'obsession. En d'autres termes, ce problème qui a déjà tant de facettes pour subjuguer son attention devait inévitablement occuper une place de plus en plus importante dans sa vie intime. De façon inéluctable ne devient-il pas lui-même partie à son tour dans cette affaire (Best.D18221, D18231, D18232), ajoutant ainsi une nouvelle dimension à ses propres souffrances morales? Ne trouve-t-il pas impossible de demeurer au-dessus de la mêlée? N'est-il pas à son tour happé par l'engrenage de la procédure et malmené en les termes les plus cruellement blessants (*Preuves démonstratives* [B10], pp.13, 16-17, 18, 24, 25, 30-31, 43-44, 55, 76) dans cette bataille rangée où l'on n'a cure de ménager la réputation ou l'âge, et où enfin il doit défendre avec une âpreté certaine sa propre réputation ainsi que la pureté de ses intentions de polémiste?

Par d'autres côtés encore l'affaire Morangiés met aussi en lumière divers aspects de la mentalité de Voltaire, polémiste chevronné. En tant que tel, n'a-t-il pas de bonne heure la conviction de pouvoir porter la lumière dans ce labyrinthe ténébreux où tout n'est qu'un chaos d'accusations et de contre-accusations, de démentis et de savants mensonges (*Essai sur les probabilités*; Best.D17815, D17818, D17823, D17824, D17828; seconde édition de l'*Essai sur les probabilités*)? Certes la tâche s'annonçait ardue, mais pour l'heureux champion des Calas et des Sirven qui avait su opérer dans l'un comme dans l'autre cas un prodigieux renversement, elle ne s'annonçait point impossible. En somme, ayant naguère convaincu les incrédules que Calas et Sirven avaient la justice et la vérité pour eux, il pouvait estimer que sa présence dans cette arène, où Morangiés risquait de perdre tout, méritait des égards et une attention des plus respectueuses.

Le temps passe toutefois; la cause se complique; les voix discordantes, loin de s'apaiser, se font plus insistantes; Morangiés et Linguet s'ingénient avec une inconscience sublime à s'aliéner tout le monde ... et à compromettre par là la position même de Voltaire (Best.D17866, D18324, D18454, D18470); l'affaire déjà si embrouillée constitue un défi de plus en plus inquiétant à ses capacités de logicien, d'écrivain et d'apologiste; la bataille s'annonce plus rude de mois en mois. Le Maître qui, tout comme Linguet (chapitre 3, n.17), se piquait ou avait tendance à se piquer de ne jamais perdre de procès doit reconnaître toutefois qu'on ne l'écoute que d'une oreille bien distraite. Il n'y avait pas longtemps, et avec une rectitude au dessus de toute critique, il avait brillamment réussi à soulever l'émotion de la France entière en faveur des Calas et des Sirven; mais désormais il a la triste certitude que ces mêmes capacités intellectuelles, cette même expérience du monde, cette même compétence de rhéteur qui avaient naguère assuré la victoire semblent ici d'un secours dérisoire.

Et voici que l'orgueil du Sage de Ferney entre en jeu à son tour, l'orgueil surtout du maître à penser de toute une génération qui peut estimer que son autorité morale – normalement intacte – se trouve remise en question. Ne pas le croire, ne pas le suivre, c'est la négation du rôle qu'il affectionne: celui de vieillard sage et modéré, d'homme des Lumières, partisan du bon sens et de la saine *philosophie*.

Mais il y a beaucoup plus grave dans cette affaire que le simple orgueil de Voltaire. A partir d'un certain moment, Morangiés ne devient-il pas en quelque sorte 'secondaire'? Son affaire, dans l'esprit de Voltaire, ne revêt-elle pas une toute autre importance? Le phénomène se révèle à notre attention avec de plus en plus de clarté: à mesure que la balance penche pour les adversaires du comte, Voltaire change de registre ainsi que de tactique; en un mot, correspondance et pamphlets reflètent un composé de rage et de désespoir devant cette impuissance à imposer son point de vue (voire, à faire reconnaître *la vérité*), à convaincre ce public qui est à son avis manifestement dans l'*erreur* la plus abjecte.

A partir d'un certain moment (que l'on arrive à identifier), l'attention de Voltaire n'est-elle pas plutôt accaparée par la solide nécessité de protéger et de sauvegarder les Lumières? Le côté *philosophique* de l'intervention de Voltaire est évident dès sa première contribution au débat (*Essai sur les probabilités en fait de justice*, juin 1772), ainsi que dans la seconde (*Nouvelles probabilités*, octobre 1772; voir aussi Best.D17715, D17731, D17800, D17815); mais l'accent commence à se déplacer à la fin du mois d'octobre 1772 (Best.D17987) et visiblement se déplace tout-à-fait en février 1773 dans sa *Déclaration [...] sur le procès* et sa *Réponse à l'écrit d'un avocat*[3] où les tournures et le vocabulaire indiquent assez que l'affaire, tout en étant toujours la défense de Morangiés, est aussi désormais une bataille entre les Ténèbres et les Lumières. Solide nécessité en effet de sauvegarder ces dernières, car les *philosophes* et le public éclairé dans leur quasi-totalité, en se laissant entraîner par les adversaires de Morangiés (Best.D18586; *Réponse à l'écrit d'un avocat*; *Précis du procès*; *Lettres à la noblesse du Gévaudan*; *Fragment sur la justice*), n'avaient-ils pas trahi leur haute mission? Se déclarer le partisan des Veron-Du Jonquay, ce n'est pour Voltaire ni plus ni moins qu'un scandale. Il y avait pire: en écoutant, non la voix paisible de la raison, mais les cris du peuple échauffé,[4] l'élite de la nation ne risquait-elle pas de miner les fondements mêmes de la citadelle?[5]

Le peuple! C'est là un problème qui occupe un certain coin de l'esprit de Voltaire depuis de longues années (voir Roland Mortier, article cité). Déjà à l'époque de *La Henriade*, il formule à son endroit des jugements accablants: les masses populaires, superstitieuses, facilement fanatiques ou fanatisées, sont le pire danger pour l'Etat, pour l'autorité royale et pour le progrès de la pensée (Mortier, p.140). En principe, et presque par principe, l'auteur de *La Henriade* demeurera pessimiste: le peuple est incorrigible.[6]

Mais Voltaire n'est pas toujours aussi peu charitable, aussi sombre. Quelquefois il se laisse tenter par la pensée que l'on peut, que l'on doit même, guider le peuple. On lit dans *Le Siècle de Louis XIV* (à la fin du chapitre 36, 'Du Calvinisme au temps de Louis XIV', M.xv.38): 'Il faut d'abord qu'elle [la raison] soit établie dans les principales têtes; elle descend aux autres de proche en proche, et gouverne enfin le peuple même qui ne la connaît pas, mais qui, voyant que ses supérieurs sont modérés, apprend aussi à l'être.'

Quinze ans plus tard (13 avril 1766) les théories que l'on trouve dans une lettre de Voltaire à Damilaville ne sont ni plus ni moins qu'un simple écho de ce passage (Best.D13249):

> Dans mon dernier voyage à Montpellier, nous trouvâmes, mon frère et moi, beaucoup de gens qui pensent aussi sensément que vous; et nous bénissons dieu des progrès que fait cette sage philosophie véritablement religieuse, qui ne peut avoir pour ennemis que ceux du genre humain. Le bas peuple en vaudra certainement mieux quand les principaux citoyens cultiveront la sagesse et la vertu. Il sera contenu par l'exemple qui est la plus belle et la plus forte des vertus. Il est bien certain que les pélerinages, les prétendus miracles, les cérémonies superstitieuses ne feront jamais un honnête homme. L'exemple seul en fait, et c'est la seule manière d'instruire l'ignorance des villageois. Ce sont donc les principaux citoyens qu'il faut d'abord éclairer. Il est certain par exemple que si à Naples les seigneurs donnaient à dieu la préférence qu'ils donnent à st Janvier, le peuple au bout de quelques années se soucierait fort peu de la liquéfaction dont il est aujourd'hui si avide. Mais si quelqu'un s'avisait à présent de vouloir instruire ce peuple napolitain, il se ferait lapider. Il faut que la lumière descende par degrés; celle du bas peuple sera toujours fort confuse. Ceux qui sont occupés à gagner leur vie, ne peuvent l'être d'éclairer leur esprit. Il leur suffit de l'exemple de leurs supérieurs.

Il faut donc, affirme Voltaire, éclairer les masses petit à petit. Mais en bonne logique, pour peu que l'inverse se produise, que les principales têtes se laissent influencer par le peuple, c'est évidemment tout le contraire du programme des Lumières qui se réalise: c'est l'aberration totale.[7] En règle générale, on souhaite ne jamais voir un tel revirement, mais l'histoire et l'expérience ont appris à Voltaire, dit Roland Mortier (p.151), à se défier du peuple dont l'action a si souvent contrarié le progrès des Lumières.

Pendant l'affaire Morangiés, Voltaire a lieu, et ô combien! de se défier encore une fois du peuple; de bonne heure (voir n.3) l'auteur de l'*Essai sur les probabilités en fait de justice*, genre de cantique, de vibrant hymne où il chante sa foi dans le progrès continuel des connaissances,[8] doit reconnaître que ce terrible et monstrueux phénomène est pourtant en train de se produire. Malgré sa propre prise de position éclairante et comme au mépris de ses convictions les plus chères, les Lumières et leurs adeptes se trouvent subornés par l'ignorance et la superstition, le fanatisme et l'aveuglement, le préjugé et la prévention.

C'est pour le Maître qui a rarement vu, sur une si grande échelle, un tel entichement contre raison, une abomination dont la gravité est sans exemple. Aux beaux jours de son apostolat, Voltaire n'avait pas craint d'annoncer les aurores resplendissantes et les temps nouveaux. Ce bel optimisme de naguère ('Les esprits s'éclairent de jour en jour', Best.D13139) et plus spécialement des années 1766-1770 commence à s'évaporer.

Dès l'époque de sa *Déclaration* (février 1773), Voltaire se trouve contraint de quitter la relative neutralité qui lui avait permis dans son *Essai sur les probabilités* et ses *Nouvelles probabilités* de peser le pour et le contre de l'un et de l'autre dossier, et visiblement, de mémoire en mémoire, il se fait plus simple, plus direct, plus positif et surtout plus agressif: désormais il devra examiner le seul dossier des Veron-Du Jonquay avec de plus en plus d'insistance, de plus en plus d'ironie, de partialité et surtout avec de moins en moins de modération verbale.[9]

Pour mieux saisir ce durcissement progressif (qui reflète si fidèlement un mélange de colère, de pessimisme et de mépris), il convient en effet de faire, non pas une enquête générale sur le style de ces mémoires, mais un dénombrement fondamental de leur vocabulaire.

A cette intention, nous avons dressé la liste suivante[10] qui comprend à la fois toutes les notions et formules marquantes (les unes manifestement défavorables pour les Veron-Du Jonquay, les autres évidemment favorables à Morangiés) et qui au besoin précise leur fréquence.

1) *Essai sur les probabilités en fait de justice* (juin 1772, 35 pages in-8): ce pamphlet, rédigé sur un ton très sobre, ne se prête pas à notre enquête. Attentif à peser le pour et le contre, Voltaire n'y fait jamais violence à son 'objectivité' géométrique.

2) *Nouvelles probabilités en fait de justice* (octobre 1772, 20 pages in-8): Jugements concernant les Veron-Du Jonquay: *imbécilité; incroyable; roman; contradictoire; extravagante; absurde; fausse; incompréhensible.* Formules: *dénué de vraisemblance; opposée au sens commun; le roman le plus ridicule et le plus incroyable; si sottement romanesque; absurdité si révoltante; il n'est point vraisemblable que.*

Jugements relatifs à Morangiés: *évident; naturelle.* Formules: *s'explique aisément; l'honneur de l'officier paraît donc à couvert aux yeux de tout homme qui ne juge que suivant les lumières de la raison; le public éclairé doit l'absoudre; il est très naturel que.*

3) *Déclaration de m. de Voltaire sur le procès entre m. le comte de Morangiés et les Veron* (février 1773, 11 pages in-8): Jugements concernant les Veron-Du Jonquay: *inouïe; chimères; roman* (2); *impossible.* Formules: *absurde et impossible; extravagant et abominable; il n'est pas possible; la fable la plus incroyable; tellement romanesque; contradiction énorme; piège grossier; choses incroyables; chimère incroyable.*

Jugements relatifs à Morangiés: *assurément.* Formules: *sans écouter aucune prévention; il était donc de la plus grande vraisemblance; toutes ces probabilités réunies faisaient sur moi la forte impression qu'elles doivent faire sur tout esprit impartial qui n'est d'aucune faction, qui aime la vérité; trait de lumière; il me paraissait fort naturel; il me paraissait fort vraisemblable; n'est-ce pas la vérité qui a parlé; il est clair; tout homme sensé; public [...] impartial qui n'écoute que les principes du sens commun.*

4) *Réponse à l'écrit d'un avocat* (février 1773, 5 pages in-8). Jugements concernant les Veron-Du Jonquay: *artifices; mensonge* (2); *roman*. Formules: *paralogismes ridicules; nous retombons dans les siècles de la plus épaisse barbarie*. Formules relatives à Morangiés: *conviction intime; raisons les plus solides; ces preuves morales ont paru victorieuses dans l'esprit du public impartial.*

5) *Précis du procès de m. le comte de Morangiés* (juillet 1773, 30 pages in-8). D'un bout à l'autre de sa brochure, Voltaire use d'ironie (ce qui donne le même résultat que le vocabulaire concret) pour faire ressortir l'*absurdité* de la version des faits propagée par les Veron-Du Jonquay. Les jugements que l'on trouve dans le *Précis du procès* ne concernent que ces derniers: *aveuglément; incompréhensible; obscurités; artifice; fable* (2); *absurdité; subtilités; obscure*. Formules: *si extraordinaire; contradictions palpables; mauvaise foi.*

6) *Lettre à Beccaria* (début août 1773, 20ff.) Restée inédite du vivant de Voltaire. Partout, comme dans son *Précis du procès*, Voltaire souligne le côté *absurde* de l'affaire sans pour autant utiliser le mot. Jugements concernant les Veron-Du Jonquay: *faux; burlesque; imposture*. Formules: *fraudes obscures; il n'est nullement probable; imposture atroce et ridicule; aucune vraisemblance; encore plus improbable; prodige digne des* Mille et une nuits*; il n'est pas clair.*

Jugements relatifs à Morangiés: *manifestement; visiblement*. Formules: *il est d'une extrême vraisemblance; l'affaire la plus claire; le bon sens permet-il d'écouter de telles raisons?; il est vrai que* (2); *il est prouvé que; raisons convaincantes; il ne sera justifié que dans l'esprit de ceux qui examinent profondément; il le* [son procès] *gagnera au tribunal du public éclairé; il paraît clair.*

7) *Lettre [...] à messieurs de la noblesse de Gévaudan* (10 août 1773, 8 pages in-8). Comme dans les textes 5 et 6, Voltaire formule toute une série d'observations qui font ressortir l'*absurdité* du dossier des Veron-Du Jonquay, sans pour autant dans ces contextes utiliser le mot. Jugements formels et concrets concernant ces derniers: *fable*. Formules: *foule de suppositions extravagantes, débitées si grossièrement; ramas d'absurdités; excès de folie; long tissu d'impostures stupides; les fables les plus ridicules; affaire extravagante; la chose la plus improbable; extrême improbabilité; contradictions absurdes; ténèbres d'iniquité; énorme contradiction.*

Formules relatives à Morangiés: *la chose du monde la plus probable; la plus grande vraisemblance; mémoire sage et convaincant; l'équité éclairée et impartiale prononcera sans prévention; preuve assez convaincante; la vérité qui s'est montrée avec tant de clarté; esprits raisonnables.*

8) *Seconde lettre [...] à messieurs de la noblesse du Gévaudan* (16 août 1773, 16 pages in-8). Comme dans les textes 5, 6 et 7, Voltaire formule – mais ici avec encore plus d'insistance – une série d'observations qui font ressortir l'*insigne absurdité* du dossier des Veron-Du Jonquay. En plus on relève les jugements suivants concernant ces derniers: *impossibilité* (2); *improbabilité* (2); *fable*. Formules: *source chimérique; inconcevable absurdité; roman misérable; l'extrême improbabilité et l'extrême absurdité; le plus grand artifice; mensonge grossier; fable mal ourdie; mensonge encore plus grossier; une fourberie si maladroite et si atroce; improbabilité frappante; il n'est pas dans*

la nature que; testament aussi vicieux qu'absurde; contradiction trop manifeste; que de contradictions; l'absurdité de toute la fable qu'on a forgée; contradiction bien formelle.

Jugements relatifs à Morangiés: *certitude*. Formules: *il est évident* (2); *preuve la plus évidente, la plus forte, la plus incontestable; preuve incontestable du crime de la famille; n'est-il pas évident que.*

9) *Troisième lettre [...] à messieurs de la noblesse du Gévaudan* (26 août 1773, 7 pages in-8). Même procédé que dans les textes 5-8. Les jugements dans cet écrit concernent les seuls Veron-Du Jonquay: *fable* (2); *roman; ridicule* (2); *absurde; séductions; incroyable; extravagant; contradictions*. Formules: *l'absurdité est encore plus grande; la honte d'avoir persécuté la vérité; de plus absurde et de plus punissable; plus absurde; fable décriée; plus absurde encore; comment serait-il possible que; aussi chimérique que toute la fable des Veron; les mensonges imprimés des avocats de la Veron tenaient tous des* Mille et une nuits; *tromper très grossièrement; choses absurdes, incroyables, impossibles; dont le seul récit choque la raison; crime le plus rare, le plus extravagant, le plus ridicule, le plus impossible; nuage de mensonges absurdes, de calomnies grossières.*

Pas besoin d'enfoncer des portes ouvertes. Un tel dénombrement permet de saisir d'emblée, non pas uniquement l'inquiétude de Voltaire qui 'craignait terriblement la cabale de la canaille' (Best.D18543, 9 septembre [1773] à Marin), mais surtout la profonde et amère déception de celui qui se trouvait condamné à reconnaître que les Lumières, telles qu'il les comprenait et les souhaitait, sont de toute évidence trop facilement la proie des Ténèbres: 'La populace gouverne souvent ceux qui devraient la gouverner et l'instruire'!

Cette évidence, dont il avait acquis de bonne heure la certitude, devait indiscutablement l'amener en même temps à redécouvrir en lui-même cette triste vérité: la route du véritable apôtre des Lumières est très souvent une pénible route de solitaire.

Pour un certain temps et avec une douleur doublée de dédain, ce solitaire découragé – on le devine aisément – retire à ses alliés du clan *philosophique* sa confiance. En somme, dans cette bataille où il avait démontré avec éclat la solidité de ses principes, mais qui avait mis sa vigilance, sa ténacité et son courage à rude épreuve, trop peu de gens s'étaient montrés dignes de son admiration;[11] par contre, l'énorme majorité – soit partisans de la facilité soit obéissant à des motivations primaires ou peu recommandables (Best.D17987, D18305, D18531; *Précis du procès; Seconde* et *Troisième lettre à la noblesse du Gévaudan*) et en tout cas trop 'honteuses pour la nation' (Best.D18589; *Quatrième lettre à la noblesse du Gévaudan*) – avait largement mérité de sa part des jugements sévères.

En un mot, ses contemporains – et surtout ceux qui à son avis se devaient d'être plus alertes – avaient agi, non en êtres pensants et rationnels, mais en loups affamés[12] qui, écoutant leurs seuls instincts, avaient hurlé ensemble ... sans toujours savoir pourquoi. *Homo homini lupus*.

Trois ans plus tard (juillet 1776), le choc provoqué chez le Maître par cette affaire peu édifiante et par l'attitude condamnable de ceux qu'il avait jusque là comptés parmi ses ouailles se laisse encore déceler; ces pénibles événements l'avaient profondément marqué. Car même trois ans plus tard, il garde l'accent authentique de l'homme déçu qui n'a rien oublié de son expérience. Ce ne serait que justice de laisser à Voltaire le dernier mot sur cette triste affaire:[13]

> Si vous me demandez comment dans un siècle aussi éclairé que le nôtre, une grande partie du public a été assez maligne & assez sotte pour soutenir la misérable cause des gredins qui ont accusé le comte de Morangiés, je vous répondrai que du moins on ne voit plus dans nos jours de ces procès criminels qui ressemblent à des champs de carnage [...] Nos pères regardèrent pendant douze siècles avec des yeux indifférents, une suite non interrompue d'abominations publiques. Aujourd'hui la voix des sages semble en arrêter un peu le cours, &c. Mais qui sait si la voix (des sages & des justes, c'est la même chose), l'emportera toujours sur le rugissement des pervers fanatiques?

Mais tout bien réfléchi, le dernier mot n'est pas encore tout à fait dit en réalité. Il est particulièrement savoureux.

6. Epilogue

L'AFFAIRE Morangiés, qui tournait autour d'un bien vulgaire cas de friponnerie, mais qui à tort ou à raison était devenue une des causes célèbres de l'ancien régime (et certainement l'une des plus embrouillées), prit fin *en justice* le 3 septembre 1773. Ce jour-là le Parlement avait renversé le jugement du bailliage du Palais, qui déclarait Morangiés coupable d'avoir frauduleusement emprunté 300,000 livres à la famille Veron-Du Jonquay, pour déclarer à son tour la partie adverse coupable d'avoir frauduleusement fait signer à Morangiés des billets de 300,000 livres sans en avoir fourni la valeur.

Le Parlement toutefois, en tranchant le différend, n'avait point mis fin à l'affaire à proprement parler: les défenseurs de part et d'autre demeuraient convaincus de la culpabilité de la partie adverse, partant le l'innocence de leur propre client, et refusaient de quitter leurs positions.[1] Il en allait de même dans le public. Au lendemain du jugement, Grimm nota (CLT x.292-93):

> L'histoire de M. de Morangiés a été trop longtemps, si l'on peut parler ainsi, entre les mains du public, pour qu'il puisse ou qu'il veuille aujourd'hui s'en rapporter à un autre jugement qu'au sien. Aussi l'arrêt du Parlement a-t-il laissé à peu près les deux partis dans toute leur force ou dans toutes leurs préventions.

Ce qu'il y avait d'assuré dans cette affaire où 'les preuves pour et contre paraissaient toujours presque également fortes ou également faibles' (Grimm), c'est que la certitude sur la nature même du délit et donc sur l'identité du ou des coupables était déjà problématique. La fermeté et la confiance avec lesquelles la famille déclarée criminelle présenta requête au conseil du roi en cassation de l'arrêt du Parlement ne firent donc qu'augmenter l'incertitude, le doute et l'embarras.

Voltaire, qui n'y voyait qu'une manœuvre, s'indignait (sûr comme il l'était du bien-fondé de l'arrêt) de l'insolence de 'l'infâme cabale' (Best.D18583, D18589). Il alla même jusqu'à espérer que le témoin capital, le cocher Gilbert, 'un des plus insolents fourbes qui aient jamais bravé la justice', et qui était 'fait pour mener la charrette qui doit le conduire à la Grève, pourrait puisqu'il est en prison,[2] découvrir toute l'intrigue de cette canaille, et attirer enfin sur elle les peines qu'elle a méritées' (Best.D18589, du 15 octobre 1773).

L'incertitude demeurera toutefois jusqu'au jour – huit mois plus tard – où la requête sera rejetée (Best.D19028, du 18 juillet 1774) et où enfin le silence se fera autour de cette affaire qui avait si désastreusement divisé l'opinion et dressé, non seulement la bourgeoisie contre la noblesse, mais aussi ami contre ami et Voltaire en particulier contre les *philosophes* en général.

Précisément le silence se fit si bien autour de la question que nous ignorons ce qu'il advint en réalité de Du Jonquay. Nous ne sommes pas mieux renseigné sur la destinée de Gilbert et devons croire qu'au bout d'un certain temps il fut libéré avec le plus de discrétion possible.

Voltaire imite tout le monde et se tait. Sans aucun doute il demeurait inébranlable dans sa conviction que les adversaires de Morangiés avaient été justement condamnés ... encore que les peines prononcées contre eux eussent été, contre toute bonne logique, trop douces. Or pendant deux ans Voltaire tait jusqu'à sa rancune. Rien n'indique que l'affaire Morangiés, où il s'était tant dépensé, fasse autre chose que s'estomper dans sa mémoire pour devenir le souvenir de la bêtise du public (et des juges du Bailliage), bêtise qui le cédait à peine à la vilaine effronterie d'un 'clan de la lie du peuple'.

Le 24 juin 1776, coup de théâtre! Voltaire devait apprendre que Pierre Gilbert, celui-là même qui avait déposé contre Morangiés et qui avait fortement aidé à le faire condamner en première instance, venait d'être pris 'volant dans la poche et faisant de faux billets' (Best.D20185, D20187, D20188) et qu'il était de ce fait détenu dans les cachots du Châtelet.

Quelque dix jours plus tard, le Maître recevait de la part de Jean-François Desbrugnières (l'un des 'suppôts de la police' qui avaient, en vertu de la dénonciation de Morangiés, interrogé Du Jonquay et sa mère le 30 septembre 1771), la lettre suivante à laquelle on prendra autant d'intérêt qu'il y prit lui-même (Best.D20193):

j'ai vû hier une lettre de Vous, Monsieur à Mr Marin, par la qu'elle vous lui demandés des détails sur l'affaire du fameux, et intrépide témoin Gilbert. Je me suis chargé de vous les envoyer, me trouvant bien heureux d'avoir l'occasion de m'entretenir un instant avec vous Monsieur; personne n'a été plus que moi la victime de cette étrange affaire à la qu'elle je n'avois d'autre part que d'avoir été chargé des ordres du Roy; quoiqu'il en soit, voilà un témoin le N^{é} Caussin rompu vif au carefour de Bussy pour assassinat commis envers le N^{é} D'Ardu. La hérissé d^{lle} Tempeste flaitrie, fut la seule témoin qui fit décréter le Comte. Une autre, la Tortera, qui a passé une partie de sa vie à la Salpaitrière pour des escroqueries. Présentement Gilbert au quel l'on fait le procès pour de faux billets de lotteries et, Ces gens ont été regardés au bailliage du palais comme des exemples de vertu, déchargés d'accusation, et sur la même procédure qui les absout, et nous condamne, sans adition d'information, ils ont été jugés coupables à un autre tribunal. Qu'elle est donc cette lumière, qui fait voir si différament aux hommes? et à des hommes qui jugent d'autres hommes.

Depuis le jugement du parlement qui nous déclare innocents nous avons toujours parû coupables, aux yeux de bien des gens et ce sera présentement du hazard, et du temps qui conduisant successivement tous nos adversaires à la Grève feront revenir le public imbécile, et de quel soulagement peut est aux dévorés la mort de la beste du Gévaudan? Cet événement et ce que vous voudrés bien Monsieur écrire à ce sujet si tel est Vostre intention feront revenir les esprits.

L'on se plaignoit de plus de six mois de billets faux avec les quels on venoit recevoir différentes sommes chez les buralistes. Le Gilbert fut reconnu par le N^{é} le Feve, com^{ir} du Sr Lheureux, rue Dauphine, auquel l'on avoit pris 5000.^{ll} Il fit tant de recherches qu'il est parvenu à trouver un indice, la police a fait le reste. Cet homme fut arresté le 3 Juin rue du Sépulcre f.S. Germain. Il avoit escroqué 17 buralistes

Lheureux rue Dauphine	5000^{ll}
Gouy tant en arg^{t} qu'en billets au porteur rue de Sève	5000
Marquis rue du p^{t} Lion St Sauveur	1800
Le N^{é} Voison rue St Jacques	360
Le N^{é} Thomas	50

J'ignore les noms des autres mais confronté sur le champ à ces cy dessus il a nié les connoitre et a assuré avec effronterie qu'ils étoient des gens aposés pour le perdre, et dans ce moment cy détenû au cachot au p[t] Châtelet il menace de faire payer de très gros dommages et intérest à ses adversaires. Il faudra voir jusqu'à quel point poura aller cette arrogance. Ce qu'il y a de singulier dans cette affaire est qu'on n'aperçoit aucune espèce de rature sur le papier, ce qui dénoteroit les billets totalement faux, et certainement cet homme qui à peine sçait lire et peu écrire n'est pas le seul.

Ironie du sort, se dira le lecteur averti, et juste retour des choses! Il n'aura pas oublié à quel point Voltaire avait été agacé par le comportement des fonctionnaires de la police: Lechauve, Dupuis, Chesnon et surtout de ce même Desbrugnières, qui s'étaient montrés, dans l'exercice de leurs fonctions aux débuts de l'affaire Morangiés, tout à fait blâmables: en violant les formes de l'interrogatoire et en outrepassant leurs pouvoirs, les quatre fonctionnaires avaient fourni une échappatoire aux coupables. Sous prétexte qu'on les avait brutalisés, 'détenus en chartre privée au mépris des lois du royaume', Du Jonquay et sa mère avaient rétracté leur aveu. Dans cette conduite irréfléchie, qui avait provoqué l'affaire Morangiés à proprement parler, il y avait eu de quoi irriter Voltaire.

Il y avait dans la lettre de Desbrugnières de quoi l'irriter encore plus. Ce qui courrouce Voltaire (et l'amuse à la fois, pour curieux que cela puisse paraître), c'est que Gilbert, accusé présentement d'un tour d'escroquerie des plus évidemment et résolument criminels, avait été présenté au public, lors du procès, comme un homme des plus honorables, amoureux de la vertu, ami de l'innocence et de la droiture malgré les pires vexations exercées à son égard par la police. Bref, c'était 'une âme droite, un cœur honnête, une probité à toute épreuve'.[3]

D'instinct Voltaire s'était méfié, semble-t-il, de la rhétorique de Courtin – défenseur de Gilbert – car en trop digne émule des écrivains larmoyants, il avait rédigé, en faisant appel à un registre des plus émotifs et à des jugements de valeur primaires, un hommage tellement vibrant à son client qu'on eût pris ce dernier pour un composé de Caton et du Cid. A l'époque, notons-le bien, Voltaire s'était refusé à ironiser sur une probité à laquelle il croyait si peu. En parlant de Gilbert, il avait mesuré ses termes et usé de formules circonspectes qui contrebalançaient tout soupçon de prevention à son égard.[4] Mais confronté deux ans plus tard – comme nous le savons désormais – avec des traits de caractère autrement édifiants chez ce témoin capital, ce sûr garant de la droiture de Du Jonquay, Voltaire ne pouvait guère s'empêcher de penser qu'il y avait ici la justification rétroactive d'une intuition de longue date à son égard: en d'autres termes, il y avait des présomptions irrésistibles pour qu'un homme 'véhemment soupçonné' d'avoir escroqué dix-sept buralistes n'en fût pas exactement à son coup d'essai. De là à se dire qu'on y tenait en conséquence la preuve la plus éclatante de la mauvaise foi, partant de la culpabilité de Gilbert et compagnie lors de l'affaire Morangiés, il n'y avait qu'un pas. Et évidemment, cette déduction venait renforcer à son tour la conviction où était Voltaire que les prévenus, les avocats et les partisans de Du Jonquay, qui ne laissaient pas de soutenir son innocence, même en 1776, vivaient tous, depuis cinq ans, consciemment ou non, un affreux mensonge.

Un d'Argental, qui devait rappeler à Voltaire (mais un peu trop tard) que 'c'est seulement un soupçon assez fondé pour qu'il [Gilbert] ait été décrété et mis en prison' (Best.D20198), aurait déclaré cette logique quelque peu simpliste et eût conseillé à Voltaire de s'en tenir à ses chères *probabilités*. Le défenseur de

Morangiés n'aurait pas été d'humeur en l'occurrence à prendre en considération une telle mise en garde. La colère et la répugnance que lui inspirent les 'pervers fanatiques' qui avaient chéri Pierre Gilbert, et qui en avaient fait un héros populaire, ne se contiennent plus.

Naguère si réticent (jusque dans sa correspondance particulière), Voltaire adoptera sans tarder, dans sa *Lettre sur Morangiés*,[5] une attitude méprisante où les nuances et les demi-teintes seront enfin à leur tour méprisées. On croirait presque lire un des avocats de l'affaire Morangiés: un Falconet, un Courtin, un Linguet. La comparaison n'aurait pas plu à Voltaire. Mais qu'y pouvons-nous?

Un dernier mot: nous venons d'évoquer les conseils qui avaient prodigué pendant de longs mois leurs figures de rhétorique et leurs injures. Et précisément nous croyons que cette *Lettre*, où la rancune déborde pour avoir été si longtemps contenue, et dont on a toujours ignoré l'identité du 'destinataire', a pu être rédigée à l'intention du défenseur accrédité de Morangiés, ce même Linguet, en visite à Genève au début du mois de juillet 1776 (Best.D20210). Se demander pourquoi Voltaire l'aurait jugé susceptible de partager son indignation serait peut-être excessif.

Mais nous oublions le véritable mot de la fin: au mois de septembre 1776, Pierre Gilbert – ce Caton moderne – devait être condamné au carcan, à la fleur de lys et aux galères.[6] La sentence donne à réfléchir.[7]

Appendices

Appendice A

Résumé chronologique des principaux événements

Septembre 1771: Le comte de Morangiés, pour se libérer de ses dettes, veut faire exploiter une forêt considérable dont il se dit propriétaire en Languedoc. A cet effet il cherche à emprunter une somme également considérable: 500,000 livres.

16 ou 17 septembre: La Charmette, courtière qui a déjà rendu service au comte, amène chez lui François Liégard Du Jonquay dont la mère avait la réputation d'être riche. Du Jonquay dit qu'il peut disposer à l'instant de 2000 écus (6000 livres), mais, pouvant procurer des sommes plus considérables, il promet au comte de lui trouver les secours dont il a besoin.

17 ou 18 septembre: Du Jonquay revient chez le comte, accompagné de sa mère qui confirme les promesses de son fils.

20 septembre: Du Jonquay ou retourne chez le comte de Morangiés pour lui soumettre différents projets relatifs à l'emprunt, ou bien lui envoie par un postillon le mémoire en question.

23 septembre: Du Jonquay prétend avoir porté chez le comte, en treize voyages à pied, la somme de 300,000 livres moins un sac de 1200 livres que le comte devait prendre le lendemain chez la grand'mère de Du Jonquay, la veuve Veron. Le comte de Morangiés prétend par contre que Du Jonquay arriva chez lui ce jour-ci pour lui montrer un tableau en chiffres de l'opération de l'emprunt et pour prendre rendez-vous pour le lendemain, jour où l'argent – contre ses billets – lui serait remis chez la veuve Veron.

24 septembre: A midi, comme convenu, le comte de Morangiés arrive chez la veuve Veron pour, selon lui, prendre la somme de 300,000 livres; d'après Du Jonquay, il arrive chez la veuve Veron pour prendre le reliquat de 1200 livres et pour faire ses billets à ordre. Effectivement, le comte fait ses quatre billets à ordre, qui selon lui devaient être négociés avec une compagnie de prêteurs; mais il prétend avoir oublié d'exiger la reconnaissance des billets qu'il venait de confier à Du Jonquay. Il n'emporte que la somme de 1200 livres.

25 septembre: Le comte de Morangiés prétend avoir appris par la Charmette, venue pour le complimenter sur la conclusion de l'affaire (et sans doute aussi pour prendre ses droits de courtage), que ceux auxquels il avait remis ses billets prétendaient lui en avoir fourni tout le montant du prêt. Morangiés lui aurait répondu que cela n'était pas encore fait, mais qu'on lui faisait espérer que cela ne tarderait pas.

La Charmette écrit à Morangiés pour se plaindre de ses procédés ingrats à son égard; elle croit qu'il veut la priver de ses droits de courtage. De plus, elle fait clairement entendre que cela n'amuserait pas Morangiés 's'il parvenait jusqu'aux oreilles de M. de Sartine les serments les plus infâmes qu'[il avait] faits ce matin, disant qu'[il défiait] M. Dujonquay de dire qu'il [lui avait] donné la somme de 300,000 livres'.

26 septembre: Ayant reçu sa lettre de la veille, Morangiés écrit à la Charmette pour lui faire entendre qu'elle sera payée de son droit de courtage, mais seulement quand il aura touché les 300,000 livres. Sa lettre contient une menace voilée relativement à l'usage qu'il pourrait faire de sa lettre à elle auprès de Sartine, lieutenant de police. La Charmette écrit de nouveau au comte de Morangiés pour l'avertir qu'elle vient de sortir de chez son procureur avec Du Jonquay. Son procureur avait dit à Du Jonquay 'qu'il était de toute nécessité de faire assigner [le comte] aujourd'hui aux Consuls pour la sûreté de la somme [qu'il avait] reçue de sa part'. A sept heures du soir, Du Jonquay envoie au comte une lettre où il se plaint amèrement de la conduite malhonnête de ce dernier, car il prétend avoir porté chez le comte, en treize fois, le montant intégral du prêt.

27 septembre: La veuve Veron se rend chez le commissaire Pierre Chesnon pour rendre plainte contre le comte de Morangiés; sur le refus de Chesnon, cette plainte est reçue par le commissaire Thierry.

28 septembre: La veuve Veron, sa fille la dame Romain et le fils de celle-ci, François Liégard Du Jonquay, se plaignent auprès de Sartine que le comte de Morangiés prétend n'avoir pas reçu les 300,000 livres.

30 septembre: Le comte de Morangiés se plaint à son tour auprès de Sartine; il expose à ce magistrat qu'il a eu la confiance imprudente de donner à la veuve Veron des billets payables à ordre pour que ceux-ci soient négociés, qu'il n'a point reçu l'argent de ses billets et que la famille de la veuve prétend toutefois les lui faire payer à l'échéance.

30 septembre-1er octobre: Dans la nuit du 30 au 1er, Sartine fait interroger Du Jonquay et sa mère par un procureur accrédité, Lechauve, et par un inspecteur de police, Dupuis, assisté de Desbrugnières. Après un long interrogatoire où l'on met en usage les raisons et les menaces, la dame Romain avoue le crime. Desbrugnières fait mettre les menottes à Du Jonquay qui passe aux aveux à son tour. Conduit par devant Pierre Chesnon, commissaire au Châtelet, Du Jonquay déclare que la somme portée aux quatre billets n'a pas été fournie et que le comte de Morangiés n'a reçu que 1200 livres. On le conduit au For-l'Evêque. Le même jour Dupuis conduit la dame Romain par devant Chesnon; elle déclare à son tour que le comte n'a reçu que la somme de 1200 livres et elle est conduite à son tour au For-l'Evêque.

1er october: Du Jonquay, détenu au For-l'Evêque, écrit à un homme qui était son conseil pour le prier de remettre les quatre billets du comte de Morangiés à l'inspecteur Dupuis.

4 octobre: Par devant Pierre Chesnon, le comte de Morangiés fait une 'dénonciation par lui signifiée à la Dame Veuve Veron'.

octobre?-novembre?: Encouragés par un ancien avocat, nommé La Ville, Du Jonquay et sa mère rétractent leurs aveux, et reviennent contre leur signature, en soutenant qu'on les avait violentés chez le procureur.

28 novembre: La dame Romain et Du Jonquay sont transférés à la Conciergerie; ils n'en sortiront que le 16 décembre.

14 janvier 1772: La veuve Veron charge Jean-Baptiste Aubourg, que Voltaire qualifiera de 'solliciteur de procès', de sa procuration à l'effet de poursuivre le procès à son terme.

12 mars: Mort de la veuve Veron. Dans son testament, qui date du même jour, elle soutient encore une fois avoir prêté 300,000 livres au comte de Morangiés, dont 1200 livres en écus qu'il avait emportés dans son cabriolet, et le surplus en or qu'elle lui avait envoyé par Du Jonquay.

11 avril: Le Palais est rempli de curieux pour entendre le plaidoyer de l'avocat-général, de Vergès; celui-ci requiert une prise de corps contre le comte de Morangiés pour subornation du chirurgien Ménager. Morangiés prend la fuite; son acte est compris comme un indice de sa frayeur et des remords qu'il éprouvait.

27 avril: Voltaire commence à s'intéresser à la cause.

3 décembre 1772-28 mai 1773: Le dossier contenant les diverses pièces du procès (interrogatoires, requisitoires, confrontations, récolements, etc.) est incomplet; il ne commence qu'à la pièce 4 bis et n'englobe que la période comprise entre ces deux dates. Il contient toutefois 360 feuilles in-4 ou plus de 700 pages couvertes d'une écriture serrée qui montrent la nature hyper-compliquée de la cause (Archives nationales, Z^2 3050, Jurisdictions ordinaires. Paris. Bailliage de Palais).

19 février 1773: S'étant rendu coupable de subornation de témoin, Morangiés est décrété de prise de corps au Bailliage où l'instruction se poursuit et est enfermé à la Conciergerie.

Avril: Le père du comte de Morangiés produit quinze nouveaux témoins qui déposent en faveur de son fils, mais la cour – devant le nombre croissant de faux témoignages, de subornations et de rétractations – refuse de les entendre.

20 avril: Paillard requiert pour le roi que Jean-François Charles de Molette, comte de Morangiés, soit déclaré 'dûment atteint et convaincu de l'escroquerie des 299,400 livres faisant partie des 327,000 livres mentionnées aux quatre billets par lui faits au profit de la Veuve Veron; qu'il soit banni à perpétuité hors du royaume, et ses biens acquis et confisqués au Roi ou à qui il appartiendra, sur iceux et autres non sujets à confiscation préalablement pris la somme de 200 livres d'amende envers le Roi en cas que confiscation n'ait lieu au profit de Sa Majesté'. En même temps Paillard requiert pour le roi que Geneviève Françoise Gaillard, veuve en premières noces de Louis Liégard Du Jonquay et en secondes noces femme de Nicolas Romain, et François Liégard Du Jonquay, son fils, soient déchargés et renvoyés absous des accusations contre eux formées (Archives nationales, Z^2 3050). Le Bailliage doit juger *pas moins de dix-neuf personnes.*

28 mai: Morangiés reste déchargé d'accusation en subornation de témoins, mais est néanmoins condamné, et par corps, à payer 299,000 livres aux Du Jonquay et Romain; condamné de plus à 20,000 livres de dommages et intérêts envers eux, et à 10,000 livres d'amende envers le roi, et admonesté par la cour; les mémoires du comte supprimés, et la sentence affichée. Il en appelle au Parlement.

6 août: A cette date la visite du procès du comte de Morangiés est commencée à la Chambre du Conseil de la Tournelle (Archives nationales, X^{2a} 1137). La cour siégera les 7, 11, 12, 13, 17, 19, 20, 21, 26, 27, 28, 30, 31 août et les 1er et 2 septembre. On requiert que Du Jonquay et sa mère soient déchargés d'accusation, mais que le comte de Morangiés soit admonesté. La cour, dont le premier président est Berthier de Sauvigny, se compose de 38 membres. Elle est appelée à juger *pas moins de 17 personnes*.

3 septembre: Les verdicts sont rendus ce jour-ci: Du Jonquay est condamné à 3 ans de bannissement; sa mère est admonestée et les deux sont condamnés 'solidairement en 1000 livres de dommages-intérêts et aux dépens'. Le comte de Morangiés est déchargé de toutes accusations et ses billets déclarés nuls 'en rendant par lui 1200 livres' (Archives nationales, X^{2a} 1137 et X^{2b} 1049).

Appendice B

Liste chronologique des Plaidoyers

1. DÉNONCIATION / DU COMTE DE MORANGIÉS, / *PAR LUI SIGNIFIEE* / A LA DAME VERON. / [*titre de départ, surmonté d'un bandeau*] / in-4 de 37 pages (signée Picard le jeune), datée de 1772 – la dénonciation de Morangiés date du 4 octobre 1771. B.N. Z Beuchot 1961.

2. PLAIDOYER / POUR / LE COMTE / DE MORANGIÉS. / [*ornement typographique*] / A PARIS, / DE L'IMPRIMERIE DE LOUIS CELLOT, / RUE DAUPHINE. / [*ligne double*] / M.DCC.LXXII. / in-4 de 104 pages (signé Linguet). Voir *MS*, 28 mars 1772. B.N. Z Beuchot 1949A (une note ms. sur le f. de titre: Mars 1772 / Eloge de M. de / Sartine & de l'ad- / ministr. de la Police / p.73 74 /). Voltaire l'a lu.

3. MÉMOIRE / *Pour Demoiselle GENEVIEVE GAILLARD, femme / séparée quant aux biens du Sieur NICOLAS ROMAIN, / Officier Invalide, fille & héritière légitimaire de MARIE- / ANNE REGNAUT, Veuve du Sieur MARIE-FRANCOIS / VERON, Banquier; / Et le Sieur FRANÇOIS LIEGARD DUJONQUAY, / Docteur ès Loix, petit-fils de ladite Dame VERON, & son / Légataire universel, ayant repris en cette qualité les plaintes / & accusations intentées à la requête de ladite Dame VERON, / CONTRE le Comte DE MORANGIÉS, Maréchal de Camp.* / [*titre de départ, surmonté d'un bandeau*] / in-4 de 117 pages (signé Vermeil et Picart). Voir *MS*, 5 avril 1772. B.N. Z Beuchot 1978. Voltaire l'a demandé.

4. REPLIQUE / *POUR LE COMTE DE MORANGIÉS.* / [*titre de départ, surmonté d'un bandeau*] / in-4 de 39 pages (signée Linguet et datée du 6 avril 1772). Voir *MS*, 11 avril 1772. B.N. Z Beuchot 1949B. Voltaire l'a demandée (Best.D17715).

5. PIECES DE LA CAUSE. / in-4 de 8 pages. B.N. Z Beuchot 1962 (une note ms. à la première page: Cette Pièce / n'a été distribuée / qu'aux Juges / . L'affaire se plaide au Palais le 11 avril 1772. Voltaire les a lues sans doute (Best. D17819, D17823).

6. RÉPONSE / *A l'Imprimé du Comte de MORANGIÉS.* / in-4 de 30 pages (signée Delacroix). Voir *MS*, 14 avril 1772. B.N. Z Beuchot 1942. Voltaire l'a lue (Best.D17815).

7. MÉMOIRE / POUR PIERRE GILBERT, Appellant & Demandeur: / *CONTRE le Comte de MORANGIÉS, Intimé & Défen- / deur.* / in-4 de 25 pages (signé Courtin). Voir *MS*, 14 avril 1772. B.N. Z Beuchot 1923A. Voltaire l'a sans doute lu (Best.D17800).

8. *Réponse à un imprimé qui a pour titre 'Réplique [...]' pour m*[e] *Jean-Claude de La Ville.* Voir Best.D17721, 1er mai 1772. Voltaire veut la lire, Best.D17728, D17731, D17846.

9. *Mémoire en faveur du nommé Mauvoisin* (signé La Ville). Voir Best.D17823 du 12 juillet 1772. Voltaire veut le lire, Best.D17846, D17863.

10. PREUVES / *DÉMONSTRATIVES* / EN FAIT DE JUSTICE / *DANS L'AFFAIRE* / DES HÉRITIERS / DE LA DAME VERON, / *CONTRE* / LE COMTE DE MORANGIÉS, / AVEC LES PIECES JUSTIFICATIVES / *Au nom du Sieur Liegard Dujonquay, petit-fils / de la Dame Veron, Docteur ès Loix,* / Pour servir de réponse aux Nouvelles Probabilités de M. DE VOLTAIRE, / Quo non alius / Potuit citiùs / Discere caussas; / Unâ tantùm / Parte auditâ / Saepè & neutrâ. / SENEC. *De morte Claudii* / [*ornement typographique*] / [*ligne double ornée*] / M.DCC.LXXIII. / in-8 de 126 pages. Les *Preuves* sont datées du 27 janvier 1773. Voir *MS*, 8 février 1773. B.N. Z Beuchot 908 (1); Z Beuchot 1682. Voltaire les a lues. Voir Best.D18221-18223.

11. MÉMOIRE / POUR la Dame ROMAIN & le Sieur DUJONQUAY, / *CONTRE le Sieur Comte DE MORANGIÉS.* / ET contre M.le Procureur Général. / in-4 de 6 pages (signé Delacroix). B.N. Z Beuchot 1940. D'après une note ms. à la p.1, ce plaidoyer date du mois de février 1773.

12. HARANGUE / D'ISOCRATES / *DANS une Affaire à peu prés semblable / à celle de M. le Comte de Morangiés / avec la famille Veron.* / [*ligne*] / Nihil sub sole novum. / [*ligne*] / [*fleuron*] / *A PARIS.* / [*ligne double ornée*] / M.DCC.LXXIII. / in-8 de 12 pages, avec ce titre de départ: TRADUCTION / *DU DISCOURS* / D'ISOCRATES, / INTITULE: / AMARTYROS, / OU SANS TEMOINS. / Voir *CLT*, x.188-90. B.N. Z Beuchot 69 (10).

13. *Mémoire pour le sieur Jean-François Debrug[n]ière, ancien officier d'infanterie* (signé Didier). Voir Best.D18253 du 17 mars 1773.

14. *Observations pour le comte de Morangiés* (plaidoyer supprimé). Voir Best. D18324 du 19 avril 1773.

15. MÉMOIRE / POUR PIERRE GILBERT, Demandeur. / *CONTRE le Comte de MORANGIÉS,* Defendeur. / in-4 de 11 pages (signé Courtin). B.N. Z Beuchot 1923B.

16. PRÉCIS / POUR la Dame ROMAIN & le Sieur DUJONQUAY; / *CONTRE le Comte DE MORANGIÉS.* / in-4 de 8 pages (signé Vermeil). B.N. Z Beuchot 1924A.

17. REPONSE / *AUX OBSERVATIONS* / DU COMTE DE MORANGIÉS, / AVEC LA DÉFENSE / *DES PREUVES DEMONSTRATIVES.* / in-8 de 72 pages (signée Falconnet) – SECONDE PARTIE. / DÉFENSE DES PREUVES DEMONSTRATIVES. / in-8 de 48 pages. Voir *MS*, 2 mai 1773. B.N. Z Beuchot 69 (4). Voltaire l'a sans doute lue. Voir Best.D18357 du 8 mai 1773.

18. RÉPONSE / *AUX observations du Comte DE MORANGIÉS.* / POUR les Héritiers de la Dame VERON. / in-4 de 29 pages (signée Delacroix). B.N. Z Beuchot 1943.

19. *SUPPLÉMENT* / AUX OBSERVATIONS / *POUR le Comte DE MORAN-*

GIÉS. / [*titre de départ surmonté d'un bandeau*] / in-4 de 82 pages (signé Linguet). *MS*, 29 juin 1773. Il s'agit d'une réponse à, ou d'un examen de la Sentence du 28 mai 1773. B.N. Z Beuchot 1950. Voltaire l'a lu. Voir Best.D18454.

20. PRÉCIS / POUR PIERRE GILBERT, Appellant; / *CONTRE le Comte DE MORANGIÉS; / ET encore contre M. Le Procureur Général.* / in-4 de 24 pages (signé Courtin). B.N. Z Beuchot 1924.

21. ARREST / *DE LA COUR* / DU PARLEMENT, / EXTRAIT DES REGISTRES DU PARLEMENT. / *Du deux Juillet mil sept cent soixante-treize.* / in-4 de 3 pages – il s'agit de l'arrêt qui radiait et supprimait le mémoire de Linguet intitulé: *Observations pour le comte de Morangiés.* B.N. Z Beuchot 1905A.

22. MÉMOIRE / POUR le Sieur DUJONQUAY & la Dame ROMAIN; / *CONTRE le Comte DE MORANGIÉS.* / in-4 de 36 pages (signé Delacroix – d'après une consultation du 2 juillet 1773). *MS*, 7 juillet 1773. B.N. Z Beuchot 1941. Voltaire l'a lu. Voir Best.D18491.

23. *Précis pour le sieur Ménager de l'Académie royale de chirurgie.* Voltaire l'a sans doute lu. Voir Best.D18487 du 24 juillet 1773. Ce plaidoyer est de Linguet.

24. *Observations sur le Précis de Ménager*; plaidoyer mentionné à la page 11 de l'*Examen du Résumé général.*

25. *Mémoire pour le sieur Dupuis, ancien inspecteur de Police.* Voltaire l'a lu. Voir Best.D18502 du 9 août 1773 et son *Précis du procès de m. le comte de Morangiés*, p.20n.

26. PREUVES / *RÉSULTANTES DU PROCÈS*, / POUR la dame ROMAIN & le sieur DUJONQUAY son / fils; / *CONTRE le Comte de MORANGIÉS, maréchal de Camp, / le sieur DUPUIS, Inspecteur de Police, le sieur DESBRU- / GNIERES, son Adjoint; / ET encore contre M. le Procureur Général.* / [*titre de départ surmonté d'un bandeau*] / in-4 de 83 pages (signées Vermeil). B.N. Z Beuchot 1979.

27. *Résumé général du comte de Morangiés. MS*, 8 août 1773. Voltaire l'a sans doute lu. Voir Best.D18531.

28. *Examen abrégé d'un nouvel écrit* (de Linguet); ce plaidoyer est mentionné aux pages 2-3 de l'*Examen du Résumé général.*

29. EXAMEN / *DU RÉSUMÉ GÉNÉRAL* / DU COMTE DE MORANGIÉS, / *POUR la Veuve ROMAIN & le Sieur DUJONQUAY.* / in-4 de 20 pages (signé Delacroix). B.N. Z Beuchot 1939.

30. *Réplique aux derniers écrits du comte de Morangiés et de ses adhérents, MS*, 4 septembre 1773. Cette réplique est de Falconet.

31. *Addition au résumé général. MS*, 4 septembre 1773. Ce plaidoyer, ainsi que le précédent *Résumé général*, sont de Linguet.

32. LA VERITÉ / *GÉOMÉTRIQUEMENT DÉMONTRÉE, / ET /* JURIDIQUEMENT PROUVÉE, / *Dans l'affaire des cent mille écus.* / LETTRES / *D'un Colonel Etranger à un Membre du Par- / lement d'Angleterre, sur l'Affaire du Comte de /*

Morangiés. / Dans lesquelles on rapporte tout ce qui a été / plaidé & imprimé pour & contre les deux / Parties. / [*ornement typographique*] */ A LONDRES, /* [*ligne double*] / 1773. / in-12 de 135 pages. *MS*, 4 septembre 1773. B.N. Z. Beuchot 908 (2).

33. *Arrêt du Parlement, la grand'chambre assemblée, qui décharge le comte de Morangiés de toutes les plaintes et accusations contre lui intentées* ... du 3 septembre 1773. Voltaire l'a lu. Voir Best.D18551.

34. LETTRE / *Du Marquis de ****, Brigadier des / Armées du Roi, a M. . . . . Avocat / au Conseil.* / [*titre de départ*] / in-8 de 14 pages (datée du 10 octobre 1773). *MS*, 31 décembre 1773. B.N. Z Beuchot 1466.

35. LE VOEU / *DE* / LA NOBLESSE. / *LETTRE a M*** Avocat au / Conseil.* / in-8 de 32 pages. *MS*, 31 décembre 1773. B.N. Z Beuchot 1849.

36. *Requête présentée au roi et à nosseigneurs de son conseil, par Geneviève-Françoise Gaillard [...] en cassation d'un arrêt du parlement de Paris rendu le 3 septembre.* Voir Best.D18860. Voltaire (qui en possède un exemplaire, voir BV 2965) en a lu la moitié. (Voir Best.D19028).

Appendice C

Lettres de la Charmette, de Du Jonquay et de Morangiés

Comme ces lettres sont d'un accès difficile, et comme elles ne manquent pas d'intérêt, nous jugeons bon de les reproduire ici. Le 25 septembre 1771, a Charmette écrivit à Morangiés (*Pièces de la cause* [B5], pp. 1-2):

Monsieur,

Quelques expressions les plus séduisantes que vous ayez employées pour séduire M. Dujonquay, il n'a rien pu gagner sur mon esprit, j'ai regardé toutes les équivoques dont il a voulu couvrir son jeu comme de fausses impostures à la vérité. Depuis quatre mois, Monsieur, que j'ai frappé une infinité de portes pour vous obliger [...] L'opinion que j'avais toujours cru avoir de vous, aujourd'hui me paraît bien peu sûre, ne m'étant jamais imaginé pouvoir vous faire rougir, en vous mettant à découvert une vérité réelle, et qui, bien loin d'être révoquée en doute, comme vous m'avez voulu la dissuader, se trouve on ne peut plus vrai, tant dans le principe que dans l'action. Je n'aurois jamais cru que vous voudriez faire un présent aux dépens d'une pauvre malheureuse; cela m'assure bien aujourd'hui que vous ne vous êtes servi de mon ministère que par les dehors séduisants de la probité, faire séduire d'honnêtes gens qui ont eu confiance en moi [...] Vous m'exposez à faire vis-à-vis de vous, Monsieur, des choses auxquelles je n'aurois jamais pensé; vous dites me craindre par raison de ce que vous me croyez capable de divulguer à tous vos créanciers les sommes que je vous ai procurées, je ne crains pas de vous mettre le montant de trois cent mille livres que vous avez reçues avant-hier 23 du présent, et hier 24 du même [...] Je suis persuadée, Monsieur, que cela ne vous amuseroit pas, s'il parvenoit jusqu'aux oreilles de M. de Sartine, les serments les plus infâmes que vous avez faits ce matin, disant que vous défiez M. Dujonquay de dire qu'il vous ait donné la somme de 300,000 livres; et de plus encore, que vous lui défiez de montrer les titres, n'en ayant que promesse de sa part de vous faire avoir, sous six jours, cette somme, mais nul écrit de fait entre lui. J'attends votre réponse, pour voir lesdits effets en pleins Consuls, ce sera un sûr garant des paroles que je donne; j'en fais l'examen. J'ai l'honneur d'être votre très humble servante. *Signé* femme Charmette.

Le 26 septembre 1771, Morangiés répondit à la Charmette en les termes suivants (*Pièces de la cause* [B5], pp. 2-4):

Je reçois à l'instant de votre part, Madame, une lettre que je dois excuser et mépriser, parce que vous l'avez écrite dans l'égarement de la colère la plus mal fondée; je n'y réponds point pour me justifier, parce qu'enfin la vérité est telle que je vous l'ai dite, et je suis prêt à en faire tel serment que la Justice voudra exiger de moi; mais c'est par charité et par un reste d'intérêt que je prends à ce qui vous regarde.

Pour la dernière fois, je vous assure et vous certifie que je n'ai reçu d'autre argent de M. Dujonquay qu'un petit prêt particulier de 1200 livres qu'il a bien voulu me faire sur un billet de cette somme que je lui ai remis, en attendant que l'affaire projetée fût consommée.

Soyez bien sûre que je suis incapable de vous priver de la récompense qui vous appartiendra raisonnablement pour la peine que vous avez prise de conduire M. Dujonquay chez moi; mais s'il y a un moyen de faire évanouir vos justes espérances à ce sujet, c'est précisément celui que vous avez employé; car si ce prêt est public avant qu'il soit effectué, il est certain qu'il n'aura pas lieu, parce que les prêteurs ne veulent pas que la chose se sache, et certainement ils ne la feront pas si le bruit en devance, par votre indiscrétion, l'exécution et la réalité; alors vous serez privée du salaire que je promets vous donner, et je le serai par votre faute de l'utilité de cette affaire.

Croyez-moi, contentez-vous et ajoutez foi à la parole que je vous donne de vous récompenser raisonnablement, et à l'assurance positive que l'affaire projetée avec M. Dujonquay n'est point terminée puisque je n'ai rien reçu. Je n'entre point dans le détail des reproches injustes que vous me faites; votre lettre est une pièce avec laquelle je pourrois, si j'étois tel que vous me supposez, vous faire un mauvais parti; mais encore un coup, je laisse tout ressentiment à part pour vous faire envisager votre tort, et vous faire sentir qu'il est de votre propre intérêt de ne point faire manquer cette affaire par votre indiscrétion; vous avez été mal informée, et vous partez de là pour marquer des injures atroces à un homme de qualité, plein de justice, de droiture et de bonnes intentions pour vous; ouvrez les yeux et profitez de mon avis, qui est le dernier que je vous donnerai. Je suis, Madame, tout à vous. *Signé* le comte de Morangiés.

Le 26 septembre 1771, Charmette écrivit de nouveau à Morangiés (*Pièces de la cause* [B5], p.4):

Je sors de ce moment, Monsieur, de chez mon Procureur avec M. Dujonquay et M. Monvoisin fils, qui m'a dit qu'il étoit de toute nécessité de vous faire assigner aujourd'hui aux Consuls, pour la sûreté de la somme que vous avez reçue de sa part; ces Dames tremblent de votre mauvaise foi à mon égard. Après que M. de Monvoisin leur a récidivé les propos que vous avez tenus, je suis persuadée que M. Dujonquay ne fera point un faux serment, de même que la bonne maman. La Fruitière m'a averti des supplications que vous faisiez à M. Dujonquay à mon égard. Vous m'avez fait menacer de M. de Sartine; je suis persuadée que s'il savoit le fait de la vérité, il trembleroit des serments que vous avez faits; d'ailleurs, c'est la sûreté de ces Dames ainsi que la mienne que vous me forcez de prendre; si vous aviez voulu tout seroit fini d'hier, et j'aurois été aussi hardie que vous de dire que la chose étoit fausse. Lorsqu'on vous a porté l'argent, la personne n'a point exigé de vous les vingt-cinq louis dont vous lui avez fait présent: la personne qui vous prêta les 300,000 livres n'avoit pas besoin de vos vingt-cinq louis au préjudice d'une pauvre malheureuse, qui a tout sacrifié pour vous. Vous recevrez, Monsieur, à midi l'assignation contre vous; voyez, avant ce temps, ce que vous voulez que je fasse: j'ai fait assigner M. Dujonquay ainsi que ces Dames: c'est une chose qui ne peut pas vous faire d'honneur: je n'exige rien de vous que les droits ordinaires adjugés aux Courtières par Ordonnance de MM. les Juge-Consuls et de M. de Sartine. J'ai l'honneur d'être, Monsieur, votre très humble servante. *Signé* Femme Charmette.

Le même jour Morangiés reçut la lettre suivante de Du Jonquay (*Pièces de la cause* [B5], pp.5-6):

Je n'oublie point la date de la présente.
A Paris, ce 26 Septembre. à sept heures du soir.

Monsieur,

Il est surprenant qu'un homme de votre rang se serve de moyens aussi peu usités parmi d'honnêtes gens; je ne me serais jamais attendu à tous les procédés et subterfuges indignes dont vous vous servez vis-à-vis de Créanciers honnêtes qui vous ont livré leur bien; que ne savais-je toutes ces choses avant de vous sacrifier celui de ma famille? A combien de reproches ne m'exposai-je pas de la part d'une tendre maman qui s'est fiée à tous mes discours, que je n'ai répétés que d'après vos déclarations verbales, que vous me tîntes avec un air de candeur dans lequel tous les hommes donneraient? Je ne vous dissimule point, Monsieur, que je suis porteur de la lettre que vous avez écrite à Madame Charmette, en vertu de laquelle vous me faites passer pour un fourbe vis-à-vis des gens à qui cette femme en aura communiqué la lecture. Vous cherchez à m'ôter une réputation qui m'est chère, après vous avoir obligé. Réfléchissez un moment sur le service que je vous ai rendu, et avec quelle grandeur d'âme j'ai agi vis-à-vis de vous, vous verrez bientôt qu'après l'extirpation d'honneur que vous voulez me faire, je n'ai pu m'empêcher, pour arrêter un ravisseur qui veut m'ôter tout ce que j'ai de plus sacré, de rendre plainte contre vous, pour instruire M. de Sartine, que vous dites être votre intime ami, de la conduite que vous tenez à mon égard; et d'après l'instruction prise par ce digne Magistrat, il ne tardera pas à vous retirer l'amitié qu'il a pu vous accorder, pour rendre justice à qui elle est due, et vous apprendre à peser les termes que vous osez mettre par écrit. Vous cherchez à en imposer à une pauvre femme, qui a mis tout en usage auprès de ma famille pour vous procurer le prêt de 327,000 livres dont je vous ai porté 12425 louis chez vous en treize fois. Je ne me serais jamais douté que vous eussiez employé tous vos Domestiques ce jour-là hors de chez vous pour exécuter mieux votre projet; j'ai preuve du fait que je vous articule, des gens dignes de foi me serviront à prouver, en cas de dénégation de votre part, la vérité; je pense actuellement que l'absence de votre Secrétaire ne vous a pas nui; vous avez cherché à éloigner tout ce qui était dans le cas de vous porter ombrage pour la réussite de l'entrée de nos fonds dans votre maison: vous avez très bien joué votre stratagème; mais heureusement pour moi, Monsieur, que j'ai les titres qui assurent la créance de maman, lesquels sont de présent déposés chez un Commissaire. Il ne sera pas dit qu'un honnête homme comme moi passe pour avoir escroqué des titres qui ne lui sont pas dûs. Votre impudent secrétaire, qui ignore de la vérité, a eu l'indécence de dire, devant plusieurs personnes, qu'il ferait mettre Madame Charmette à l'Hôpital; que pour le tout adroit de Monvoisin, le qualifiant de f. avec le terme de fripon, il lui couperait le visage de son épée; ce serait sûrement la première fois qu'il l'aurait tirée: voilà déjà, Monsieur, votre Secrétaire assez tôt arrivé de ses voyages pour payer deux créanciers; quant à moi, il me donne pour parement de gibet: j'ai témoin de ce fait. Soyez assuré, Monsieur, que quoique vous eussiez enlevé de notre maison la somme de 327,000 liv., cela ne m'empêchera pas d'avoir raison des propos que vous et votre secrétaire avez eu l'indignité de proférer contre un homme qui n'a cherché qu'a vous être utile. Si vous comptez payer maman comme vous vous êtes proposé de payer vos autres créanciers, en ne leur donnant que moitié de ce que vous leur devez, vous vous trompez; je n'oublierai pas la conduite que vous tenez à mon égard, et j'espère que vous serez obligé, malgré tout ce que vous pourrez faire, de convenir de la vérité, de réparer et me laisser jouir de ma réputation, que vous cherchez en vain à ternir. Je suis, Monsieur, *avec l'estime que vous méritez*, etc. *Signé* Dujonquay.

Appendice D

Liste chronologique des textes de Voltaire

1. ESSAI / *SUR LES* / PROBABILITES / *EN FAIT* / DE JUSTICE. / in-8 de 35 pages. B.N. Z Bengesco 345; Fz 1708; 12,5 cm.

Cette édition est à la composition au mois de mai 1772 (voir Best.D17743-44), à la correction vers la fin du mois (Best.D17765, D17767) et devait sortir des presses durant la première semaine du mois de juin.

ESSAI / *SUR LES* / PROBABILITES / EN FAIT / DE JUSTICE. / [*ligne*] / *Seconde édition très augmentée.* / [*ligne*] / in-8 de 31 pages.

C'est dans des lettres non datées à Cramer (Best.D17803-804) que Voltaire parle de corriger à la main des fautes typographiques parues dans la princeps, et dès le 12/13 juillet 1772, qu'il évoque la possibilité soit d'une seconde édition soit de *Nouvelles probabilités* (Best.D17823). Le 3 août 1772, Voltaire indique que la seconde édition est en perspective (Best.D17846); le 14 août, il l'envoie à d'Argental (Best.D17862) et les *Mémoires secrets* (vi.180) en parleront à la date du 27 août.

2. NOUVELLES / PROBABILITÉS / *EN* / FAIT DE JUSTICE / [*double ligne ornée*] / MDCCLXXII. / in-8 de 20 pages. B.N. Z Bengesco 350; Fp 2270; 12 cm.

Voltaire pense peut-être dès le 12/13 juillet 1772 à rédiger de *Nouvelles probabilités en fait de justice* (Best.D17823). Le 3 août (Best.D17846), il demande à Rochefort d'Ally le mémoire de La Ville (il s'agit du *Mémoire en faveur du nommé Mauvoisin*) qu'il n'utilise pas, malgré son intention, dans la rédaction de la seconde édition augmentée des *Probabilités*. Mais le 15 août, Voltaire en est à redemander, cette fois à Marin (Best.D17863), ce même mémoire auquel il fera allusion dans une note des *Nouvelles probabilités*.

A partir de cette époque, nulle lettre, nulle remarque même ne permet de suivre les péripéties de la rédaction; ce ne sera que le 23 octobre 1772 que Voltaire en parlera de nouveau en les envoyant à Marin (Best.D17977). Les *Mémoires secrets* (vi.214) en parlent le 27 octobre 1772.

3. DECLARATION / *DE* / MONSIEUR / DE VOLTAIRE, / *Sur le Procès entre M. le Comte de MORANGIES / & les VERRON.* / [*fleuron*] / *A LAUSANNE.* / [*double ligne*] / M.DCC.LXXIII. / in-8 de 1 f. de titre et 16 pages. B.N. Z Beuchot 184; 8° F³ 3280; 12,2 cm.

Il est question de la *Déclaration* pour la première fois le 27 février 1773 dans une lettre à d'Argental (Best.D18221). A cette époque-ci elle est imprimée et prête à la diffusion; les *Mémoires secrets* en parleront (vi.292) à la date du 12 mars 1773.

4. [*titre de départ*]: *RÉPONSE d'un Avocat à l'Ecrit* intitulé: / *Preuves démonstratives en fait de justice.* Publiée à la suite de la *Déclaration de Monsieur de Voltaire.* B.N. Z Beuchot 184; 8° F³ 3280; 12,2 cm.

Il est question de la *Réponse* pour la première fois le 27 février 1773 dans une lettre à d'Argental (Best.D18221). Les *Mémoires secrets* (vi.292) parleront de cet écrit le 27 mars 1773.

Vers le 25 mars 1773, Voltaire se plaindra auprès de Cramer de la faute qui s'était glissée dans la composition du titre (Best.D18273).

5. PRÉCIS / *DU PROCES* / DE M. LE COMTE / DE MORANGIÉS, / *CONTRE* / LA FAMILLE VERRON. / in-8 de 30 pages. B.N. Z Beuchot 69(9); Fz 1664.

Le 24 juillet 1773, Voltaire prévient Marin (Best.D18487) qu'il lui enverra, 'probablement par la première poste', 'quelque chose sur [...] les révolutions de bailliage du palais'.

6. *Lettre à m. le marquis de Beccaria, professeur en droit public à Milan.*

Cette *Lettre* a été imprimée pour la première fois par les éditeurs de Kehl dans le *Dictionnaire philosophique*, au mot 'Justice' (xli.200-16).

Il existe une copie de la *Lettre* de la main de Wagnière avec des corrections et des additions de la main même de Voltaire (B.N. Fr.12939, ff.549-68).

D'après le manuscrit, le titre de cet écrit devrait se formuler ainsi: *À M. le marquis Beccaria / Professeur en droit public à Milan.* Ce sont les éditeurs de Kehl qui ont établi la tradition (respectée par tous les éditeurs du dix-neuvième siècle) d'intituler l'écrit: *Lettre à m. le marquis de Beccaria, professeur en droit public à Milan, au sujet de m. Morangiés.*

Nous avons pris le parti de respecter le titre d'origine tout en ajoutant, comme le veut désormais la tradition, la désignation de: *Lettre.*

Beuchot a cru (et Bengesco, no 811, en recueillant ses propos sans commentaire, a souscrit à son opinion) que la *Lettre à m. le marquis de Beccaria* est le premier des onze écrits que Voltaire avait publiés dans l'affaire Morangiés, et qu'il devait par ailleurs être antérieur à l'arrêt du 11 avril 1772 qui avait renvoyé le procès au Bailliage de Paris. En émettant une telle conclusion, ces deux éminents Voltairistes ne faisaient que se fonder sur la date que d'autres Voltairistes tout aussi éminents avaient attribuée ou laissé attribuer à ce texte qu'ils publiaient pour la première fois dans leur édition de Kehl. Ceux-ci cependant ont envoyé ceux-là sur une fausse piste, tout simplement parce que la date de 1772 que l'on relève sur le manuscrit de Voltaire est une attribution à la fois tardive et erronée que l'on doit imputer à un secrétaire ou à un éditeur mal informé.

En d'autres occasions, devant d'autres textes, nous saurions peut-être à la rigueur nous contenter d'une date approximative. Mais non pas ici. Pour des raisons que le lecteur informé de l'affaire Morangiés trouvera aussi évidentes que solides, il n'est pas indifférent de replacer cet écrit aussi rigoureusement que possible dans le contexte, non pas qui lui conviendrait le mieux, mais qui lui revient *de droit.* Car les questions que nous aurons à nous poser sur son contenu et sa signification, pour ne rien dire de sa raison d'être, se formuleront en stricte fonction de la période à laquelle il fut rédigé, et surtout de la manière dont il s'insère dans le contexte de l'affaire.

Pour le connaisseur de ce procès célèbre, une constatation s'impose immédiatement: la *Lettre*, même à la lumière d'un examen superficiel, ne saurait ouvrir la campagne de Voltaire en faveur du maréchal de camp. Il faut donc chercher à la situer historiquement; et c'est là un exercice qui s'avère difficile. Rien ou si peu pour nous orienter quand nous faisons appel aux outils traditionnels. La correspondance particulière, normalement une mine de renseignements et la première veine à laquelle le chercheur s'attaque, n'est ici que d'une aridité décevante. Nulle trace, soit directe soit oblique, de cette *Lettre* dans la période s'étendant du mois d'avril 1772 à celui de septembre 1773, dates limites qui bornent l'activité de Voltaire en faveur de Morangiés.

Nous nous trouvons donc contraint d'interroger le seul texte. Rien de plus déconcertant à première vue. Les redites dans quelques-uns de ces écrits de Voltaire traitant de Morangiés sont si nombreuses qu'on pourrait (si l'on ignorait tout de leur date de rédaction) les replacer dans un ordre différent et être dupe du résultat. La *Lettre* à Beccaria, assez neutre en apparence, est de ceux-là. Heureusement la manière de solliciter ces textes en même temps assez specialisés ne se réduit pas à une lecture attentive *in vacuo*. Tous sans exception s'insèrent dans une progression que l'on arrive à reconstituer si l'on tient compte de leur ton, de leur contenu et des échos arrivés de l'extérieur.

Ton et *contenu* sont en effet d'excellents guides si l'on a compris que la façon dont Voltaire présente ses arguments en faveur de Morangiés évolue sensiblement dans une seule direction: au lieu de présenter le pour et le contre de façon neutre, comme il l'avait fait au début, Voltaire se concentre de plus en plus, sous l'impulsion des événements, sur le dossier des Veron-du Jonquay. Il se fait de plus en plus dur à leur égard. En somme, il suit si bien le mouvement général imprimé au procès par les avocats (et surtout par Linguet) que le fond, comme la forme, de ses plaidoyers (donc la place de ceux-ci dans ce mouvement général) sont parfaitement reconnaissables.

Echos arrivés de l'extérieur sont à leur tour de bons indices: les détails inédits, les arguments remaniés ou mis à jour qui font de loin en loin leur apparition dans les plaidoyers de Voltaire sont tous puisés dans ceux de Linguet, de Delacriox, de Falconet ou de Vermeil. Et en règle générale nous arrivons à situer ces derniers dans le temps de manière satisfaisante.

A condition donc de connaître les plaidoyers de la partie adverse, et de Linguet; à condition de tenir compte de la forme et du fond de ceux de Voltaire, nous aurons là autant d'indices qui devraient délimiter plus ou moins clairement l'époque où il convient de placer la *Lettre à m. le marquis de Beccaria*.

Laissons de côte tous les détails fastidieux de nos recherches dans ce domaine et contentons-nous de préciser en premier lieu que le ton global de cette *Lettre*, comme en grande mesure son contenu aussi, l'apparente beaucoup plus au *Précis du procès* qu'à n'importe quel autre écrit de la série. Ici comme là, Voltaire omet le pour et le contre du dossier Morangiés, et fait graviter toute la question autour des Veron-du Jonquay; ici comme là, il fait preuve d'une volonté très perceptible d'arranger le problème à sa manière en gonflant certaines dépositions et en passant d'autres sous silence. Pour tout dire, dans les deux textes, et de la même manière, il pipe les dés en faveur de Morangiés.

Il semble donc souhaitable d'orienter les recherches vers les mois de juin-juillet 1773, époque du *Précis*.[1] L'impression initiale s'avère exacte: dans le corps du texte on relève des références bien venues à un plaidoyer de Linguet que l'on arrive à identifier comme étant son *Supplément aux observations* [B19], paru à la fin du mois de juin 1773, et dont Voltaire, en tant que lecteur, parle pour la première fois le 5 juillet 1773 (Best.D18454).

La *Lettre à m. le marquis de Beccaria* daterait donc *au plus tôt* de la première quinzaine de juillet 1773.

Nous croyons toutefois – les recherches ayant été poussées aussi loin que possible – qu'il conviendrait de retenir le début du mois d'août 1773. Car par bonheur l'oreille exercée perçoit aussi dans cette *Lettre* des échos qui ne pouvaient partir que du *Précis* de Linguet *pour le sieur Ménager* [B23] dont Voltaire avait demandé un exemplaire à Marin le 24 juillet 1773 (Best.D18487) ... ce qui, chose qui aurait étonné Beuchot, ferait de cet écrit le compagnon de la (première) *Lettre de monsieur de Voltaire à messieurs de la noblesse du Gévaudan qui ont écrit en faveur de Morangiés*,[2] laquelle porte la date du 10 août 1773.

C'est là une attribution qui n'a rien d'invraisemblable et qui, par certains côtés, se recommande fortement à notre attention. Enumérons: similitude dans les développements; similitude de nombreuses tournures et de l'allure en général; similitude d'origines et de préoccupations.

Mais ceci établi, il faut dire que ce manuscrit soulève, par là même, encore quelques questions qui ne trouvent pas toujours de réponse : la *Lettre* était-elle par exemple vraiment destinée à Beccaria en tant que missive? Fut-elle vraiment envoyée en tant que telle? Ou n'était-elle qu'une tentative de thérapeutique personnelle chez Voltaire, sa manière en somme de faire face à une situation pénible, voire désespérée? Ce qui en tout cas ne semble pas douteux, c'est que cette *Lettre* doit sa rédaction précisément à un cuisant sentiment d'impuissance chez Voltaire, impuissance à empêcher la condamnation en deuxième instance d'un homme qui, à ses yeux, ne pouvait être qu'innocent; impuissance à contrebalancer la déplorable, l'exécrable facilité même avec laquelle Linguet, ayant perdu tout sang-froid et toute mesure, allait désormais jusqu'a invectiver contre les juges (Best.D18454, D18470, D18491-92; *MS* vii, 20) et gâtait systematiquement par là le peu d'espoir que l'on avait de le voir plaider le dossier de Morangiés avec succès.

Le sentiment qui aurait prédominé chez Voltaire à cette époque est celui de la solitude,[3] celui de porter dorénavant tout seul le poids entier de la défense de Morangiés. Et c'est pourquoi nous estimons que Voltaire, dans son trouble, avait réellement l'intention d'en appeler à Beccaria, de lui soumettre ses doutes ... expédient qui tendrait à indiquer par parenthèse un pessimisme certain pour ce qui est du dénoument du procès. Vu ce contexte et surtout cette atmosphère très particulière, Voltaire donne l'impression, lui, le vieillard de 79 ans, de chercher en effet des conseils auprès de ce jeune Italien, âgé de 35 ans à peine, de ce *philosophe* milanais auteur du célèbre traité *Dei delitti e delle pene* de qui il s'était tout de suite montré un partisan enthousiaste[4] et pour qui il avait la plus grande estime.[5]

Mais en lui soumettant des difficultés, et en lui demandant son avis, quel but Voltaire se proposait-il? Voulait-il tirer de Beccaria une réponse en faveur de Morangiés? Un tel document, qui aurait eu sans aucun doute un poids certain, aurait peut-être pesé lourdement dans la balance.[6] Mais Voltaire avait peu l'habitude de procéder ainsi. Cherchait-il donc tout simplement à pouvoir citer en termes généraux l'opinion de Beccaria comme il avait cité, et comme il citera encore, l'avis de Louis xv sur ce procès? Cela n'est pas dénué de toute probabilité.[7] Ou cherchait-il purement et simplement dans sa solitude un contact humain, une voix amie? cherchait-il dans son désarroi la clarté d'un regard neuf, l'appui moral d'un esprit qui n'avait pas été contaminé par 'la fange que tous les canaux de la chicane' avaient répandue sur ce procès? C'est cette interpretation-là qui nous semble la plus vraisemblable.

Cependant, malgré la simplicité du geste de Voltaire, geste qui n'avait rien d'excessif, il n'existe aucune trace d'un signe d'encouragement de la part de Beccaria.[8] 'C'était en somme presque toujours', écrit Franco Venturi (p.x), 'une déception que la rencontre avec ce grand penseur ou que la tentative d'entrer avec lui en rapports épistolaires chaleureux.'

Faute de données, nous trouvons impossible de pousser l'enquête plus loin. Même dans l'état présent des recherches, nous ignorons si bien les rapports qui avaient pu exister entre Voltaire et Beccaria que la somme de nos connaissances tiendrait en quelques pages. Les grandes lignes de cette affection et surtout de cette admiration mutuelles ne nous sont pas inconnues. Tout le reste, comme les éléments les plus simples d'un dossier sur la *Lettre à m. le marquis de Beccaria*, relève de la conjecture, de l'hypothèse et de l'extrapolation.

7. [*titre de départ*]: *LETTRE* / DE MONSIEUR DE VOLTAIRE, / À / MESSIEURS DE LA NOBLESSE / DU GEVAUDAN, QUI ONT ÉCRIT / EN FAVEUR DE MONSIEUR LE / COMTE DE MORANGIES / *A Genève 10 Auguste 1773*. / in-8 de 8 pages. B.N. 8° Fm 2182.

8. [*titre de départ*]: SECONDE LETTRE / DE MONSIEUR DE VOLTAIRE, / A MESSIEURS / DE LA NOBLESSE DU GÉVAUDAN, / SUR LE PROCÈS DE MONSIEUR LE COMTE / DE MORANGIÉS / *A Genève, 16 Auguste 1773*. / in-8 de 16 pages. B.N. Z Beuchot 69(6).

9. [*titre de départ*]: *TROISIÉME LETTRE* / DE MONSIEUR DE VOLTAIRE, / À / MESSIEURS DE LA NOBLESSE / DU GÉVAUDAN. / *A Genève 26 Auguste 1773*. / in-8 de 7 pages. B.N. Fz 1652.

10. [*titre de départ surmonté d'un bandeau*]: QUATRIEME LETTRE / DE MONSIEUR DE VOLTAIRE / *A MESSIEURS DE LA NOBLESSE* / DU GÉVAUDAN / *A Genève, ce 8 Septembre 1773*. / in-8 de 6 pages (aux pages 5-6, on trouve une *Epître à M. Linguet, avocat, par M. Duruflé, avocat*) B.N. Z Beuchot 69(8). Publiée aussi à la suite des *Fragments sur l'Inde* mais comme il manque les pages 391-94 à l'exemplaire de la B.N. Z Beuchot 308, nous nous gardons de l'affirmer. Location d'un autre exemplaire complet momentanément incertaine.

11. FRAGMENT / *SUR* / LA JUSTICE, / *A l'occasion du procès de Mr. le Comte / de MORANGIÉS,* / Contre les JONQUAY. / Publié à la suite des *Fragments sur l'Inde* (il manque le f. de titre; seul subsiste le titre de départ); in-8 (de 264 pages), pages 99-110. B.N. Z Beuchot 307.

12. [*titre de départ*]: *AU MEME**, / SUR LE FAMEUX COCHER / GILBERT / dans le *Commentaire historique sur les œuvres de l'auteur de la Henriade*, Basle, Paul Duker, 1776, pages 264-69. B.N. Z Bengesco 1004.

* Le 'renvoi', malgré les apparences, n'en est pas et ne devrait donc pas

induire en erreur: il ne sert (et encore de manière ténue) qu'à relier des pièces qui, dans le contexte du recueil, sont parfaitement indépendantes. On est convenu d'intituler cette pièce: *Lettre sur Morangiés*.

Appendice E

Dénonciation du comte de Morangiés par lui signifiée à la dame Veron

Affaire du Comte de Morangies avec la dame Veron. 1772

DÉNONCIATION
DU COMTE DE MORANGIÉS,
PAR LUI SIGNIFIÉE
A LA DAME VERON.

D'APRÈS l'abſurdité, les inconſéquences & les contradictions que cette dénonciation contient, il faut de deux choſes l'une, ou que le Comte de Morangiés ait l'eſprit d'une telle foibleſſe, qu'il ſoit incapable d'exercer les droits du citoyen, ou qu'il ſoit coupable de l'infidélité dont la dame Veron l'accuſe. Quant à cette foibleſſe, qui ſuppoſe l'interdiction ou qui la mérite, pourroit-on l'en taxer ? Nous ſçavons d'ailleurs que ſi le goût de la dépenſe, ſi commun aujourd'hui, lui a fait faire des fautes préjudiciables à ſa fortune, s'il a acheté, pluſieurs fois, des marchandiſes ſur des lettres de change par lui ſouſcrites, pour les revendre au comptant avec perte, ne pouvant pas apparemment faire mieux pour ſe procurer des fonds, il a eu grand ſoin de ne faire ces lettres de change qu'après que les marchandiſes lui ont été remiſes.

L'homme capable de précautions pareilles, ne l'eſt point de remettre à un inconnu qui n'eſt ni courtier ni agent de change pour 327000 livres de billets de lui, ſans en recevoir la valeur, il ne l'eſt point des puérilités, contradictions & abſurdités dont il va nous donner le détail; & la conſéquence qui en réſultera, c'eſt qu'il s'eſt trouvé dans le plus grand embarras pour concerter ſon accuſation avec ſa propre conduite; c'eſt cet embarras qui le décele aujourd'hui, & qui va fournir une nouvelle preuve du délit dont il s'eſt rendu coupable.

Voici ſa dénonciation dans ſon entier, & en marge les obſervations contraires.

L'AN mil ſept cent ſoixante-onze, le Vendredi quatre Octobre, ſix heures du ſoir, en l'hôtel, & pardevant nous Pierre Cheſnon, Avocat au Parlement, Conſeiller du Roi, Commiſſaire au Châtelet de Paris,

eſt comparu Jean-François-Charles de Molette, Comte de Morangiés, Maréchal de Camp, demeurant à Paris, grande rue du fauxbourg S. Jacques, près les Carmelites.

I.

Lequel nous a déclaré, que pour ſe libérer & être en état de faire exploiter une *forêt conſidérable dont il eſt propriétaire* en Languedoc, il cherchoit à em-

CET Officier eſt celui qui, le 27 Septembre, a refuſé de recevoir la plainte de la dame Veron contre le Comte de Morangiés; c'eſt celui qui a rédigé les déclarations de la nuit du trente Septembre au premier Octobre, & qu'on a eu l'attention d'envoyer chercher, quoiqu'il ne fût point chez lui lorſque la dame Romain & ſon fils y furent conduits, au lieu d'aller chez un autre Commiſſaire, comme il ſe pratique ordinairement; enfin, cet Officier eſt celui qui a fait l'information ſur la plainte que le Comte de Morangiés a fait rendre, qui a reçu la dépoſition du Comte de Morangiés & de ſes gens, ou plutôt, ſi l'on en croit quelques bruits ſourds, pour ne lui pas donner la peine de dépoſer en perſonne, s'eſt contenté de faire copier pour dépoſition dans ſon entier, la déclaration ci-contre.

I.

Nous avons peine à comprendre ce que le Comte de Morangiés annonce ici; on voit par l'état de tous ſes biens, tel qu'il eſt conſigné dans le contrat d'abandon par lui fait à ſes créanciers en 1768, qu'il avoit des terres dans le Languedoc; mais ces terres ont été par lui abandon-

prunter une ſomme conſidérable. Il a remis à cet effet à pluſieurs amis, Gens d'affaires & Courtiers, des mémoires, par leſquels, en donnant l'état de ſes biens, qu'il peut évaluer à deux millions, il demandoit une ſomme de cinq cens mille livres.

nées en totalité, il ne s'eſt réſervé qu'une penſion modique ; comment donc eſt-il poſſible qu'il ait aujourd'hui une forêt conſidérable à exploiter dans le Languedoc ?

I I.

Le Lundi 16 ou le Mercredi 17 Septembre dernier, entre les huit & neuf heures du matin, la femme Charmette courtiere, logée rue Poupée, à l'hôtel S. Pierre, que le déclarant *avoit ci-devant employée ſans ſuccès*, entra chez lui & lui annonça qu'elle lui amenoit le ſieur Dujonquay, jeune Avocat, dont la mere avoit la réputation *d'être riche*.

I I.

Il eſt vrai que c'eſt la femme Charmet qui a conduit le jeune Dujonquay chez le Comte de Morangiés ; cette femme intéreſſée à lui faire trouver de l'argent par la récompenſe qu'il lui avoit promiſe, pour déterminer plus aiſément le Sr Dujonquay, lui avoit vanté la fortune, la probité de ce Seigneur, & lui avoit parlé de cette forêt immenſe dont il devoit, diſoit-elle, tirer trois millions ; voilà la premiere cauſe des malheurs du ſieur Dujonquay & de ſa famille.

Au ſurplus, la dame Veron a été annoncée au Comte de Morangiés, comme une femme riche : c'étoit donc elle qui devoit fournir les fonds, & non pas une compagnie.

III.

Qu'il avoit une somme de deux mille écus, dont il pouvoit *disposer à l'instant ;* & qu'il pourroit lui procurer des sommes plus considérables.

III.

La femme Charmet n'avoit parlé d'abord au sieur Dujonquay que d'un prêt de 6000 livres, tel que celui qu'il avoit fait faire par sa grand'mere à la veuve Tourtera, dans la crainte apparemment que, si elle parloit d'une somme considérable, le sieur Dujonquay, occupé de l'importance de l'objet, ne fît des informations qui certainement auroient tourné au désavantage du Comte de Morangiés.

IV.

Le Sr Dujonquay parut, fit au déclarant les offres de services les plus obligeantes, & promit de s'employer au plutôt pour lui faire trouver les secours dont il avoit besoin.

IV.

Il est encore certain que le jeune Dujonquay, de retour de la Province depuis environ vingt mois, n'ayant rien moins que l'usage du grand monde, & entendant le Comte de Morangiés lui vanter sa fortune & les avantages de sa protection avec les dehors d'honnêteté qui lui sont propres, ne put se défendre de l'envie de l'obliger, en lui disant néanmoins qu'il avoit peine à croire que sa grand'mere qui avoit de gros fonds, consentît à les morceller, en plaçant entre ses mains une somme aussi modique.

V.

Le lendemain il revint avec sa mere qui confirma

V.

La dame Romain a effectivement été une fois chez le Comte de Morangiés ; mais après qu'il eut été

les promeſſes de ſon fils ; le jeune homme prenant la parole, dit que la veille, par diſcrétion, il n'avoit pas voulu ~~ſouſcrire~~ en préſence de la femme Charmette ; mais qu'aujourd'hui qu'ils étoient libres, il pouvoit l'aſſurer qu'il étoit en état de lui procurer un emprunt bien plus conſidérable que celui de deux mille écus dont il avoit été queſtion.

queſtion du prêt des 300000 livres, la dame Veron qui voyoit que ſon petit-fils lui parloit de ce Seigneur avec un zèle exceſſif, d'après la protection dont il l'avoit flatté, avoit exigé cette démarche pour s'aſſurer davantage ſi les rapports qui lui étoient faits par ſon petit-fils, étoient vrais ; la dame Romain par malheur, trop flattée de la protection promiſe à ſon fils, & de l'air de faſte qui regnoit dans la maiſon du Comte de Morangiés, en conçut la même opinion que lui ; & c'eſt d'après cela que la dame Veron ſe détermina à prêter les 300000 livres.

La démarche de la dame Romain n'a pas pu avoir d'autre motif ; car ſi le ſieur Dujonquay ne s'étoit préſenté au Comte de Morangiés que comme courtier, & comme devant lui faire fournir des fonds par une compagnie, il eſt certain que la viſite de la dame Romain chez lui ne pouvoit plus avoir d'objet.

Le prétendu myſtere dont parle ici le Comte de Morangiés, eſt abſurde ; il n'y avoit pas de myſtère à faire de la part de Dujonquay, relativement au prêt de 300000 liv. devant une femme qui étoit l'agente du Comte de Morangiés, ainſi qu'il le dit lui-même, & qui lui avoit amené ce jeune homme.

V I.

Qu'il connoiſſoit une compagnie de gens pécunieux qui ſe contenteroient de ſix pour cent d'intérêt, & qui ayant affaire à une perſonne auſſi *ſolvable*, lui prêteroient ſur ſes ſimples billets, ne voulant donner aucune puplicité à leurs opérations; le déclarant accepta la propoſition, promit récompenſe; le ſieur Dujonquay rejetta cette idée, ſe diſant trop payé par l'amitié & la protection qu'il ſe flattoit d'acquerir.

V I.

Rien n'eſt plus abſurde que la ſuppoſition de cette compagnie de Prêteurs. On voit tous les jours des compagnies qui empruntent; mais ce ſeroit un phénomene que de trouver des compagnies qui prêtent, & ſur-tout qui prêtent par 100000 écus. D'ailleurs une compagnie de commerce ou de finance, ſuppoſe néceſſairement un certain nombre de perſonnes qui ont des relations étendues, des lumieres, de l'expérience; or, une compagnie pareille eût-elle jamais prêté 100000 écus à ſix pour cent d'intérêts ſur les billets d'un homme qui a fait abandon total de ſes biens à ſes créanciers, qui obtient des ſauf-conduits, des arrêts de ſurſéance, pour ſe ſouſtraire aux contraintes par corps, & dont le crédit eſt tellement ruiné, qu'il ſe trouve quelquefois dans la malheureuſe néceſſité d'emprunter ſur gages? Pour que le Comte de Morangiés pût parvenir à ſe faire faire un prêt pareil, il falloit qu'il trouvât une femme de quatre-vingt-huit ans, ayant une confiance aveugle dans ſon petit-fils, & un jeune homme de 25 ans, tous les deux de retour depuis peu de la Province, où ils avoient demeuré long-tems, n'ayant plus de relation avec les habitans de cette Capitale, & tous les deux ſuſceptibles de ſéduction; l'une par ſa confiance aveugle en ſon petit-fils; & l'autre par ſon inexpérience, & ſon ambition trop confiante aux promeſſes du Comte de Morangiés.

VII.

Il fut arrêté que le Déclarant lui enverroit inceſſamment un Mémoire inſtructif, pour le communiquer à cette Compagnie.

VII.

Le fait eſt faux, & ſa fauſſeté eſt une conſéquence de l'abſurdité ci-deſſus établie.

VIII.

En effet, le Déclarant lui envoya le Vendredi vingt, le Mémoire en queſtion: il l'accompagna d'une lettre obligeante. Le ſieur Dujonquay ne repondit point à cette lettre, & ſe contenta de charger le Poſtillon, porteur du paquet, de bien des complimens.

VIII.

Cette allégation eſt également fauſſe. Le vendredi 20, le ſieur Dujonquay alla chez le Comte de Morangiés: ce fut chez lui qu'il lui préſenta différens projets relatifs à l'emprunt, & qui ne différoient entre eux que par le nombre des billets & les échéances des paiemens: ce fut ce jour même que le Comte de Morangiés, ayant adopté le projet des quatre billets, qui a ſervi de baſe à l'opération, le ſollicita de conſommer le prêt dès le lendemain; mais le lendemain étant fête, ainſi que le Dimanche qui venoit enſuite, & le ſieur Dujonquay ayant beſoin de quelque temps pour former les ſacs d'or, & pour en rendre le tranſ-

IX.

Le ſamedi, fête de S. Mathieu, & le Dimanche, le Déclarant n'entendit parler de rien ; mais le lundi 23 au matin, le ſieur Dujonquay arriva, & lui montra un tableau en chiffres, de l'opération de l'emprunt que la Compagnie pécunieuſe vouloit fournir, de la ſomme de 300000 livres, *les intérêts à ſix pour cent compris ; il ajouta que cette opération, dont il détailla à fond toutes les circonſtances, ſeroit conſommée au même inſtant que le Déclarant lui auroit remis ſes billets.* En conſéquence le jour fut pris au lendemain matin, mardi 24, &

port facile, à raiſon de mille louis par voyage, la conſommation du prêt fut remiſe au lundi 23, dans la matinée.

IX.

Le ſamedi fête de S. Mathieu, & le Dimanche, le ſieur Dujonquay ne vit point le Comte de Morangiés. Le ſamedi, dans la ſoirée, il s'occupa à compter l'or de ſa grande mere. Il fut aidé par le nommé Gilbert, qui a été entendu en dépoſition, & ils diſpoſerent enſemble douze ſacs de ſix cens louis, vingt-quatre ſacs de deux cens louis chacun, & un ſac de quatre cens vingt-cinq louis, qui étoit le reſtant de l'or de la dame Veron. Cette diſpoſition étoit ainſi faite pour que le ſieur Dujonquay pût porter aiſément mille louis par voyage ; & la preuve du tranſport chez le Comte de Morangiés, doit être acquiſe par l'information faite à la requête de la dame Veron. Le 23 Septembre, le ſieur Dujonquay ayant porté au Comte de Morangiés douze mille quatre cens vingt-cinq louis, il ne falloit plus que 1800 livres pour former les 300000 livres. Mais ce dernier avoit promis au ſieur Dujonquay de lui faire cadeau de 600 livres ; au moyen de quoi il ne reſtoit plus qu'un ſac de 1200 livres à remettre ; & le jour qu'on dit cile rendez-vous chez le ſieur Dujonquay.

contre avoir été pris au lendemain 24, le fut en effet par le Comte de Morangiés lui-même, pour prendre le ſac de 1200 livres chez la dame Veron, lui faire ſes remercimens, retirer les reconnoiſſances par lui données des douze mille quatre cens vingt-cinq louis qu'il venoit de recevoir, & faire les quatre billets au profit de la dame Veron, conformément au tableau qu'il avoit adopté.

X.

Le Déclarant lui offrit, pour accélérer, de lui remettre ſur le champ ſes billets *au porteur* ou ordre, ſuivant le tableau en chiffres qu'il venoit de lui préſenter, au pied duquel tableau ledit Sr Dujonquay lui en donneroit ſa reconnoiſſance.

X.

L'Adverſaire fournit ici des armes contre lui-même. Si les fonds devoient être prêtés par une Compagnie à lui inconnue, ſes billets devoient être faits au porteur, ou le nom du Créancier en blanc. Pourquoi donc les a-t-il faits au nom de la dame Veron ?

X I.

Mais le ſieur Dujonquay avoit ſes raiſons pour différer. Il dit qu'il verroit encore les Prêteurs dans

X I.

Le Comte de Morangiés ſuppoſe ici que le ſieur Dujonquay l'a remis à huit jours ; cependant il lui fait dire, nomb. 9, que l'affaire ſeroit conſommée auſſi-tôt que les billets ſeroient faits. Cette variation, ſi

l'après-midi, pour ſavoir leurs dernieres intentions; & pour ſe donner de plus en plus l'air de zèle & de droiture, il obſerva au Déclarant qu'il faudroit vraiſemblablement aux Prêteurs ſept à huit jours, pour raſſembler une ſomme auſſi conſidérable.

elle étoit vraie, auroit été bien ſuſpecte au Comte de Morangiés. Comment, après cela, auroit-il pu remettre au ſieur Dujonquay 327000 livres de billets ſignés de lui, ſans en tirer de reconnoiſſance?

XII.

Il lui offrit une ſomme de 1200 livres, qui étoit, dit-il, le ſeul argent qu'il eût pour le moment, laquelle ſomme lui ſeroit rendue, lorſque la grande affaire ſeroit terminée.

XII.

Le Comte de Morangiés nous a dit dans le troiſiéme article de ſa dénonciation, que le ſieur Dujonquay s'étoit préſenté à lui avec la femme Charmet, pour lui prêter une ſomme de 6000 livres, dont il pouvoit diſpoſer à l'inſtant: comment après cela a-t-il pu lui dire qu'il ne pouvoit diſpoſer que de 1200 livres? Voilà encore une contradiction qui, ſi elle avoit eu lieu, auroit néceſſairement augmenté la défiance du Comte de Morangiés.

XIII.

Le Déclarant accepta l'offre: le ſieur Dujonquay promit de lui remettre ce

XIII.

Même réponſe qu'à l'article précédent. Au ſurplus, ces 1200 livres, qui ont été effectivement remiſes au Comte de Morangiés, ont une

ſac de 1200 livres, lorſqu'il viendroit le lendemain comme ils étoient convenus.

autre cauſe, ainſi qu'on le verra bien-tôt.

X I V.

A peine le ſieur Dujonquay fut-il ſorti, que le déclarant fit tranſcrire l'opération dont le ſieur Dujonquay venoit de lui montrer le tableau en chiffres, lequel tranſcrit, le Déclarant nous repréſente & nous requiert de le parapher & annexer aux préſentes, ce qui a été fait.

X I V.

Ce tableau a été préſenté au ſieur Dujonquay lors de ſon interrogatoire ; il n'eſt ni de ſa main, ni de celle du Comte de Morangiés ; ce n'eſt pas celui qui a ſervi de projet aux quatre billets dont eſt queſtion, puiſqu'il offre un total de 372000 l. Si le Comte de Morangiés prétend qu'il l'a fait tranſcrire ſur un projet que le ſieur Dujonquay lui a remis, ce projet ſera ſans doute écrit en entier de la main de ce dernier, qui n'a point de Secrétaire ; pourquoi donc ne le repréſente-t-il pas en original, nous le ſommons d'en juſtifier?

X V.

Le Mardi 24, jour convenu avec le ſieur Dujonquay, le déclarant preſſé au moment de ſon lever par quelqu'objet à payer, envoye ſon poſtillon chez le ſieur Dujonquay avec une

X V.

Voici la véritable circonſtance dans laquelle cette lettre a été écrite. Tout l'or avoit été porté au Comte de Morangiés le 23 Septembre, il ne reſtoit plus qu'un appoint de 1200 liv. à payer ; le Comte de Morangiés avoit dit qu'il iroit le lendemain 24 à midi chez la dame Veron pour lui faire ſes remercimens, recevoir le ſac de 1200 liv.

lettre, par laquelle il lui demandoit le ſac de douze cens livres qu'il lui avoit promis la veille, dont il lui envoyoit ſon billet; le poſtillon rapporta le billet & dit, que le ſieur Dujonquay avoit répondu, qu'il n'avoit pas la ſomme, mais qu'il la remettroit ſans faute à midi, heure du rendez-vous.

retirer ſes reconnoiſſances, & faire les quatre billets convenus.

Au lieu de venir lui-même, il envoya d'abord, le lendemain 24 au matin, ſon poſtillon chargé d'une lettre, par laquelle il prioit le ſieur Dujonquay de remettre au porteur les 1200 liv. ſans s'expliquer davantage; le ſieur Dujonquay ne fut pas content de ce que le Comte de Morangiés ne venoit pas lui-même, ainſi qu'il l'avoit promis, pour terminer une affaire de cette importance; il lui fit dire par ſon poſtillon qu'il ne pouvoit pas lui envoyer le ſac de 1200 liv. en ce moment, mais qu'il l'attendoit à midi, ainſi qu'il le lui avoit promis la veille, & qu'il remettroit les 1200 liv. à lui-même.

XVI.

Sur le midi le Déclarant fut chez le ſieur Dujonquay, muni du tableau de l'opération projettée, qu'il avoit fait tranſcrire, au pied duquel il avoit ſa promeſſe de fournir les effets y détaillés, lorſque l'on lui compteroit la ſomme; il

XVI.

Le Comte de Morangiés s'annonce ici, enfin, avec les traits qui lui ſont propres, & comme un homme qui ſçait les affaires. Le voilà bien perſuadé qu'il eſt de la plus grande imprudence de remettre pour plus de 300000 liv. de billets à un jeune homme qu'il ne connoît pas, qu'il trouve logé à un troiſieme étage, aſſez mal meublé, qu'il n'a vu pour la premiere fois, ainſi qu'il le dit lui-même, nombre 2 de ſa dénonciation, que le 16 ou le 17 Sep-

monta à une allée, où étale une fruitiere, à un troisiéme étage; il fut conduit, en passant par une petite chambre à coucher, sur le derriere, dans un plus petit cabinet, où il ne vit pour tout meuble qu'une table & deux chaises.

tembre, c'est-à-dire, environ sept jours auparavant; en conséquence il ne veut point remettre ses billets, mais seulement une promesse de les fournir aussi-tôt que les fonds lui en seront délivrés; pourquoi donc le Comte de Morangiés a-t-il sitôt perdu de vue cette idée salutaire? Il faut continuer de l'entendre.

XVII.

Il y trouva le sieur Dujonquay seul, qui lui dit avoir vu la veille la compagnie des Prêteurs, que ces Messieurs trouvoient le terme de l'opération projettée trop long, & l'avoient chargé de lui proposer de rapprocher les échéances, en l'assurant qu'on ne le presseroit pas, en payant exactement les intérêts.

XVII.

Toujours cette Compagnie, dont la fiction est absurde, puisque les billets sont faits au profit de la dame Veron, & puisqu'enfin une Compagnie de commerce ou de finance auroit connu le Comte de Morangiés, noyé de dettes, empruntant sur gages, & qu'elle ne lui auroit pas confié une obole, loin de lui fournir une somme de 300000 liv.

XVIII.

Le jeune homme le persuada & lui montra trois

XVIII.

Ces tableaux avoient été présentés précédemment, ainsi que nous l'avons dit, & avant que les sacs

tableaux d'opérations, le premier étoit le même que celui dont vient d'être parlé ; le second pour un emprunt de quatre cens mille francs, & le troisiéme fut celui auquel il s'arrêta.

d'or fussent portés. Qui croira au surplus, que le Comte de Morangiés ait préféré un emprunt de 300000 liv. seulement à un emprunt de 400000 liv. lui qui annonce au premier article de sa dénonciation, qu'il cherchoit une somme de 500000 livres à emprunter.

XIX.

En conséquence, il fit quatre billets à l'ordre de dame Marie-Anne Regnauld, veuve en seconde noces du sieur Marie-François Veron, Banquier à Paris.

Les quatre billets composant ensemble la somme de trois cens vingt-sept mille livres, le Déclarant nous représente copie de l'un de ces billets, avec la note des échéances, & nous requiert de le parapher & annexer à ces présentes, ce qui a été fait.

XIX.

Voilà donc les billets faits par le Comte de Morangiés au profit de Marie-Anne Regnauld, veuve en secondes noces du sieur Marie-François Veron, Banquier, faits au profit d'elle seule, & non au profit d'une Compagnie, par conséquent aucun prétexte pour lui de remettre les billets sans en recevoir les fonds, puisqu'il traitoit ainsi directement chez elle vis-à-vis d'elle-même & vis-à-vis du sieur Dujonquay, son petit-fils.

XX.

Le déclarant avoit bien résolu de faire bordereau de ces quatre billets, & de demander au pied d'icelui la reconnoissance du sieur Dujonquay. Il le lui avoit même annoncé avant de faire le premier de ces billets ; le sieur du Jonquay avoit répondu, sans doute.

XXI.

Comme le déclarant achevoit d'écrire le dernier des quatre billets, le sieur Dujonquay eut la ruse de dégager sa table, pour compter les douze cens livres qu'il lui avoit promis ; l'argent remis dans le sac, le déclarant lui en fit son billet, payable à volonté. Le S^r Du-

XX.

Le Comte de Morangiés n'est pas conséquent ; il avoit senti précédemment l'inconvénient de confier pour 327000 livres de billets signés de lui à un jeune homme qu'il ne connoissoit pas. Il avoit pensé qu'il étoit beaucoup plus sage de ne point remettre ses billets avant que d'en recevoir le montant, mais seulement une promesse de les fournir à l'instant où les fonds lui seroient comptés. Il perd tout-à-coup cette idée, il s'occupe seulement de se faire remettre une reconnoissance des billets qu'il fournit, & il va l'oublier dans l'instant même. Suivons-le.

XXI.

Le Comte de Morangiés suppose ici que le sieur Dujonquay a dégagé sa table pour lui faire perdre de vue les billets dont il lui auroit demandé une reconnoissance, & que le sac de 1200 livres qu'on lui compte, lui fait oublier sur le champ son objet. Mais que penser du Comte de Morangiés, si la présence d'une somme de 1200 livres qu'on lui compte, occupe toutes les facultés de son ame à un tel point, qu'il oublie tout à coup 327000 livres de billets qu'il vient de souscrire ? Il fait donc bien peu de cas de sa signature ?

jonqu

jonquay le refuſa & le déchira, diſant qu'il n'en avoit pas beſoin, & que le déclarant les lui rendroit en conſommant la grande affaire. Le déclarant en fit un autre & le remit avec une eſpece de violence dans le tiroir de la table du ſieur Dujonquay.

XXII.

Celui-ci, pour ne pas donner au déclarant le tems de la reflexion, & de ſonger à la reconnoiſſance qu'il lui avoit déja demandée des quatre billets qu'il venoit de lui remettre, appella ſa mere & la veuve Veron, ſa grand'mere, *qui entrerent ſur le champ, le comblerent de politeſſes & de complimens.*

C'eſt ce même homme cependant qui a l'attention de ne vouloir pas même recevoir une modique ſomme de 1200 livres ſans en donner ſa reconnoiſſance, qui uſe en quelque ſorte de violence pour la faire recevoir par le ſieur Dujonquay, & qui n'oſe ou ne penſe pas à demander à ce jeune homme ſa reconnoiſſance des trois cens vingt-ſept mille livres qu'il vient de lui remettre. N'eſt-ce pas manquer de reſpect aux Magiſtrats, que de préſenter pour ſa défenſe des fables auſſi abſurdes?

XXII.

Quoi! le Comte de Morangiés, homme de Cour, accoutumé à prodiguer des complimens, & qui en connoît mieux la futilité qu'un autre, voudroit ſérieuſement nous perſuader ici que les politeſſes & les complimens de deux femmes, l'une de quatre-vingt-huit ans, & l'autre de plus de cinquante, l'ont flatté au point qu'il a tout à coup perdu de vue un intérêt auſſi conſidérable que celui de 327000 livres?

Au ſurplus, quels complimens ces deux femmes pouvoient-elles donc avoir à lui faire? Nous regrettons qu'il ne ſoit point entré dans de plus grands détails à cet égard.

XXIII.

Le ſieur Dujonquay prit officieuſement le ſac de douze cens livres & en chargea la ſervante pour le deſcendre & lemettre dans le cabriolet du déclarant, qui étoit à la porte ; il deſcendit & accompagna le déclarant juſqu'à ſa voiture, lui parlant toujours rapidement, & en le quittant il affecta de lui recommander, comme choſe eſſentielle au ſuccès de l'affaire, vis-à-vis des Prêteurs, qui exigeoient un ſecret abſolu que les billets fuſſent faits. Enfin le déclarant s'en fut ayant perdu l'idée d'exiger la reconnoiſſance des billets qu'il venoit de laiſſer.

XXIII.

Le ſac de douze cens livres a été effectivement remis à la domeſtique, & deſcendu par elle pour être placé dans le cabriolet qui étoit à la porte, c'eſt le ſeul fait que le Comte de Morangiès ſe ſoit cru dans l'impoſſibilité de pouvoir nier, parce qu'il ſçavoit que ce fait avoit eu pluſieurs témoins.

Quant à la converſation que le Comte de Morangiès prétend lui avoir été tenue par le Sr Dujonquay, en le conduiſant, ſa ſuppoſition n'a pas le ſens commun, & elle préſente des inductions contre le Comte de Morangiès lui-même : en effet, il ſuppoſe que le jeune Dujonquay avoit l'intention formée de lui eſcroquer ſes billets, & de lui faire oublier la reconnoiſſance qu'il en avoit demandée ; cependant il prétend que le ſieur Dujonquay, en le reconduiſant, lui a parlé de ſes billets ; mais s'il lui en a parlé, il l'en a donc fait reſſouvenir ? S'il l'en a fait reſſouvenir, le Comte de Morangiès a dû ſe rappeller en même-tems qu'il n'en avoit point reçu de reconnoiſſance : il devoit donc remonter ſur le champ pour ſe la faire donner. Qu'eſt-ce d'ailleurs que cette miſérable hiſtoire que les Prêteurs exigeoient ſur cette affaire le ſecret le plus abſolu ? Le ſieur Du-

XXIV.

Dès le lendemain Mercredi vingt-cinq, la femme Charmette vint entre huit & neuf heures du matin, complimenter le déclarant sur la conclusion de son affaire avec le sieur Dujonquay, qui lui avoit disoit-elle, compté cent mille écus. Le déclarant lui répondit que cela n'étoit pas encore fait, mais qu'on lui faisoit espérer que cela ne tarderoit pas.

La Charmet insista & dit, que la veille, Mardi après midi, le sieur Dujonquay l'avoit envoyée chercher & l'avoit assuré, ainsi que sa mere & sa

jonquay lui avoit-il nommé une Compagnie de Prêteurs? Non. Le Comte de Morangiés ne le prétend même pas, il n'avoit donc point de secret à garder à cet égard.

XXIV.

Suivant le Comte de Morangiés lui-même, la Charmet, le lendemain des billets par lui faits, est venue le matin pour le complimenter sur le prêt qu'elle lui avoit procuré, & comme en ayant acquis la certitude de la part de la dame Veron & de sa famille.

Mais en partant de ce point de fait constant & avoué par le Comte de Morangiés, quelle inquiétude n'auroit-il pas dû avoir en ce moment, s'il n'avoit pas reçu la valeur de ses 327000 livres de billets? N'auroit-il pas couru sur le champ chez le sieur Dujonquay pour se faire remettre ses billets, ou au moins pour s'en faire donner une reconnoissance? Et s'il n'a point été en demander, n'est-ce pas une preuve bien sensible qu'il n'en avoit point à exiger?

Le Comte de Morangiés a dû se trouver très-embarrassé en arrivant à ce point de sa narration; il a été tenté de dire d'abord, sans doute, que pénétré de la plus vive inquiétude, d'après les propos à lui tenus

grand'mere, que l'affaire étoit conſommée ; qu'ils avoient compté cent mille écus au déclarant, dont ils avoient les billets ; que ſa mere avoit ouvert ſon armoire, en lui diſant que Mr de Morangiés avoit épuiſé tout l'argent ; que toute leur fortune étoit entre ſes mains, & que s'il n'étoit pas exact aux échéances, la famille étoit expoſée à mourir de faim.

La Charmet inſiſta & dit, que le déclarant éludoit pour la priver de ſon droit de courtage. Elle ſe retira en diſant qu'elle alloit informer le ſieur Dujonquay de ce que le déclarant venoit de lui dire.

XXV.

Environ une heure après, dans la même matinée, le

par la Charmet, il avoit été ſur le champ chez Dujonquay pour lui demander une reconnoiſſance de ſes billets.

Mais comme il auroit été forcé de dire enſuite que cette reconnoiſſance lui auroit été refuſée, & de convenir que malgré ce refus, il n'auroit point agi, il a ſenti que ſon inaction démontreroit le faux de ſa prétendue démarche ; toute réflexion faite, il aimera mieux ne plus parler de cette reconnoiſſance.

XXV.

La viſite du ſieur Monvoiſin, Créancier du Comte de Morangiés, qui, ſur la nouvelle de ce prêt

Sr Monvoisin, Marchand Mercier, grande rue du Faubourg S. Antoine, à qui le déclarant doit 4300 liv. dont le payement n'est pas encore échu, ~~les payemens étoient échus~~, & qui est de la connoissance de la femme Charmet, vint trouver le déclarant & lui demanda un à compte, au moyen de ce qu'il avoit reçu cent mille écus la veille, ainsi que le Prêteur l'avoit dit lui-même à la Charmet & à différentes autres personnes; le déclarant ne put parvenir à le désabuser.

consommé, vient lui demander de l'argent, auroit encore dû augmenter son embarras, son appréhension, ses craintes; & en supposant qu'il eût porté la confiance dans un jeune homme de vingt-cinq ans, qu'il ne connoissoit pas, jusqu'au point d'être tranquille sur ses intérêts, ce qui seroit contraire à toute vraisemblance; au moins auroit-il dû, pour se débarrasser des importunités de ce Créancier, & de la femme Charmet, leur justifier que le prêt n'avoit pas été fait, en se procurant sur le champ une reconnoissance de ses billets.

XXVI.

Sur le midi, le déclarant fut chez le sieur Dujonquay, qu'il trouva avec sa mere & sa grand'mere, dans le même cabinet où il l'avoit vu la veille, il se

XXVI.

Le Comte de Morangiès est effectivement venu le 25 à midi chez le sieur Dujonquay, mais ce n'est pas pour lui demander une reconnoissance de ses billets, qu'il sçavoit bien n'être pas dans le cas d'obtenir, aussi n'annonce-t'il point que ce fut son intention. Il s'est

plaignit des propos de la Charmet & de Monvoisin; Dujonquay & ces deux femmes, assurerent qu'ils n'avoient point dit ni à la Charmet, ni à personne, avoir compté les cent mille écus en question, puisque cela n'étoit pas vrai, & que l'affaire n'étoit pas faite.

plaint seulement au sieur Dujonquay de ce qu'il avoit fait confidence à la Charmet de la consommation du prêt, au préjudice du secret qu'il lui avoit demandé.

Quant au propos que le Comte de Morangiés fait ici tenir à la dame [redacted]me Romain, non-seulement il est faux, comme contraire à la vérité du prêt, mais encore parce qu'il ne les a pas vus ce jour-là.

XXVII

Dujonquay ajouta qu'il avoit remis la veille les billets à la Compagnie; qu'il sollicitoit ces Messieurs pour les entretenir dans leurs bonnes intentions. Il recommanda au déclarant de ne pas convenir que les billets fussent faits, & dit qu'il alloit aussi-tôt chez la Charmet pour la désabuser. Il sortit avec le déclarant,

XXVII.

Voici encore l'absurde fiction de la Compagnie pécunieuse, qui devoit remettre le montant des billets, & qui est détruite, ainsi que nous l'avons fait voir par la forme des billets même faits au profit de la dame Veron.

Au surplus, si, comme le Comte de Morangiés le prétend, ses billets n'étoient plus alors entre les mains du sieur Dujonquay, ses appréhensions ne pouvoient que devenir plus vives. A qui ces billets avoient-ils été remis? Quel usage en alloit-on faire, car il ne prétend pas avoir jamais connu cette prétendue Compagnie? Les délais, les variations de Dujonquay, qui, suivant

qui monta dans ſa voiture, & le vit effectivement deſcendre la rue Saint Jacques & traverſer à gauche prenant le chemin de la Charmet.

XXVIII.

Le lendemain Jeudi 26, ſur les ſept heures du matin, ſon Suiſſe lui remit une Lettre écrite de la veille par la Charmet, qui lui marque qu'elle n'eſt pas déſabuſée, quoique le ſieur Dujonquay, qu'elle préſume avoir été gagné, eût eſſayé de le faire : elle dit qu'elle eſt ſûre que le déclarant avoit reçu la veille de ſa Lettre, qui eſt le Mardi 24, & l'avant-

ce qu'il dit, nomb. 9, l'avoit aſſuré que les fonds ſeroient remis auſſi-tôt que les billets ſeroient faits. Ces billets remis au contraire à la prétendue Compagnie, avant la délivrance des fonds ; quoi ! tout cela ne donne pas la moindre inquiétude à un homme de quarante-cinq ans, qui a l'intelligence des affaires ? Il faut que le Comte de Morangiés ait conçu le plus grand mépris pour les Magiſtrats & le Public, s'il a cru pouvoir leur donner le change par des puérilités pareilles.

XXVIII.

Le ſieur Dujonquay connoît cette Lettre qui lui a été communiquée lors de ſon interrogatoire. On voit par cette Lettre que le Comte de Morangiés, pour appuyer ſa dénégation du prêt vis-à-vis de la Charmet, lui avoit dit qu'il défioit *Dujonquay de repréſenter les titres* ; mais que cette femme rendue certaine de la vérité du prêt par les billets qu'elle a vu, & par les aſſurances qui lui en ont été données, non-ſeulement fait les plus vifs reproches au Comte de Morangiés de ce qu'il lui refuſe ſon droit de courtage, le menace de le faire aſſigner en faiſant paroître les titres qui juſtifieront du prêt, mais encore lui fait cette imputation atroce & ſi bien méritée aujourd'hui, d'avoir formé le projet odieux de

veille, qui est le Lundi 23, les trois cens mille livres, dont est question; elle l'avoit dit de même le Mercredi 25, lorsqu'elle étoit venue chez le déclarant, & avoit assuré que Dujonquay, sa mere & sa grand'mere, le lui avoient dit ainsi, & que cette somme lui avoit été apportée dans plusieurs voyages, dans le courant de ces deux jours, tant en or qu'en argent blanc. Monvoisin s'en étoit expliqué de même.

ruiner une famille honnête qui a remis entre ses mains toute sa fortune; & le Comte de Morangiés veut que l'on croye qu'il n'ait point éprouvé la plus légere émotion à la lecture de cette Lettre, & qu'il ne lui soit pas même venu dans l'idée, de demander une reconnoissance, tant pour sa propre sûreté, que pour se justifier de cette inculpation abominable: lui, qui dans le principe, avoit senti qu'il n'étoit pas prudent de confier pour 327000 livres de billets à un jeune homme qu'il ne connoissoit point, & qui ne devoit, suivant lui même, lui remettre qu'une promesse de les fournir aussi-tôt que les fonds lui seroient livrés.

XXIX.

Or, il n'est pas vraisemblable que Dujonquay ait prêté des sommes aussi considérables avant d'avoir les billets, qui n'ont été faits que le 24.

Le Déclarant nous représente cette lettre, qu'il

XXIX.

Le Comte de Morangiés fait ici une remarque bien singuliere: il n'est pas vraisemblable, dit-il, que Dujonquay ait prêté des sommes aussi considérables avant que d'avoir les billets, qui n'ont été faits que le 24 Septembre.

Nous pourrions lui rétorquer l'argument, & lui dire qu'il n'est pas vraisemblable, que lui, Comte de Morangiés, ait remis entre les mains

dans

nous requiert de parapher & annexer à ces présentes ; ce qui a été fait.

d'un jeune homme qu'il ne connoissoit pas, qui n'étoit ni Courtier, ni Agent de Change, des billets pour une somme aussi considérable, sans en recevoir les fonds.

Mais nous avons par-dessus lui cet avantage, que si les fonds ont été remis par le sieur Dujonquay avant que les billets fussent faits, ce n'est pas sans précaution ; il avoit été convenu que le jeune Dujonquay porteroit lui-même l'or de sa grand'mere chez le Comte de Morangiés, à raison de 1000 louis par voyage. Ce transport a été ainsi fait le 23 Septembre, & à chaque voyage le sieur Dujonquay retiroit une reconnoissance du Comte de Morangiés, ainsi conçue : *Je reconnois que M. Dujonquay m'a remis la somme de .... dont je promets faire mon billet à Madame Veron, sa grand'mere.* Ces Reconnoissances ont été vues par deux témoins de l'information de la dame Veron, la veuve Tourtera & le sieur Aubriot ; & l'on sent bien que lorsque le Comte de Morangiés a fait ses billets le 24, il a eu grand soin de retirer ses reconnoissances pour ne pas laisser doubles titres contre lui.

XXX.

Le Déclarant méprisa les propos indécens conte-

XXX.

La réponse faite par le Comte de Morangiés à la femme Charmet, dont il est ici question, est jointe en orinus en la lettre de la Charmet ; mais comme il étoit dans la bonne foi sur les bonnes intentions de Dujonquay, & qu'il appréhendoit que les clabauderies de cette femme ne nuisissent au secret que Dujonquay lui avoit recommandé, pour ne point déranger la conclusion de cette affaire, il répondit à la Charmet, l'assura de nouveau qu'il n'avoit pas touché les cent mille écus, mais seulement une modique somme de douze cens livres, dont il avoit fait son billet particulier, qu'elle n'avoit point à craindre qu'il la privât de la récompense qui pouvoit lui être due si l'affaire se consommoit

ginal à la plainte rendue par la dame Veron, comme contenant la preuve de la mauvaise foi du Comte de Morangiés ; par cette Lettre le Comte de Morangiés employe la plus grande adresse pour dissuader la Charmet de la vérité du prêt, sans néanmoins oser démentir le propos par lui précédemment tenu à cette femme, qu'il défioit *le sieur Dujonquay de représenter les billets*, propos qu'elle lui a retracé dans la lettre à laquelle il répond. Le Comte de Morangiés a donc commencé par nier qu'il eût fait des billets au profit de la dame Veron ; sa mauvaise foi se présente donc ici avec des traits, à l'évidence desquels il est impossible de se refuser.

XXXI.

Le Déclarant lui envoya cette lettre par son Cocher, qui lui apporta la réponse de la Charmet : cette réponse annonçoit que Dujonquay a été avec la Charmet & Monvoisin chez un Procureur, qui a conseillé de faire assigner le Déclarant aux Consuls, en condamnation de la somme qu'il a reçue; que sa mere & sa grand'mere tremblent de la mauvaise foi du Déclarant.

Le Déclarant nous représente cette seconde lettre de la Charmet, & nous requiert de la parapher, pour annexer à ces présentes ce qui a été fait.

XXXI.

Par cette seconde lettre, également communiquée au sieur Dujonquay lors de son interrogatoire, la femme Charmet, annonce que le Comte de Morangiés recevra à midi une assignation à sa requête. Cette assignation a effectivement été donnée; & si l'on veut sçavoir pourquoi elle n'a point été suivie, il faut entendre les témoins, qui déposent sur les circonstances de la maladie de cette femme, & sur sa mort, arrivée fort à propos pour le Comte de Morangiés.

Quant aux inquiétudes de la dame Veron & de sa famille, l'événement n'a malheureusement que trop prouvé qu'elles étoient fondées. Aussi la dame Veron, quoique dépositaire des billets du Comte de Monrangiés, n'a-t-elle pu se dispenser de rendre plainte contre lui dès le 28 Septembre, & avant qu'il eût fait aucuns mouvemens contre elle & contre sa famille.

XXXII.

Avant de recevoir cette econde lettre de la Char-

XXXII.

Cette lettre prétendue écrite par le Comte de Morangiés au sieur Dujonquay, est fausse; il ne poumet, le Déclarant, qui ne comptoit pas voir Dujonquay, lui avoit écrit pour l'engager à accélérer la réalisation du prêt, & pour obtenir des Prêteurs des échéances plus éloignées & plus commodes que celles portées dans les billets qu'il lui avoit laissés.

Il lui proposoit ensuite un nouvel arrangement de payemens, avec des avantages capables de déterminer les Prêteurs; le sieur Dujonquay, suivant son usage, ne répondit point.

voit être question d'obtenir des échéances plus éloignées que celles portées dans les billets, ni d'un nouvel arrangement, parce que le prêt étoit consommé, & les billets fournis.

La lettre n'ayant point été écrite, il n'a pu être question de réponse.

Au surplus, l'usage du sieur Dujonquay n'est pas de ne point répondre aux lettres qu'il reçoit; il fait mieux, il sçait provoquer quand son honneur & son intérêt l'exigent, témoin la lettre par lui écrite le 26 Septembre au soir au Comte de Morangiés, que ce dernier a joint à sa dénonciation, ainsi qu'il va nous le dire dans un instant.

XXXIII.

Mais le Déclarant ayant reçu une seconde lettre de la femme Charmet, fut chez Dujonquay, il le trouva seul dans son cabinet, il en reçut les mêmes politesses, assurances, protes-

XXXIII.

Le Comte de Morangiés n'est point revenu cette troisiéme fois chez le sieur Dujonquay, parce qu'il avoit absolument terminé avec lui; mais veut-il que l'on croye à cette démarche? Il va donner de nouvelles armes contre lui-même, car il annonce qu'à cette troisiéme visite il ne put se défendre de quelque inquiétude, & cependant, suivant

tation de zéle ; cependant le Déclarant en sortit avec quelque sorte d'inquiétude.

XXXIV.

Il la confia au sieur Lacombe, son Secrétaire, qui l'attendoit dans sa voiture, & lui proposa d'aller chez la Charmet pour éclaircir le tout ; le sieur Lacombe crut devoir aller d'abord chez Dujonquay, qui *lui*

lui, il ne demande ni ses billets, ni une reconnoissance de ses billets ; est-ce donc ainsi qu'un Officier général, un homme de quarante-cinq ans, versé dans les affaires, procéde ? Quoi donc, il conçoit de l'inquiétude sur les billets qu'il a remis, pour une affaire qui, d'après son propre témoignage, devoit être terminée à l'instant même de la remise de ses billets : & après les délais qui se sont écoulés depuis, après les craintes avouées par lui, il porte la timidité au point de n'oser demander à un jeune homme de vingt-cinq ans, logé à un troisiéme étage, ni les billets qu'il lui a confiés, ni la reconnoissance de ces billets : mais le Comte de Morangiès y a-t-il fait réflexion, & voudroit-il sérieusement qu'on le crût capable d'une pusillanimité pareille ?

XXXIV.

Son Secrétaire l'attendoit, dit-il, dans sa voiture ; mais s'il n'osoit tout seul réclamer ses billets, ou une reconnoissance, que ne le faisoit-il monter avec lui ? Que ne se procuroit-il au moins, par sa présence, un témoin du langage que le jeune Dujonquay lui avoit tenu, ou des défaites qu'il lui auroit données ?

Le Secrétaire, sur l'inquiétude que son Maître lui témoigne, apparem-

refusa la porte ; il fut de-là chez la Charmet, & environ une bonne heure après vint trouver le Déclarant dans une maison où il le sçavoit, pour lui dire qu'après ce qu'il avoit entendu, il croyoit Dujonquay mal intentionné.

XXXV.

Le rapport du sieur Lacombe augmenta l'inquiétude du Déclarant ; *mais elle fut au comble*, lorsqu'en rentrant chez lui sur les dix heures du soir, il trouva une lettre de Dujonquay qui, démentant le langage qu'il avoit tenu jusqu'alors & levant absolument le masque, annonce que le Déclarant lui doit

ment plus entreprenant que le Comte de Morangiés, monte à l'instant, & le jeune Dujonquay lui refuse sa porte : ce refus n'étoit certainement pas facile, car il n'y avoit à ce troisiéme étage ni suisse, ni portier, pour empêcher de parler aux Maîtres, & n'étant pas prévenu sur la visite, la porte a dû être ouverte à l'instant où lon a frappé.

Ainsi à mesure que nous cheminons, depuis que nous parcourons cette étrange dénonciation, nous rencontrons par-tout des absurdités & des inconséquences, qui en démontrent la fausseté.

XXXV.

Voilà enfin, l'inquiétude du Comte de Morangiés arrivée *à son comble* ; il faut avouer qu'il est bien difficile à émouvoir pour un homme qui prétend avoir remis, sans en tirer de reconnoissances, 327000 l. de billets à un inconnu, qu'il n'avoit vu alors pour la premiere fois que le 16 ou le 17 Septembre ; pour un homme qui, suivant lui-même, n'avoit pas voulu remettre d'abord ses billets, mais une simple promesse d'en fournir aussi-tôt que les fonds lui seroient livrés ; pour un homme qui, en remettant ses billets, avoit demandé une reconnoissance, & à qui on l'avoit promise ;

la ſomme de 327000 liv. qu'il dit avoir portée chez le Déclarant en douze mille quatre cens vingt-cinq louis, en treize fois, ajoutant qu'il ne ſe ſeroit jamais douté que le Déclarant eût employé tous ſes Domeſtiques ce jour-là hors de chez lui. Le Déclarant nous repréſente cette lettre de Dujonquay, & nous obſerve qu'il y a de l'affectation dans la forme de la date, & qu'à l'endroit où il dit avoir porté les douze mille quatre cens vingt-cinq louis en treize fois; les deux mots *treize fois*, ont été remplis après coup, dans un eſpace qui avoit été laiſſé en blanc, nous a requis de parapher cette lettre & de l'annexer à ces Préſentes, ce qui a été fait.

pour un homme à qui Dujonquay avoit aſſuré la délivrance des fonds auſſi-tôt que les billets ſeroient faits; pour un homme que, dès le lendemain de ſes billets fournis, la Charmet va tourmenter pour avoir ſon droit de courtage, en lui annonçant la certitude de ce prêt, d'après la dame Veron & ſa famille; pour un homme que, par une lettre du 25, cette même femme accuſe de l'abominable projet d'eſcroquer 300000 l. à des gens honnêtes, & de les ruiner entierement; pour un homme qu'un inconnu amuſe, ſuivant lui, depuis pluſieurs jours, en lui promettant des fonds, toujours différés ſous différens prétextes de la part d'une Compagnie, dont il n'a pas même eu la curioſité de demander le nom. Peut-on reconnoître, dans un tiſſu de faits pareils, la marche de la vérité? Non. On n'y voit qu'inconſéquences, puérilités, contradictions; la mauvaiſe foi eſt ici ſans adreſſe, & la groſſiereté de l'impoſture eſt le premier garant de ſa réprobation.

XXXVI.

Le Déclarant, aussi-tôt, eut recours à M. le Lieutenant Général de Police, à qui il a dénoncé le vol manifeste concerté entre Dujonquay, sa mere & sa grand'mere. Ce Magistrat a eu la bonté de charger un de ses Inspecteurs de prendre connoissance de cette affaire. Cet Officier, après avoir entendu les Parties, a enfin amené Dujonquay & sa mere à convenir que les 327000 livres n'avoient point été fournies; qu'il n'avoit été donné effectivement que 1200 livres, & qu'ils étoient prêts à remettre les billets du Déclarant, en recevant ladite somme de 1200 livres. *Ces déclarations ont été répétées devant*

XXXVI.

La lettre dont est ici question a offensé sans doute le Comte de Morangiés; mais quand il a appris que la dame Veron avoit été le lendemain 27 chez le Commissaire Chenon pour rendre plainte contre lui, & qu'au refus de ce dernier cette plainte avoit été reçue par le Commissaire Thierry, c'est alors qu'à défaut de moyens pour se défendre, il a cherché des ressources dans les surprises. On a rendu compte à l'Audience du piége qu'il avoit tendu au Magistrat respectable qui préside à la Police avec l'applaudissement général de tous les Ordres des Citoyens de cette Capitale, & de l'abus fait par le Comte de Morangiés, d'une permission accordée par ce Magistrat, & qui n'avoit d'autre objet que de tirer la vérité de la bouche de la dame Romain & du sieur Dujonquay, en les faisant interroger séparément, & par des voies exclusives de toutes surprises & violences. La dame Veron a rendu plainte de ces violences & surprises, pratiquées par Desbrunieres, & des signatures qu'elles ont arrachées à l'instigation de ce même homme qui nous les présente froidement ici comme l'ouvrage de la liberté. Nous devons néanmoins cette justice au Commissaire, qu'il n'a pas été témoin de

nous

nous par ledit ſieur Dujonquay & ſa mere, dont nous avons dreſſé procés-verbal le lundi 30 Septembre.

cette ſcene d'horreurs, & qu'il n'a pu voir que l'abattement qui en étoit le fruit.

XXXVII.

Mais comme ces billets qui devoient lui être remis le lendemain ne l'ont point été, il eſt venu nous faire la préſente déclaration, déclarant qu'il n'entend point ſe rendre Partie civile.

XXXVII.

Il ſeroit étrange que le Comte de Morangiés eût pu ſe flatter un inſtant, que les billets lui ſeroient volontairement remis. Il n'eſt pas moins étrange qu'étant alors accuſé & pourſuivi par la dame Veron, en eſcroquerie de 300000 livres en or, il veuille éviter de paroître dans cette affaire, & déclare qu'il n'entend point ſe rendre Partie civile contre ceux qu'il accuſe d'une eſcroquerie de 327000 liv. en billets pour parer à l'accuſation contre lui intentée en eſcroquerie de 300000 livres en or. Il eſt encore plus étrange que le Comte de Morangiés, en provoquant la plainte du Subſtitut de M. le Procureur Général du Châtelet, ſoit parvenu à ſe faire entendre comme témoin, quoiqu'accuſé & accuſateur dans la même affaire.

Enfin il eſt on ne peut pas plus étrange, que quand le Comte de Morangiés a vu ſon objet rempli, il ait déclaré qu'il ſe rendoit Partie civile, quoique dans le principe il eût expressément déclaré qu'il ne vouloit pas l'être. Qu'est-ce donc que cette marche tortueuse, contraire aux régles, & remplie de contradictions, si ce n'est celle du crime qui s'agite pour se cacher & qui dans ses efforts mal combinés se découvre?

XXXVIII.

Ajoute le Déclarant, que le mercredi 2 du présent mois, sur les huit heures du matin, un homme portant épée, se disant appartenir à M. le Vicomte de Mailly, est venu chez le Déclarant, lui a parlé de cette affaire comme persuadé que Dujonquay, sa mere & sa grand'mere, ont réellement donné les 300000 livres, & que le Déclarant voudroit leur en faire tort; & après plusieurs propos, a dit être chargé d'offrir une remise de 100000 livres.

XXXVIII.

Le petit trait historique que le Comte de Morangiés présente ici, n'est rien moins que fidele. L'homme dont il parle est le sieur Gilbert, ci-devant Piqueur du Vicomte de Mailly. Il avoit, le 21 Septembre au soir, compté avec le sieur Dujonquay, l'or qui devoit être porté au Comte de Morangiés, il lui avoit aidé à faire les sacs. Le lundi 23 dans la matinée, il avoit trouvé le sieur Dujonquay, chargé de trois sacs; l'un de six cens louis sous son bras, & deux de deux cens louis chacun dans les poches de sa veste: il l'avoit vu entrer chez le Comte de Morangiés. Quelques tems après, ce Particulier ayant appris que la dame Romain & le Sr Dujonquay avoient été conduits en prison, par les manœuvres de Comte de Morangiés, à raison du prêt de 300000 livres qui lui avoit été fait, alla de son propre mouvement chez le Comte, pour lui faire de justes reproches sur la conduite par lui tenue vis-à-vis de gens qui avoient mis leur fortune entre ses mains ; & finit par lui dire, qu'ils seroient bien heureux si, sur les 300000 liv. qu'ils lui avoient prêtées, ils en étoient quittes pour une perte de 100000 francs. C'est ce fait que le Comte de Morangiés a dénaturé comme tous les autres, & que Gilbert, entendu en déposition, se propose de lui soutenir avec fermeté aux confrontations. Quoi qu'il en soit, quelque louable que fût le motif de la démarche de ce Particulier, elle lui a seule valu un décret de prise-de-corps, que le Comte de Morangiés a trouvé le secret d'obtenir des premiers Juges, dans l'espérance que la nouvelle de ce décret, qu'on n'exécutoit point, détermineroit Gilbert à prendre la fuite, & le débarrasseroit d'un témoin dangereux pour lui : il s'est trompé ; Gilbert, avec la sécurité de l'innocence, a été se rendre en prison lui-même, & est resté pendant trente-deux jours au secret.

XXXIX.

Et comme le Déclarant n'a réellement reçu que la somme de 1200 livres, dont il avoit fait son billet particulier, & qu'il n'a

XXXIX.

Le Comte de Morangiés est bien honnête d'avoir déposé chez le Commissaire la somme de 1200 livres, qu'il prétend seulement avoir reçue, & qu'il offre de rendre, en lui remettant, par le sieur Dujonquay, son billet de pareille somme.

exactement rien reçu du contenu en ses quatre billets, montant ensemble à 327000 livres, qui doivent lui être rendus, en remboursant seulement ladite somme de 1200 livres, il nous a présentement remis & déposé ladite somme de 1200 livres, pour être payée audit Dujonquay, à sa mere, ou à la veuve Veron, sa grand'mere, en lui remettant son billet de ladite somme, & les quatre billets montant à la somme de 327000 livres.

Desquelles déclarations, dépôts des cinq piéces paraphées, & de ladite somme de 1200 livres, nous avons donné acte audit Sr Comte de Morangiés, qui a signé

Le Comte de Morangiés sait très-bien que la Dame Veron ni le sieur Dujonquay n'ont point à lui de reconnoissance particuliere de ces 1200 l.; qu'il en avoit envoyé une à la vérité, le 24 Septembre au matin, dans une lettre adressée au sieur Dujonquay, & portée par son Postillon, par laquelle il lui demandoit les 1200 livres; mais que le sieur Dujonquay, craignant qu'il ne vînt pas lui-même à midi, comme il l'avoit promis la veille, non-seulement pour retirer ce sac qui formoit l'appoint des 300000 livres, mais encore pour retirer ses reconnoissances, & faire les billets convenus, lui renvoya par son Postillon, ainsi qu'il en est convenu art. 15 de sa dénonciation, la reconnoissance des 1200 livres, en lui faisant dire qu'il l'attendoit à midi, & que cette somme lui seroit remise à lui-même: voilà la vérité du fait. Le surplus des déclarations, faites à cet égard par le Comte de Morangiés, est absolument absurde & fabuleux.

Ainsi c'est une offre ironique de la part du Comte de Morangiés, que celle de ces 1200 livres, en lui remettant sa reconnoissance.

Ces 1200 livres sont comprises dans les 300000 livres qui lui ont été fournies, & qui sont les causes

avec nous en notre minute.

Signé, CHENON.

de ses billets ; & c'est cette somme qu'il devroit offrir aujourd'hui en totalité, en lui remettant les billets par lui souscrits.

Au surplus, quelques injustes & indécentes que soient de pareilles offres, le Comte de Morangiés en a fait l'objet d'une assignation donnée à sa requête, au Parc Civil du Châtelet de Paris, à la dame Veron, le 29 Novembre dernier ; par laquelle il a conclu en outre, à ce que ses quatre billets, montant ensemble à 327000 livres, lui soient rapportés comme n'ayant aucunes causes ; & sur cette assignation, il a même surpris une Sentence par defaut, dont la dame Veron est Appellante.

Il résulte de-là que le Comte de Morangiés, après avoir pris la voie civile, à raison des billets qu'il prétend lui avoir été escroqués ; après avoir conclu à la simple remise de ces billets, au Parc Civil du Châtelet de Paris, n'est pas recevable aujourd'hui à prendre la voie extraordinaire, & à se rendre Partie civile & accusateur, à raison de cette prétendue escroquerie de billets, sur-tout ayant déclaré, par sa dénonciation, qu'il n'entendoit point se rendre Partie civile. Il résulte de là que la dame Veron doit rester seule accusatrice dans cette affaire, contre le Comte de Morangiés & ses adhérens. Il résulte de-là enfin, que le procès doit en être fait à sa requête au Comte de Morangiés, dans toute la rigueur de la procédure extraordinaire, tant pour sûreté des peines que la vindicte publique est dans le cas de prétendre, que pour sûreté des condamnations pécuniaires, qui doivent être prononcées au profit de la dame Veron & de ses enfans.

Le Comte de Morangiés, pour intéresser les Grands à sa défense, voudroit leur insinuer que ses Adversaires, dans les Audiences, ont manqué ouvertement à cette Noblesse antique, l'honneur de la Nation ; mais les Magistrats & tous ceux qui ont assisté aux Plaidoyers sont à portée de démentir des insinuations aussi fausses : au surplus, cette Noblesse respectable qu'il a voulu tromper peut le juger aujourd'hui sur sa propre déclaration en attendant les autres preuves.

Me PICARD le jeune, Avocat.

A PARIS, chez P. G. SIMON, Imprimeur du Parlement, *rue Mignon Saint André-des-Arcs.* 1772.

Appendice F

Voltaire et le *public*: un problème de vocabulaire

Voici un problème assez intéressant qui se présente à l'esprit. Tout lecteur de Voltaire sait, par exemple, ce que le Maître pense en termes généraux du public et surtout de l'influence exercée par le public sur les gens en place: elle est positivement haïssable. Mais tout lecteur des textes et documents consacrés à Morangiés se trouverait tôt ou tard contraint à formuler la question suivante: cette voix du public est-elle surtout haïssable quand elle n'est pas, par la même occasion, la voix de Voltaire? En d'autres termes, devrait-il penser que lorsque la voix du public et la voix de Voltaire ne font qu'une, l'influence que cette première peut exercer est admissible? Voltaire le laisse effectivement supposer, mais se garde de livrer sa pensée intime sur ce point.

C'est là, personne n'en disconviendra, un problème qui ne saurait laisser indifférent. Mais ce qui risque de décupler la curiosité du lecteur, c'est que le problème que nous évoquons se décompose en réalité en *plusieurs* problèmes tout aussi fascinants. Ceux-ci, intimement liés les uns aux autres, sous-tendent l'affaire Morangiés mais, n'étant pas d'une évidence immédiate, demandent à être identifiés et mis en lumière: il s'agit non seulement de l'attitude de Voltaire devant le public et du vocabulaire qu'il peut donc employer vis-à-vis de ce dernier, mais aussi de sa façon d'interpréter le rôle qu'il joue dans cette affaire et d'interpréter en même temps la vitalité des Lumières. Nous traiterons en détail de ces problèmes dans la conclusion. Car, comme nous l'avons fait remarquer ailleurs (ch. 2, n.11), deux lectures parallèles de cette affaire déjà si compliquée – l'une en surface, l'autre en filigrane – sont à déconseiller.

Il ne serait pas déplacé toutefois d'évoquer ici même le problème global, *celui du public*, étant donné que Voltaire polémiste lui présente ses réflexions, essaie d'établir des liens avec lui et entend (si possible) l'influencer, étant donné enfin que le public est omniprésent d'un bout à l'autre de cette affaire.

L'attitude de Voltaire envers le *public* – à n'importe quel moment de sa carrière – est toujours assez complexe; or elle l'est encore davantage sur la fin de sa carrière pour la bonne raison que, par ce terme générique, considérablement élargi, dirait-on, le Maître semble parfois désigner toutes les diverses couches de la société allant du *public éclairé* au *peuple*. On sait (car la plupart du temps Voltaire définit ses propres termes de façon bien nette) ce qu'il entend normalement par le *public éclairé* ainsi que par le *public*[1] et le *peuple*[2] qu'il divise encore en deux familles: celle des artisans spécialisés, très souvent cultivés, et celle de la masse des travailleurs, autrement dit la *populace* ou la *canaille*.[3] On sait enfin quelle est la signification précise de la formule qu'il emploie fréquemment: la *voix publique*.[4] Les définitions qui aident le chercheur ne manquent donc pas. Celui-ci notera toutefois, en se penchant sur l'affaire Morangiés, un flottement assez troublant, non dans cette terminologie, mais – à un degré plus complexe encore – dans l'usage que Voltaire en fait.

Au début de l'affaire Morangiés, dans ses brochures (et dans sa correspondance), Voltaire parle des divers éléments qui composent ce public sur un ton neutre; mais à mesure que son pessimisme s'accroît (voir, par exemple, sa *Déclaration sur le procès*, sa *Réponse à l'écrit d'un avocat* et son *Précis du procès* etc.) son attention *semble* – d'après sa terminologie bien connue – se concentrer de plus en plus sur une partie de ce public, composée de divers éléments peu recommandables du bas peuple.

Mais en fait un examen attentif de la syntaxe et de la portée de ses divers écrits nous permet de deviner une explication toute différente et autrement troublante: en somme, le vocabulaire de Voltaire est en train de se disloquer. Petit à petit, le *public éclairé*, le *public*, le *peuple*, et la *populace* fusionnent dans son esprit pour mériter l'appellation globale et éminemment péjorative de *populace* ou de *canaille*. Bref, nous nous trouvons enfin confrontés avec le mépris et la colère de l'apôtre des Lumières pour tous ceux (les amis et les disciples y compris) qui ne partagent pas sa brûlante conviction sur l'innocence de Morangiés, pour tous ceux qui ne peuvent ou qui ne veulent pas reconnaître la vérité dès qu'on la leur montre et qui deviennent de ce fait, indistinctement, les ennemis, voir la négation vivante, du bon sens et de la raison.

Nous avons affaire par la même occasion à un Voltaire qui, ayant naguère soulevé avec une rectitude indiscutable les émotions de la France entière en faveur des Calas, est par conséquent hautement irritable devant la quasi-impossibilité de faire reconnaître à ce même public l'authenticité de la cause de Morangiés. Son irritabilité se superpose à son mépris. Les deux se renforcent mutuellement. D'où ses invectives.

C'est dire que le problème du vocabulaire de Voltaire, qui mérite une étude spécifique et détaillée, s'accommode mal de toute évidence d'une définition en noir et blanc; mais ce problème compliqué se complique sans conteste encore davantage quand on identifie à la base de ce vocabulaire – comme ici – un *substrat émotif* dont on n'a jamais sans doute mesuré toute l'importance et qui est intimement lié à des mouvements d'humeur extrême.

Nous rejoignons donc notre point de départ, car c'est cette même humeur extrême, ce vocabulaire qui dégénère et qui se disloque, qui nous fait croire que Voltaire – défenseur de Morangiés – se disait dans le secret de son cœur: 'La voix publique, c'est moi!' Il n'était peut-être pas éloigné non plus de se dire: 'Les Lumières, c'est moi!'

Un dernier mot: on notera avec autant d'intérêt qu'une fois Morangiés est sur le point d'être jugé en deuxième instance et est susceptible d'être reconnu innocent, Voltaire se fait patelin, redevient plus pondéré et définit ses termes de nouveau, mais encore plus soigneusement, voire rigoureusement qu'auparavant ... comme s'il voulait précisément écarter tout soupçon que l'on pouvait avoir à propos de son attitude de naguère vis-à-vis du public (éclairé et cultivé s'entend) partisan des Veron-Du Jonquay. Mais sitôt Morangiés disculpé (3 septembre 1773), Voltaire ne craint pas de rendre public son verdict désabusé: 'La populace gouverne souvent ceux [c'est-à-dire le public cultivé et éclairé] qui devraient la gouverner et l'instuire' (voir la fin de notre chapitre quatrième).

Appendice G

Lettre sur Morangiés

Il vous souvient, monsieur, de ce fameux procès de mr le comte de Morangiés, maréchal de camp, lequel vous donna tant d'occupation, & de cette cabale abjecte & terrible qui se déchaînait contre lui. Il vous souvient d'un fiacre nommé Gilbert qui était à la tête de la troupe, avec un ancien clerc de procureur nommé Aubriot, lequel était alors dans les grands remèdes. Ils ameutaient le peuple, ils séduisaient tous les esprits. Le cocher Gilbert avait vu maître Liegard Dujonquay, son intime ami, ne sachant ni lire, ni écrire, reçu docteur ès lois, demeurant dans un grenier sans meubles, & prêt à acheter une charge de conseiller au parlement. Il l'avait vu, dis je, comptant cent mille écus en or dans son grenier. Il avait aidé le docteur ès lois à ranger cette somme, & à la mettre dans des sacs. Il avait vu ce jeune magistrat porter à pied cent mille écus en treize voyages à mr de Morangiés, & courir chargé d'or l'espace de six lieues en trois heures.

Le clerc de procureur tout couvert de mercure, d'ulcères & d'onguents depuis les pieds jusqu'à la tête, s'était échappé de son chirurgien, au risque de sa vie, pour voir avec Gilbert cette course digne des jeux olympiques.

Toute la halle, toute la basoche jointes à des restes de convulsionnaires, attestaient dieu en faveur de Dujonquay. Ils attestaient, après dieu, le cocher & le clerc de procureur vérolé. Ces deux témoins, comme on dit, ne pouvaient être ni trompés, ni trompeurs. Ils avaient vu, & ils déposaient en conscience. La cause du magistrat Dujonquay était si juste, son droit si évident, qu'un usurier nommé Aucour acheta le procès & le poursuivit en son nom, comme un fripier achète un habit de gala pour le revendre.

En vain mr de Sartines, alors lieutenant général de la police, secondé du lieutenant criminel, avait commencé par réprimer sagement l'insolence & l'intrigue aussi absurde que coupable de Dujonquay & de ses complices. Le peuple cria que les pilates opprimaient les justes. Les convulsionnaires écrivirent que les commandements de dieu étaient impossibles aux maréchaux de camp, que tout homme de qualité était nécessairement un fripon, & qu'il n'y avait de vertu que dans les greniers, chez les fiacres & chez les clercs de procureurs attaquées de la maladie que dom Calmet attribue au saint homme Job. La voix du peuple est la voix de dieu. Cette voix fut si éclatante & si forte que, le procès ayant été d'abord envoyé par le parlement au bailliage du Palais pour être jugé en première instance, cette petite juridiction fit mettre le comte de Morangiés en prison, le condamna à rendre cent mille écus qu'il n'avait jamais pu recevoir, & adjugea trois mille six cents livres au généreux cocher pour récompenser sa vertu.

Le parlement eut bien de la peine à réparer l'horreur & le ridicule de cette sentence. La cabale accusa le parlement d'être cabale lui même. Des avocats continuent à écrire que le maréchal de camp avait corrompu le parlement, le Châtelet & la police. Un des défenseurs du cocher Gilbert dit dans son mémoire que la présence de ce vertueux cocher fit trembler le juge qui l'interrogeait. C'était Caton que les satellites d'un tyran traînaient en prison.

Enfin, monsieur, on me mande de Paris que ce Gilbert, ce Caton des fiacres, après avoir souvent esquivé la corde, vient d'être surpris en flagrant délit & convaincu d'être voleur & faussaire. Je ne sais pas si la cabale le sauvera d'un châtiment capital; mais je sais que dès qu'un gueux est parvenu à se faire un parti dans la populace, ce parti n'est pas toujours anéanti à la mort du chef. Un seul enthousiaste suffit pour en ranimer la cendre. Si la justice faisait pendre le cocher Gilbert, le fanatisme ferait son panégyrique au pied de la potence. On invoquerait Gilbert comme le martyr du peuple immolé à la cour; qui sait où cette passion pourrait aller?

On conte qu'un prêtre irlandais, *qui vivait à Paris d'arguments & de messes*, mit un jour, par mégarde dans sa porche [poche] un calice d'or appartenant à une chapelle royale. Comme on allait l'exécuter un de ses camarades cria au peuple, 'Voyez comme on traite ici les bons catholiques.' Ce seul mot excita une sédition. Je ne garantis pas cette histoire; car de mille je puis à peine en croire une.

Si vous me demandez comment dans un siècle aussi éclairé que le nôtre, une grande partie du public a été assez maligne & assez sotte pour soutenir la misérable cause des gredins qui ont accusé le comte de Morangiés, je vous répondrai que du moins on ne voit plus dans nos jours de ces procès criminels qui ressemblent à des champs de carnage, tels que celui des Templiers condamnés à mourir dans les flammes comme des apostats, après avoir combattu soixante ans pour la foi; tels que celui d'un prince d'Armagnac dont le sang fut versé goutte à goutte sur la tête de ses enfants par les bourreaux de Louis XI; ou celui d'un comte de Montecuculli, écartelé sous François premier parce que le dauphin avait bu imprudemment à la glace; ou d'un conseiller Du Bourg pendu pour avoir recommandé la vertu de la tolérance; ou d'un Ramus dont le cadavre sanglant fut traîne aux portes [de] tous les collèges pour faire amende honorable aux quiddités, & aux eccéités d'Aristote; ou d'un maréchal de Marillac mené à la Grève dans un tombereau, parce que son frère déplaisait à un ministre, &c. &c. Nous avons eu à la vérité il y a quelques années, des exemples atroces, absurdes, exécrables, mais plus rarement qu'autrefois. La France & l'Europe en ont témoigné leur horreur. Nos pères regardèrent pendant douze siècles avec des yeux indifférents, une suite non interrompue d'abominations publiques. Aujourd'hui la voix des sages semble en arrêter un peu le cours, &c. Mais qui sait si la voix (des sages & des justes, c'est la même chose), l'emportera toujours sur le rugissement des pervers fanatiques?

Notes

Notes du chapitre 1

1 *La Législation criminelle dans l'œuvre de Voltaire* (Paris 1901); le lecteur trouvera un aperçu chronologique et événementiel de l'affaire aux pages 65-74.

2 *Plaidoyer pour le comte de Morangiés* [B2] (Paris 1772): 'de part et d'autre, l'obscurité naît des lumières même, et l'incertitude redouble par les recherches qui devraient la dissiper' (p.5).

Pour permettre l'identification des divers plaidoyers et pour éviter à la fois toute confusion dans ce domaine (certains textes portent des titres semblables), nous avons pris le parti de renvoyer le lecteur à l'appendice B où les plaidoyers, numérotés, se trouvent à leur place chronologique: le texte de Linguet dont il s'agit ici s'identifie donc comme étant le B2.

3 Voir appendice B pour la liste complète. Il faut encore préciser que ces mille pages de plaidoyers sont la clarté même quand on les compare aux quelque 700 pages du dossier qui contient les diverses pièces de l'instruction (Archives nationales Z^2 3050), lesquelles sont d'une lecture abasourdissante.

4 Selon Vermeil, Delacroix, Falconet et leurs clients, Morangiés avait reçu les 300,000 livres. A l'appui de leur assertion ils attiraient l'attention des juges sur les billets à ordre signés par le comte et produisaient des témoins qui déposaient qu'ils avaient *vu* l'argent chez la veuve Veron, *vu* les préparatifs de Du Jonquay s'apprêtant à transporter la somme chez le comte, *vu* Du Jonquay lui-même en train de l'y transporter.

5 Linguet, le défenseur de Morangiés, s'appliquait à prouver qu'une famille qui vivait à l'étroit dans un bouge, qui prêtait et empruntait de toutes petites sommes, ne possédait absolument pas 300,000 livres; que si la veuve Veron n'avait et ne pouvait avoir cette somme, il était donc clair qu'elle n'avait pas pu la prêter, et que si elle ne l'avait pas prêtée, il était non moins clair que le comte ne l'avait pas reçue. Pour invalider les billets à ordre valeur reçue du comte de Morangiés, Linguet à son tour attirait l'attention des juges sur la déclaration formelle de Du Jonquay et de sa mère, faite à plusieurs reprises de vive voix et par écrit, que le comte n'avait pas reçu d'eux la somme en question.

6 Pour épargner au lecteur des recherches et des lectures parfaitement fastidieuses, nous avons pris le parti de lire tous les plaidoyers disponibles et d'en extraire l'essentiel. Ce procédé a aussi l'avantage de faire mieux ressortir et d'illustrer les causes profondes de l'attitude et de la tactique de Voltaire pendant le cours du procès.

7 Voir Delacroix, *Examen du Résumé général* [B29] (p.2): 'Il ne nous faut qu'un jour pour anéantir l'ouvrage d'un mois; nous voyons d'un œil tranquille notre Adversaire pâlissant d'effroi, s'agiter dans la nuit, écrire, effacer, corriger, pour rendre sa défense plus artificieuse, plus séduisante. Hélas, qui séduit-il? Ce ne sont pas les Juges; chaque jour ils lisent le contraire de ce qu'il avance.'

8 Nous voulons proposer au lecteur la seule explication qui tienne compte de toutes les affirmations, contradictions etc., et qui soit pleinement satisfaisante. Mais nous nous gardons d'affirmer que cette version a une valeur autre qu'explicative. Disons plutôt qu'elle est la plus convaincante de toutes les probabilités qui se présentent à l'esprit.

9 D'après V. Rouchon, 'Les avatars de M. de Morangiés et de Voltaire', *Journal des*

débats politiques et littéraires, 15-16 janvier 1944, p.3. Nous n'indiquons l'existence de cette notule que parce qu'elle est le seul écrit à être consacré à l'affaire Morangiés. Elle contient quelques détails d'état civil qui ne sont pas à dédaigner.

10 Dans les mois précédant ses démêlés avec la famille de la veuve Veron, Morangiés avait eu recours assez souvent à la courtière Charmette. Voir à ce propos la lettre de Charmette à Morangiés du 25 septembre 1771 que nous reproduisons en appendice C.

11 Voir Vermeil, *Preuves résultantes du procès* [B26], p.59.

12 Ici nous ne pouvons nous dispenser de citer le texte des avocats relativement à ces actes indélicats. Laissons la parole à Delacroix qui, dans sa *Réponse à l'imprimé du comte de Morangiés* [B6], écrivait: 'Il [Morangiés] n'a pas perdu de vue un Acte, en date du 29 novembre 1771, qu'il a fait sous seing-privé avec les nommés Jorseins et la veuve Jolliot, sa femme, mère de la demoiselle Jolliot. Cette jeune personne mourut dans un appartement qu'il lui avait meublé. La douleur n'empêcha pas le comte de Morangiés de fixer les yeux et d'étendre la main sur une montre garnie de diamants et sur deux bracelets entourés de brillants: si le comte de Morangiés voulait un jour payer les cent pistoles qu'il a promises aux sieur et dame Jorseins, pour se débarrasser de leur importune présence, et s'approprier toute la succession de leur fille, on lui rendrait l'Acte qu'il a signé et qui a passé sous les yeux de M. l'Avocat Général' (p.12). 'On peut présumer qui si la dame Veron n'eût pas laissé entrevoir son inquiétude et rendu plainte, le comte de Morangiés aurait patiemment attendu qu'on lui présentât les billets, et aurait alors répondu au Porteur, par son secrétaire, qu'il n'en avait pas reçu la valeur. Cette manière aisée de payer des billets est celle que le comte de Morangiés paraît avoir adoptée depuis quelque temps. Il n'y a pas encore deux mois qu'on lui présenta un billet de 1090 livres qu'il avait fait à l'ordre du nommé Paté, *pour marchandise de vin:* le comte de Morangiés ne l'ayant point acquitté, le billet a été protesté, et on lit sur l'original du protêt: *a été fait réponse par ledit Secrétaire que le sieur comte de Morangiés n'a pas reçu la valeur dudit billet, n'ayant fait que le confier au sieur Paté, au profit duquel il est fait, que pour le faire escompter, pourquoi ne peut payer.*

Il faut bien que le comte de Morangiés soit bien disposé à la confiance, puisqu'après avoir été escroqué de 327,000 livres en billets [il s'agit des billets confiés à Du Jonquay] il en confie encore un de 1090 livres à un marchand de vin. Le billet et le protêt sont sous les yeux de M. l'Avocat Général' (p.18).

Ecoutons maintenant Falconet, *Réponse aux Observations du comte de Morangiés* [B17] (pp.67-69): 'Qu'on se rappelle que *ses créanciers inquiets et inflexibles* l'ont forcé en 1768 *de faire abandon de tous ses biens*; qu'il s'empara en 1771 de la succession d'une fille, la Demoiselle Jolliot, sous prétexte qu'elle avait *déclaré à son confesseur que tout appartenait au comte*, qui fut néanmoins obligé de faire une sorte de transaction, par laquelle il s'obligea de payer 1274 livres aux parents de cette fille. Qu'on se rappelle qu'il était dans l'habitude de nier, quand on lui présentait des billets, qu'il en eût reçu la valeur. Il n'avait pas reçu la valeur d'un billet de 1090 livres du sieur Paté. Il n'avait pas reçu la valeur d'un billet de 600 livres fait à Mademoiselle Caron, marchande mercière aux Halles-neuves. Il n'avait pas reçu la valeur d'une lettre de change de même somme, faite à l'ordre de Madame de Maison-Neuve, tirée par la Combe et acceptée de Morangiés; et il prétend aussi ne pas avoir reçu la valeur des quatre billets faits à la Dame Veuve Veron'.

13 Voir la lettre de Du Jonquay au comte de Morangiés, reproduite en appendice C, qui prouve cette assertion.

14 Précisons qu'il se peut à toute force que Morangiés ait voulu emprunter 300,000 livres dans les meilleures intentions; on sait qu'il n'a pas laissé de soutenir qu'il avait besoin de cette somme considérable pour faire exploiter une forêt dont il était propriétaire dans le Languedoc et que le produit de cette exploitation était destiné

à liquider toutes les dettes de sa famille. Précisons aussi toutefois que les avocats de la partie adverse n'ont pas laissé de nier jusqu'à l'existence de cette belle forêt, et partant les bonnes intentions du 'propriétaire'.

15 La pratique peut paraître curieuse, mais elle était courante entre emprunteurs et banquiers/agents de change (voir, par exemple, Voltaire, *Nouvelles probabilités*, p.19, ou Best.D17715). D'ailleurs Morangiés, aiguillonné sans doute par la belle perspective d'entrer en possession de 300,000 livres, et croyant avoir affaire à des pigeons, ne pensait pas peut-être courir de risque.

Toutes nos références aux textes de Voltaire que l'on trouvera dans les pages qui suivent renvoient aux seules éditions figurant en appendice D.

16 Voir *Causes célèbres*, tome i (Paris 1734), pp.v-vi.

17 Voir par exemple les tournures de Voltaire lui-même qui déclare que l'affaire est 'sottement romanesque' (*Nouvelles probabilités*), un 'conte' ou 'un prodige digne des Mille et une nuits' (*Lettre à m. le marquis de Beccaria*), 'la fable la plus incroyable' où tout était 'tellement romanesque' (*Déclaration de m. de Voltaire*) etc. Mais voir en général n'importe lequel des plaidoyers de Linguet où ces tournures foisonnent.

Plus loin nous consacrerons des réflexions critiques assez détaillées au problème du vocabulaire de Voltaire (voir chapitre 3, appendice F et la Conclusion).

18 Tome i, p.xii et tome v (Paris 1736), avertissement non paginé. Voir aussi à ce propos l'article très éclairant de Jean Sgard, 'La littérature des causes célèbres', in *Approches des Lumières, mélanges offerts à Jean Fabre* (Paris 1974), pp.459-70.

19 La Harpe, en évoquant l'affaire, parle d'ailleurs des *scènes* et des *acteurs*. Il n'est pas le seul à user d'un tel vocabulaire.

20 Précisons que les avocats qui plaident pour Du Jonquay le font précisément en vertu d'une décision socio-politique. Ils défendent, et ne s'en cachent pas, l'homme du peuple opprimé par l'aristocrate. Voir à ce propos: *Mémoire pour Demoiselle Geneviève Gaillard, femme [...] Romain* (Vermeil, B3); *Réponse à l'imprimé du comte de Morangiés* (Delacroix, B6); *Mémoire pour Pierre Gilbert* (Courtin, B7); *Preuves démonstratives en fait de justice* (Falconet, B10); *Réponse aux Observations du comte de Morangiés* (Falconet, B17); *Mémoire pour le sieur Du Jonquay* (Delacroix, B22).

21 Comme il n'était question ni plus ni moins que d'établir si Morangiés était *innocent* ou *coupable*, l'on trouve fatalement chez les avocats des deux parties en présence un manichéisme qui joue en faveur de leurs clients et que l'on serait tenté de qualifier de naïf si l'on ne tenait pas compte des besoins les plus élémentaires de la cause. Les avocats tâchaient en somme de présenter leur(s) client(s) comme le bon grain et s'évertuaient à mettre en lumière tout ce qui déposait contre l'adversaire. On imagine sans peine le résultat de ces procédés, et des contre-démarches qu'ils suscitaient, quand on considère que tout, dans cette affaire nébuleuse, est en demi-teintes et nuances.

22 Les exemples (ici, et dans les cas qui vont suivre) sont nombreux, mais voir à titre d'aperçu Linguet, *Plaidoyer pour le comte de Morangiés* [B2], pp.27-28 et Falconet, *Réponse aux Observations du comte de Morangiés* [B17], p.67.

23 Linguet, *Plaidoyer* [B2], pp.4, 5-6, 27, 37. A comparer avec Vermeil, *Mémoire pour Demoiselle Geneviève Gaillard, femme [...] Romain* [B3], pp.6-8 etc., 17-18 etc., 58-62 etc.; Delacroix, *Réponse à l'imprimé* [B6], p.1 et encore son *Mémoire pour la Dame Romain* [B11], p.2.

24 Delacroix, *Réponse à l'imprimé* [B6], pp.12, 18; Falconet, *Réponse aux Observations* [B17], pp.67-69; Delacroix, *Mémoire pour le sieur Du Jonquay* [B22], p.2. A comparer avec Linguet, *Plaidoyer* [B2], pp.4, 27, 34, 36.

25 Voir par exemple La Harpe, LHCLT i.1 et 3; MS vi.122 et 127; Grimm, CLT x.239; Voltaire, *Nouvelles probabilités* et *Réponse à l'écrit d'un avocat*.

26 Ici, comme partout ailleurs, on ne trouve qu'accusations et dénégations systémati-

ques. Selon Linguet (*Plaidoyer* [B2], pp.5-6, 27), ce fut la partie adverse; mais d'après Picard (*Dénonciation* [B1], p.37) une telle accusation était manifestement frauduleuse.

27 Précisons que si Linguet hausse le registre de manière de plus en plus perceptible (on remarquera le même phénomène chez Voltaire), il ne faudrait pas oublier qu'il est et restera jusqu'à la fin de l'affaire le seul défenseur accrédité de Morangiés, alors que chez l'adversaire on en compte *cinq* dont trois de taille appréciable: Vermeil, Delacroix et Falconet. Si d'ailleurs l'on n'oublie pas que les *sept* plaidoyers de Linguet allaient devoir contrebalancer les *dix-huit* qui paraîtraient dans et pour le camp adverse, l'on ne comprendra que trop bien l'une des modalités de son attitude. Précisons enfin que, dans un contexte plus large, une étude approfondie de la *rhetorique* des avocats en présence ne serait pas sans intérêt.

28 La plupart des *philosophes* s'étaient en effet déclarés contre Morangiés (Best.D18620).

29 Sur ce point il est intéressant de consulter Voltaire. Au mois de mai 1772, il écrivait (*Essai sur les probabilités en fait de justice*, p.27): 'Presque toute la France élève la voix [...] pour une famille trompée, volée, opprimée par un homme qui n'a pour lui que sa qualité et ses dettes. Ces dettes le rendent très suspect; sa qualité ne lui sert pas de défense dans l'esprit d'une nation alarmée, qui a vu tant d'hommes indignes de leur nom se déshonorer par des actions basses et cruelles.' Mais treize mois plus tard, vers le milieu du mois de juin 1773, et changeant de registre de façon perceptible, comme Linguet, il préfère écrire (*Précis du procès*, pp.13-14): 'Tous crient que la noblesse n'est, depuis quelques années, qu'un amas de petits tyrans escrocs, insolents et lâches, qui vexent les bons sujets du roi, autant qu'ils servent mal l'Etat. On répand partout que M. de Morangiés a voulu payer ses créanciers en les faisant pendre. On le dit dans les plaidoyers; on l'imprime dans les mémoires; on parvient à le faire croire à la moitié de Paris.'

30 Voir par exemple la *Réponse aux Observations* [B18], pp.9-10; *Mémoire pour le sieur Du Jonquay* [B22], p.23; *Examen du Résumé général* [B29], p.19.

31 Citons les détails de cet interrogatoire (*Mémoire pour Demoiselle Geneviève Gaillard* [B3], pp.38-43) qui avait tant fait pour blesser la sensibilité du public:

'Ce fait constant, que la dame Romain & le sieur son fils, le 30 Septembre, ont été tenus en chartre privée, depuis quatre heures du soir jusqu'à onze heures & minuit, ce qui fait un intervalle d'environ sept heures, & que ce n'est qu'au bout de ce temps qu'on a pu parvenir à leur faire mettre leurs signatures au bas des déclarations dont il s'agit.

Il doit donc s'être passé pendant ce tems des faits bien étranges; il a fallu employer, vis-à-vis de la dame Romain & du sieur Dujonquay, une impulsion bien forte, puisqu'ils ne se sont déterminés à signer qu'à cette extrémité.

Voici le moment de rendre compte de ces faits, qui font essentiellement partie du procès, dont on trouvera des traces dans les interrogatoires, & dont la dame Veron s'est rendue plaignante par sa requête du 21 Février dernier, en expliquant sa plainte du 3 Octobre.

Le jour même que la dame Veron & le sieur Dujonquay devoient faire perquisition chez le Comte de Morangiés pour revendiquer leur or, arrive chez eux, sur les trois heures & demie, le sieur Desbrunières, Commis du sieur Dupuis, Inspecteur de Police; il dit à la dame Veron & à ses enfans, avec l'air de l'empressement & une envie d'obliger apparente, que le Magistrat étoit instruit de l'escroquerie & du vol manifeste que le Comte de Morangiés prétendoit leur faire, & qu'il l'avoit chargé de les accompagner chez Me Lechauve, Procureur au Châtelet, qui leur feroit rendre justice.

La dame Romain & le sieur Dujonquay, qui avoient déjà vu le sieur Desbrunieres chez le sieur Dupuis, Inspecteur, lorsqu'ils y avoient été pour demander secours contre le Comte de Morangiés, eurent la simplicité de croire que ce qu'on leur proposait étoit le fruit de leurs sollicitations, & qu'ils accepterent la propositioncomme la chose du monde la plus avantageuse pour eux.

Quant à la dame Veron, le sieur Desbrunieres dit qu'on n'en avait pas besoin. Etoit-ce par respect pour son âge? Nous avons peine à le croire. Quoi qu'il en soit, la dame Romain & le sieur son fils amenés chez me le Chauve, entrerent dans son cabinet avec cet air de confiance & de sécurité qui convient à des innocens auxquels on promet prompte justice.

Ils commencerent par se féliciter sur le motif qui les assembloit chez Me le Chauve; mais au premier mot l'illusion fut détruite, Me le Chauve ayant dit d'un ton sévere à Desbrunieres: emmenez-moi ce jeune homme là-bas; qu'on le sépare de sa mere.

Le jeune Dujonquay fut conduit dans une salle par bas, appartenante à Me le Chauve, & qui est voisine de son Etude, non sans un très-grand étonnement du commencement de cette scene; mais il étoit loin de prévoir les mauvais traitemens qu'on lui destinoit.

Desbrunieres remonta aussi-tôt; ce fut alors, que Me le Chauve prenant la gravité d'un Juge, dit à la dame Romain: *Levez la main, & promettez à Dieu de dire vérité*(1). Alors commença une espece d'interrogatoire, dans lequel Desbrunieres fit l'office de Greffier, jusqu'à l'arrivée du sieur Dupuis, Inspecteur de Police.

La dame Romain soutint avec fermeté la vérité du prêt, malgré tous les efforts de l'astuce pour la faire tomber en contradiction avec elle-même.

Le sieur Desbrunieres, voyant la fermeté de cette femme, imagina que la terreur & les mauvais traitemens pourroient arracher de Dujonquay des déclarations contraires à celles que sa mere avoit faites. Il sort dans la rue, rentre un moment après, accompagné de deux hommes, arrive dans l'Etude de Me le Chauve, & prenant Dujonquay par le col, comme s'il avoit voulu l'étrangler, il dit d'une voix fulminante à ces deux hommes: *avez-vous des fers?* L'un d'eux répondit que oui, & les fit à l'instant retentir dans sa poche. *Gueux*, continua Desbrunieres, en le tenant toujours par le col, *tu es perdu, ainsi que toute ta famille. Nous allons vous traîner dans les cachots; j'y conduirai ta grand'mere par les cheveux, ainsi que tes sœurs; ta maison va être investie; on va mettre les scellés chez toi. Ah! coquin, tu es perdu. Ta mere a tout avoué.*

Il y a tant de barbarie & de perfidie dans cette conduite, qu'elles sont presque incroyables; il n'est pas moins incroyable que leur auteur s'en soit vanté lui-même.

Ah! dit Dujonquay, *si ma mere a tout avoué, elle n'a pu dire que la vérité, & je dirai comme elle. Que diras-tu*, reprit Desbrunieres? *Je dirai que j'ai, pour mon malheur & pour celui de ma famille, porté toute notre fortune à un malhonnête homme, qui voudroit nous rendre aujourd'hui ses victimes.*

Ce langage, qui n'étoit que le cri de l'innocence, fut regardé comme insolent, & puni sur le champ d'un grand coup de poing dans l'estomac, qui fit perdre au sieur Dujonquay la respiration & l'étendit sur un coin de Bureau qui étoit dans l'Etude de Me le Chauve.

Desbrunieres ne s'en tint pas là. Il bourra dans cette situation le sieur Dujonquay de plusieurs coups de canne, & le quitta en lui disant: *F.... gueux, tu es perdu, tu seras pendu.*

Après cette première expédition, Desbrunieres remonta dans le cabinet de Me le Chauve, & y tenta la même surprise vis-à-vis de la dame Romain que celle qu'il avoit voulu faire à Dujonquay. Cette femme, dit-il à Me le Chauve, est une coquine & une malheureuse; elle ne vous a pas voulu dire la vérité, & son fils vient de m'avouer que les trois cens mille livres n'avoient pas été fournies, mais seulement une somme de douze cens livres.

La dame Romain répondit avec surprise & avec effroi, qu'il n'étoit pas possible que son fils eût tenu ce langage, puisque c'étoit lui qui avoit porté l'or.

C'est lui qui a porté l'or, lui dit-il, *f.... coquine*! Je t'apprendrai à mentir aussi effrontément. En même-temps il la prit par les bras, la secoua rudement, au point de la meurtrir en plusieurs endroits. Cette malheureuse femme ne put s'empêcher de jetter quelques cris en se voyant traiter de la sorte; à l'instant Desbrunieres lui présenta sa canne à la bouche d'un air furieux, & lui dit: *Malheureuse, si tu cris, je te ferai avaler ma canne.*

Après ces deux scenes violentes, Desbrunieres, véritable Prothée dans la main du Comte de Morangiés, essaya une autre ressource.

Il descendit dans l'Etude, s'approcha du sieur Dujonquay d'un air assez tranquille, il lui dit "que sa mere venoit de promettre qu'elle signeroit volontiers que les trois cens mille livres n'avoient pas été portées au Comte de Morangiés; que s'il ne suivoit cet exemple, il alloit rester seul impliqué dans cette affaire; qu'il avoit une façon de s'en tirer, qui étoit tout simple; qu'il n'avoit qu'à dire, qu'il n'avoit jamais entendu exiger sérieusement du Comte de Morangiés les 300000 livres de billets; qu'il n'avoit feint de paroître le vouloir ainsi, que pour l'inquiéter, afin de lui faire rendre sur le champ les 1200 livres à lui prêtées, & qu'il craignoit de ne pouvoir pas ravoir d'une autre manière, d'après le mauvais état de ses affaires."

Le sieur Dujonquay ne répondit pas; mais il ne put s'empêcher de donner un sourire amer & dédaigneux à la bassesse de cette ruse.

Réponds donc, B......, lui dit alors Desbrunieres, avec l'impatience que produisoit son peu de succès.

Ah! dit Dujonquay, que me demandez-vous? Faut-il que je sois la cause de la ruine de ma famille, & que j'aye placé toute notre fortune dans les mains d'un homme qui paye aujourd'hui mes bourreaux de notre argent!

A ce propos, on se doute aisément que les invectives, les menaces d'un cachot, les bourrades, recommencerent avec une force nouvelle.

Les mêmes ruses, les mêmes violences se rëiterent à différentes fois de la part de Desbrunieres, tant en haut, dans le cabinet de Me le Chauve, vis-à-vis de la dame Romain, que dans l'Etude, vis-à-vis du sieur Dujonquay, sans pouvoir rien faire déclarer à l'un & à l'autre qui démentît la vérité du prêt de trois cens mille livres dont est question.

On s'avisa encore d'un autre expédient. Jusques alors, dans cette étrange maniere de procéder, on avoit interrogé les accusés; on leur avoit donné la question préalable, sans qu'ils déclarassent rien. On s'avisa ensuite de vouloir les confronter.

Me le Chauve demanda à la dame Romain, si elle auroit l'audace de soutenir la vérité du prêt vis-à-vis du Comte de Morangiés; la dame Romain ayant répondu que oui, Me le Chauve fit à l'instant paroître le Comte de Morangiés, qui attendoit dans une pièce à côté.

La dame Romain lui fit alors de vifs reproches de ce qu'après lui avoir livré la fortune de sa mere, qui devoit être un jour la sienne, il la faisoit traiter avec cet excès de cruauté. Alors le Comte de Morangiés eut l'air de balbutier, en disant qu'elle étoit moins coupable que son fils.

Vous êtes trop bon, Monsieur, dit Desbrunieres, ils ne valent pas mieux l'un que l'autre: *As-tu les billets*, dit-il à la dame Romain? Elle répondit qu'elle ne les avoit pas, & que c'étoit un grand bonheur pour elle & pour sa famille.

Tu ments B......, dit Desbrunieres, *il faut que je te fouille*. La dame Romain sentit une répugnance invincible à se voir pressée & fouillée par les mains de cet odieux agent; mais il fallut ceder à la force, & Desbrunieres perdit le fruit de ses violences, les billets ne se trouverent point.

Ensuite on fit passer la dame Romain dans une autre pièce, pour la nouvelle scène que l'on méditoit vis-à-vis du sieur Dujonquay.

On se ressouvint qu'on ne lui avoit point fait prêter serment comme à sa mere, & qu'il n'avoit point été mis en présence du Comte de Morangiés.

Desbrunieres le vint chercher, & l'introduisit dans le cabinet de Me le Chauve, où il fut fort étonné de voir, pour la premiere fois, le Comte de Morangiés qui avoit le dos appuyé à l a cheminée.

La présence inopinée de cet homme loin de l'intimider ranima son courage, & lui rendit plus vif le ressentiment de ses persécutions.

(1) Nous croyons devoir observer ici que Me. le Chauve nie le fait, mais que la dame Romain l'atteste, & qu'il est consigné dans la Plainte de la dame Veron, du 21 Février dernier.'

32 Voltaire, *Réponse à l'écrit d'un avocat* (p.14): 'Vous avez voulu, dans cette cause, soulever le peuple contre la noblesse, et en faire une affaire de partie; vous avez voulu peindre un gentilhomme qui se plaint d'avoir été surpris, comme un tyran appuyé du pouvoir despotique pour opprimer de pauvres innocents.'

33 Courtin, dans son *Mémoire pour Pierre Gilbert* [B7] (p.22), écrivait à ce propos: 'Le comte de Morangiés n'a-t-il pas assez abusé des avantages que donne un grand nom? Ses délations ont passé pour des vérités, parce que son rang lui imposait le devoir d'être juste. Quel usage a-t-il fait des préjugés que sa naissance devait donner à ses Juges? Il ne s'est servi de l'éclat de son nom que pour les éblouir.'

34 L'histoire des Monbailli est simple: le 27 juillet 1770, à Saint-Omer, de bon matin, la mère de François Joseph Monbailli fut trouvée morte dans sa chambre, avec une plaie assez profonde à l'œil droit. Ivrognesse connue, à la santé délabrée par l'eau-de-vie, il semble qu'elle avait succombé à une attaque d'apoplexie et qu'elle s'était blessée dans sa chute. Le bruit public allait toutefois répandant qu'à la veille de sa mort, et étant ivre, elle s'était disputée avec son fils et sa belle-fille à qui elle avait fait même signifier, par un procureur, un ordre de déloger. D'où la 'vengeance' des enfants. Bref, ce dénouement supposé, qui ne reposait strictement sur rien, finit par faire condamner Monbailli à souffrir la question ordinaire et extraordinaire et à mourir sur la roue après avoir eu le poing coupé. Sa femme (Anne Thérèse Danel) fut condamnée en même temps à être pendue et jetée dans les flammes.

Monbailli fut exécuté à Arras le 19 novembre 1770, mais sa femme, enceinte, était restée en prison en attendant de mettre son enfant au monde pour être livrée au bourreau. Le père et la mère de Thérèse Danel profitèrent de ce laps de temps pour demander tout d'abord un sursis et ensuite la révision du procès. Pour hâter cette révision, Voltaire rédigea en novembre (?) 1771 sa *Méprise d'Arras*. Et c'est le 8 avril 1772 que le conseil supérieur d'Arras déchargea Thérèse Danel et la mémoire de François Joseph Monbailli de l'accusation contre eux intentée (Archives du Pas-de-Calais, 15 B 142, f.45*v*). Il convient de souligner que, sous l'impulsion de l'affaire Morangiés où le public – faisant entendre sa voix – semblait jouer un rôle important, Voltaire commence, dès octobre 1772, à assimiler de plus en plus la méprise d'Arras (où, au début, le peuple avait joué un tout petit rôle) à l'affaire en cours. Si bien que, un an plus tard (septembre 1773), ne semblant plus différencier entre les deux affaires, il en arrive à intervertir complètement l'importance des rôles qu'il avait naguère attribués au peuple de Saint-Omer et aux juges d'Arras. Pour une tentative d'explication à ce propos, voir chapitre 4 et n.25.

35 Archives nationales Z^2 3050. On requiert contre Morangiés: le bannissement à perpétuité hors du royaume, la confiscation de ses biens, et une amende de deux cents livres envers le roi 'en cas que confiscation n'ait pas lieu au profit de sa majesté'. Il n'est pas sans intérêt de noter en passant que, contre Desbrugnières, on requiert la peine du carcan en Place de Grève 'depuis midi jusqu'à deux heures ayant l'écriteau devant et derrière portant ces mots (Commis violent et entremetteur)', le bannissement 'pour neuf ans de la ville, Prévôté et Vicomté de Paris', et une amende de cent cinquante livres envers le roi.

36 Condamné, et par corps, à payer 299,000 livres aux Veron-Du Jonquay; condamné de plus à 20,000 livres de dommages et intérêts envers eux, et à 10,000 livres d'amende envers le roi, et admonesté par la cour. Desbrugnières fut blâmé, et condamné à 1500 livres de dommages et intérêts envers les Veron-Du Jonquay.

37 Sur le caractère inconstant du public selon Voltaire, voir Best.D985, D1000, D1019,

D5007, D7736, D8249, D8860, D11309, D12516, D12522, D12644, D12909, D12923, D12944, D15450, D18546, D19385, D19827.

38 D'après La Harpe, LHCLT i.5.

39 Il y en eut évidemment *quatre*, mais la quatrième *Lettre* était le chant de victoire qui parut quelques jours après l'arrêt en faveur de Morangiés.

40 Archives nationales X^{2a} 1137.

41 Eduard Hertz, *Voltaire und die französische Strafrechtspflege im XVIII. Jahrhundert* (Stuttgart 1887); les détails matériels de l'affaire Morangiés sont traités dans le chapitre 11, pp.330-61.

42 Traduction: Voltaire raconte que le premier président Berthier de Sauvigny avait lui-même interrogé les deux coquins de la bande de Du Jonquay et que c'est à cela que Morangiés devait sa victoire au Parlement. Mais en vérité Morangiés en était plutôt redevable aux bons amis qu'il y comptait. La majorité de la Grand'chambre, hostile en fait à Morangiés, était disposée à accepter les conclusions du rapporteur proposant la confirmation de la sentence rendue en première instance. Ceci n'avait pas échappé aux partisans de Morangiés. Pour cette raison le président de Château-Giron, le plus chaleureux défenseur du comte, employa la ruse suivante: d'après l'usage du Parlement, il n'aurait à donner son avis que juste avant le premier président qui, lui, donnerait le sien le dernier. D'ailleurs on devait voter sur les propositions individuelles dans l'ordre où le rapporteur les avait placées. Comme on avait en conséquence à opiner tout d'abord sur celui des verdicts qui concernait Morangiés, et comme le président de Château-Giron se rendit compte que, si l'on suivait cet ordre, son protégé serait perdu, il prit la parole avant son tour et au mépris de l'usage. Il expliqua qu'il avait longuement réfléchi à l'affaire et qu'il en était venu à conclure qu'on devait tout d'abord opiner sur une autre matière. Donc il proposa de commencer par Gilbert et de condamner celui-ci aux galères. Sur ce, tous les conseillers-clercs se levèrent pour conférer ensemble un instant, et puis quittèrent la salle. Car ils ne devaient plus assister à une délibération où l'on avait proposé une peine afflictive. Le président de Château-Giron avait pourtant compté là-dessus. Il savait que les conseillers-clercs voteraient contre Morangiés et que grâce à l'éloignement des premiers ses partisans auraient la majorité. Le comte fut alors acquitté.

43 Pierre Gilbert, cocher du vicomte de Mailly et ami de Du Jonquay, persistait à défendre son camarade et en souffrit de diverses façons: perte de son emploi, emprisonnement, etc. Si bien que, pendant le cours du procès, il fait figure d'incorruptible intrépide et devient en quelque sorte un héros populaire.

44 Rappelons que l'anonyme qui avait pris la parole avait demandé à son endroit 'la peine du fouet, de la marque et de l'Hôpital'.

45 Le premier président est Berthier de Sauvigny, et les trois présidents sont Le Prestre, De La Brisse et Nicolaï.

46 La fermentation dans les esprits est indiquée par une anecdote (dont l'authenticité, après examen, ne nous paraît pas douteuse) rapportée également par Hertz. Celui-ci raconte (p.359) que deux jours après l'arrêt du Parlement, on donnait à la Comédie française *La Réconciliation normande*, pièce de Dufresny, où l'on trouve ce vers: 'Dans une cause obscure des juges bien payés verraient plus clair que nous.' A peine celui-ci avait-il été prononcé qu'il s'était élevé une véritable tempête d'applaudissements dans tout le théâtre. L'agitation d'ailleurs avait été tellement extrême qu'il semblait, pendant un certain temps, que les comédiens n'allaient pas pouvoir continuer.

47 La *Requête en cassation* [B36], présentée au roi par la dame Romain au mois d'octobre 1773, ne pouvait qu'ajouter à la confusion car preuve de la fermeté des avocats dans leur conviction que les Veron-Du Jonquay étaient innocents.

Notes du chapitre 2

1 Pierre Charles de Molette, père de Jean François Charles, avait épousé Louise Claude de Châteauneuf. Il convient de rappeler que François Maurice de Castagnéry, abbé de Châteauneuf, avait été parrain de Voltaire. C'est son frère, Pierre Antoine de Castagnéry, marquis de Châteauneuf, successivement ambassadeur à Constantinople et à Lisbonne, qui avait emmené Voltaire dans sa suite lors de son ambassade à La Haye (septembre 1713). Le père de Voltaire avait d'ailleurs servi de conseil aux deux frères (voir Archives nationales, Minutier central, étude LVII, 309, cote 48).

2 Ceci pourrait signifier soit la *Dénonciation du comte de Morangiés* [B1] (Picard le jeune) qui contient sur une colonne la dénonciation du 4 octobre 1771 et sur l'autre colonne en regard la réplique de la partie adverse (voir appendice E), soit le *Mémoire pour demoiselle Geneviève Gaillard [...]* [B3] et la *Replique* de Linguet *pour le comte de Morangiés* [B4]. Il ne s'agit pas, comme l'avait proposé Besterman (D17715, n.11) des *Pièces de la cause* [B5] qui furent initialement distribuées aux seuls juges.

3 Traduction: Le comte de Rochefort, ami du père de Morangiés, avait précisément rappelé à Voltaire son ancienne liaison avec la famille afin de l'influencer à aider le comte. Tout le monde s'étonnait de ce que Voltaire se soit laissé persuader à ce faire. Car quand il prit la défense de Calas, Sirven et de Monbailli, qu'il cherchait à sauver La Barre et Lally, il le faisait à cause d'une impulsion intime; et tous les écrits qu'il rédigea en faveur de ces victimes de la procédure reflètent son sens de la justice froissé ainsi que l'enthousiasme qu'il mettait dans son combat pour améliorer l'administration de la justice criminelle. Le procès de Morangiés est par contre, de toutes les affaires auxquelles Voltaire prit part, la seule où il n'avait pas ce but idéal devant les yeux.

4 Voir Best.D18357, du 8 mai 1773: 'Je le [Morangiés] regarderai toujours comme un homme très innocent. Dieu veuille qu'il n'augmente pas mon catalogue des innocents condamnés.'

5 Nous tenons à faire remarquer que l'attitude du Maître, initialement simple, devait connaître une évolution des plus compliquées. C'est dire qu'à la fin de cette étude – mais ailleurs aussi – nous parlerons d'un état d'âme qui devait à la fin s'avérer d'une *redoutable* complexité.

6 Voltaire se ravisera et n'emploiera jamais plus ces arguments qui fournissaient des armes à l'adversaire. S'il mentionne l'hypothèse, comme dans ses *Nouvelles probabilités* (p.15) et dans sa *Déclaration* (pp.1-2), s'il invoque la possibilité d'une telle friponnerie de la part de Morangiés, c'est pour en faire une preuve éclatante (ironie du sort!) de son innocence: 'Il ne paraît pas possible', lit-on dans ses *Nouvelles probabilités* (p.15), 'qu'un homme qui n'a pas l'esprit aliéné, conçoive un projet si fou.'

7 (Paris 1771), i.750-813, 'De la preuve par arguments, ou indirecte ou conjecturale'; voir aussi Muyart de Vouglans, *Institutes au droit criminel* (Paris 1757), pp.345-54.

8 Beccaria, *Des délits et des peines* (1764; ed.par Franco Venturi, Genève 1965), IV, VIII, XI, XIX; Servan, *Discours sur l'administration de la justice criminelle* (1766), in *Œuvres choisies* (Paris 1825), ii.35-39, 46-47, 56-66, 73.

9 Le magistrat dont il s'agit est d'Aguesseau. Allusion à son *Fragment sur les preuves en matière criminelle* que l'on peut consulter in *Œuvres complètes*(Paris 1819), xiii.242-44, et à ses deux *Plaidoyers dans la cause du sieur de La Pivardière, O.c.*, v.1-101, 102-52. On trouvera l'histoire de La Pivardière, qui roulait uniquement sur l'examen des vraisemblances (ou des probabilités) dans les *Causes célèbres*, iii.1-118.

10 *Encyclopédie*, xiii.393-400. Voltaire cite l'article au début de son *Essai sur les probabilités* de manière à faire comprendre qu'il l'avait lu attentivement.

11 Comme le lecteur l'aura remarqué, le sous-titre de notre étude indique assez que

cette affaire devait revêtir pour Voltaire une importance supplémentaire des plus préoccupantes: la défense de Morangiés ne tardera pas à signifier en même temps la nécessité de défendre et de sauvegarder les Lumières.

Nous attirons donc l'attention sur cet aspect du problème pour qu'on le garde présent à l'esprit. Car nous avons jugé indispensable de séparer ces deux faces de l'affaire, l'une ouverte, l'autre cachée. Cette division est défendable de deux points de vue: 1° parler de l'affaire Morangiés est évidement une entreprise déjà assez compliquée. Parler des motivations *secrètes* de Voltaire serait une complication de plus. 2° cette préoccupation de Voltaire, champion des Lumières, reste quasiment cachée jusqu'à la fin de l'affaire.

Dans le corps même de l'étude, nous parlerons donc essentiellement de Voltaire homme public et polémiste, et dans la conclusion surtout de Voltaire homme privé et apôtre déçu.

12 Nous pensons qu'il serait intéressant – en citant son texte (pp.13-15) – de donner un aperçu de la méthode de Voltaire:

PREMIÈRE PROBABILITÉ
en faveur de la Veuve

D'abord, Madame, (comme a très bien dit l'avocat qui plaide contre vous) pour prêter cent mille écus, il faut les avoir. Il n'est pas à croire que vous eussiez cent mille écus en or depuis longtemps, en demeurant avec toute votre famille dans un galetas de la rue St. Jacques. Vous avez articulé une origine de cette fortune secrette, mais vous n'en avez jamais fourni la moindre preuve; cependant comme la chose est physiquement possible, cette probabilité sera comptée, et elle vaudra 1

SECONDE

Votre petit-fils dit que vous lui confiâtes cet or, pour le prêter à six pour cent à un officier qui était mal dans ses affaires, et qui n'était connu ni de vous ni de lui. Cela est encore possible, quoique fort extraordinaire, et j'évalue cette possibilité à ... 2

TROISIÈME

Votre petit-fils prétend qu'il porta cet or à pied, en treize voyages, de son galetas chez l'officier. Cela est physiquement possible, et moralement ridicule. Il faut être fou pour porter tant d'or à pied, en treize voyages, l'espace de deux lieues et demie ou environ, et pour marcher cinq lieues en comptant les retours, tandis qu'il pouvait aisément transporter cette somme dans un carosse de louage, ou dans celui de l'emprunteur. La vraisemblance pour vous est ici zéro; et la probabilité contre vous est au moins 50

QUATRIÈME

Enfin, vous avez des billets de cet officier, valeur reçue. La probabilité peut ici s'évaluer à 100

Elle doit même être regardée en justice comme une évidence entière, sans autre examen, si elle n'est pas balancée par des probabilités opposées et plus fortes qui puissent la détruire.

Voilà donc jusqu'à présent *cent-trois* probabilités que je trouve pour la famille de la veuve, contre le gentilhomme, officier général, dont il faut retrancher *cinquante* Reste à 53.

13 Voir, par exemple, Beccaria, VIII, XI; Servan, ii.58-66.

14 Jousse (i.811) écrit à ce propos: 'Le pays des conjectures, dit élégamment un avocat célèbre, qui a fait longtemps l'honneur du barreau (M. Cochin, dans ses Œuvres, tom.3) est entrecoupé de mille routes obscures, dans lesquelles on se perd et on s'égare sans cesse. L'un est touché d'une circonstance à laquelle l'autre se trouve insensible. Souvent ces circonstances se combattent les unes les autres: l'une paroît favoriser un parti; l'autre semble lui être contraire. On s'épuise en raisonnements pour les faire valoir, et tout le fruit de ces recherches hasardées, est d'avoir enveloppé

la vérité de tant de nuages, qu'elle devient inaccessible à la justice.' Et n'est-ce pas Voltaire lui-même, dans sa *Méprise d'Arras* (Lausanne 1771), rédigée seulement six mois plus tôt, qui avait écrit (p.22): 'Quant aux indices, on sait encore combien ils sont incertains. Ce qui forme un soupçon violent dans l'esprit d'un homme est très équivoque, très faible aux yeux d'un autre'?

15 Malgré toute la documentation que nous avons pu réunir, nous ne savons pas quelle avait été, en détail, la réaction du public ou des avocats devant les calculs de Voltaire. Ce n'est que dans les *Preuves démonstratives* [B10] (p.87) que l'on trouve quelques lignes à ce propos de la part de Du Jonquay (et de Falconet): 'On m'a raconté que vous [Voltaire] n'aviez jamais pu apprendre un mot de géométrie: à l'air dont vous vous escrimez en arithmétique, je n'ai pas de peine à le croire.'

16 Le 8 mars 1772 la dame Veron passa un accord par-devant notaire, relativement aux frais du procès, avec Jean Baptiste Aubourg, négociant à Paris (le texte en est reproduit par Linguet dans son *Plaidoyer pour le comte de Morangiés* [B2], pp.92-94). Les termes de cet accord parurent suspects, voire franchement douteux, aux partisans de Morangiés et plus particulièrement la formule suivante: 'et en considération des frais, avances et déboursés qu'il a déjà faits, et de ceux qu'il fera par la suite, ladite Dame Veron a [...] fait donation [...] audit Jean Baptiste Aubourg [...] du tiers de tout ce qui est dû à ladite Dame Veron par ledit sieur comte de Morangiés'.

17 Nous avons déjà rencontré Gilbert (voir chapitre 1, n.43); Aubriot est l'autre témoin d'importance qui déposait avoir vu Du Jonquay porter les 300,000 livres en or chez le comte de Morangiés. Les partisans et l'avocat du dernier prétendaient cependant que ce soi-disant témoin oculaire qui 'subissait ce jour-là le grand remède' (frottement au mercure) chez un chirurgien n'était, de ce fait, tout bonnement pas en état de sortir.

18 C'est cette considération qui explique pour quelles raisons un Delacroix ou un Vermeil étaient des adversaires redoutables pour un Linguet dont le tempérament violent, les parti-pris et les excès de langage ne laisseront pas, comme nous le verrons, de préoccuper Voltaire.

19 'M de Voltaire ne discute pas cette affaire avec sa sagacité et sa précision ordinaires; on pourrait même dire que sa discussion est aussi ennuyeuse qu'elle paraît mal raisonnée.'

20 Best.D17818: 'Ses liaisons avec une malheureuse courtière, les reproches qu'il en a essuiés [...] les fausses démarches qu'il a faittes depuis, tout le plonge dans l'abîme [...] Je suis convaincu de son innocence, mais je vois en même tems qu'il a fait tout ce qui dépendait de lui pour se faire croire coupable' (8 juillet 1772, à Rochefort d'Ally). Voir aussi Delacroix, *Réponse à l'imprimé* [B6], pp.12, 18, cité intégralement plus haut (voir chapitre 1, n.12). N'oublions pas non plus que Morangiés, disait-on, avait voulu suborner le chirurgien Ménager (c'est-à-dire celui qui avait soigné Aubriot). C'est pourquoi l'avocat-général avait requis, le 11 avril 1772, son arrestation, ainsi que celle du chirurgien. D'autres accusations de subornation de témoin ne vont pas manquer!

21 Best.D17818-19.

22 Best.D17715-16, D17721, D17728, D17731, à comparer avec Best.D17823 et surtout D17866: 'Je tremble pour lui [Morangiés], son avocat n'a pas la main heureuse.'

23 Best.D17787, D17800, D17813, D17818, D17823, D17828.

24 Voir Best.D17815 (et les notes relevées sur le premier jet, B.N.Fr.12939, pp.509-512), D17819, D17823-24, D17828.

25 Falconet – le cinquième avocat (voir chapitre 1, n.27) – ne fera son apparition qu'au mois de février 1773.

26 Par exemple, il venait de paraître, au début de ce mois de juillet 1772, un sixième

plaidoyer pour les Veron-Du Jonquay, le *Mémoire en faveur du nommé Mauvoisin* [B9], signé La Ville, dont Voltaire avait eu connaissance (Best.D17815 commentaire, D17823). Ce mémoire devait s'avérer le dernier à paraître avant la reprise des hostilités en février 1773. Mais à la fin du mois de juillet 1772, Voltaire ne pouvait pas le savoir.

27 MS vi.128; La Harpe, LHCLT i.2-3; Best.D17823, D17866.

28 Par une curieuse coïncidence, Jousse (i.756-57) indique précisément quelle était la difficulté devant laquelle Voltaire et les défenseurs de Morangiés se trouvaient placés: 'La seconde espèce de présomption est celle que les Jurisconsultes appellent simplement *présomptions de droit*. C'est celle dont la certitude est moindre que la précédente [présomption nécessaire ou violente], et en conséquence de laquelle on ne conclut pas nécessairement la vérité du fait que l'on veut prouver, mais seulement sa probabilité et vraisemblance [...] L'effet de cette présomption est d'obliger celui contre lequel elle a lieu, de faire une preuve contraire pour détruire l'effet de la première [...] Si un billet est quittancé de la main du créancier, c'est une présomption de droit qu'il a été payé à celui à qui la valeur en était due [...] Cette seconde espèce de présomption peut être facilement détruite par la preuve des faits contradictoires, comme [...] par le rapport d'une reconnaissance du créancier, contraire à sa quittance [...]'

29 Voltaire n'est pas de ceux qui, confrontés avec un tel problème, avait peur 'd'enfoncer le clou' avec ou sans prétexte. C'est pourquoi les redites dans ses écrits en faveur de Morangiés s'annoncent nombreuses.

30 Comme nous l'avons signalé plus haut, on avait accusé Morangiés d'être dans l'habitude de faire des billets à ordre et d'en toucher la somme, quitte à nier par la suite qu'il en eût jamais reçu la valeur, et d'avoir eu recours à cet expédient pendant l'instruction même du procès.

N'oublions pas non plus que Morangiés avait fait (ou avait occasionné) d'autres démarches contraires aux lois en subornant le chirurgien Ménager; celui-ci fut d'ailleurs emprisonné pour faux témoignage (voir Best.D17986, du 30 octobre 1772).

31 Comme il devait l'écrire plus tard, le 30 octobre 1772, à Morangiés (Best.D17987): 'on a malignement confondu le procès de la Verron avec quelques affaires désagréables auxquelles vos dettes de famille vous ont exposé. C'est ce malheureux mélange qui vous a nui plus que vous ne pensez.'

32 Voir aussi Best.D17939, du 29 septembre 1772, où Voltaire écrit de nouveau à Marin dans les termes suivants: 'Mon cher véritable historiographe, si les affaires du nord ne vous occupent, je vous demande en grâce de vouloir bien me faire savoir si ce brave cocher [il s'agit de Pierre Gilbert] qui avait déposé contre Mr de Morangiés est en prison, et si le vérolé témoin des treize voiages miraculeux est en fuitte.'

33 Il n'est pas dans nos intentions de faire une étude stylistique des *Nouvelles probabilités*; mais nous tenons à signaler que ce plaidoyer est encore plus un exercice de rhétorique que l'*Essai sur les probabilités en fait de justice*. Entre-temps Voltaire avait compris que – les preuves concrètes de l'innocence de Morangiés n'étant pas sous la main – tout résiderait dans son registre en tant qu'écrivain, autrement dit dans sa rhétorique et ses tournures. Et s'il hausse le ton, c'est dans la conviction que s'il veut convaincre ses lecteurs, il faudra s'attendre à ce que leur conviction soit exactement proportionnée à celle qu'il pourra manifester lui-même.

34 Voltaire envoie des exemplaires des *Nouvelles probabilités* à Paris pendant tout le mois de novembre 1772 (Best.D17997, D18013, D18020).

35 Mystère parce qu'il ne voulait pas que le conseil de ses créanciers vienne demander ce qui leur était dû. Mystère aussi parce que, étant obéré, Morangiés savait qu'il aurait beaucoup de difficultés à emprunter de l'argent par les voies normales. Il

était connu et trop tristement connu pour être criblé de dettes et aussi pour être quelque peu indélicat. Il cherchait à emprunter à n'importe qui, tout en n'ayant sans doute aucune intention de respecter les termes du contrat. Ces intentions-là (ou d'autres analogues) qui paraissaient les plus probables à Voltaire – quoique restées à l'etat de projet – ne pouvaient pas cependant s'avouer devant les juges car elles auraient fourni des armes redoutables à la partie adverse. D'où aussi, pour Voltaire, une énorme difficulté: comment sauver Morangiés tout en cachant une partie de ce que Voltaire croyait être la vérité?

36 Pour les contemporains, curieux dans un autre sens aussi. MS vi.214: 'Cette défense est beaucoup plus faible que les premières, et l'orateur finit par insinuer que le comte de Morangiés pourrait bien perdre au fond, quoiqu'il n'eût tort que dans la forme: mais il prétend que son honneur sera toujours intact aux yeux des honnêtes gens, et que ses adversaires en gagnant n'en seront pas moins couverts d'infamie.' Grimm (CLT x.84) montre la même surprise.

37 *Réflexions et maximes* (Paris 1747), no.251.

Notes du chapitre 3

1 N'oublions pas que c'est à Voltaire que l'on attribue la célèbre déclaration: 'J'ai toujours détesté l'ingratitude, et, si j'avais des obligations au diable, je dirais du bien de ses cornes.'

2 Pour une raison que l'on ignore, Voltaire croyait que l'examen de ses *Nouvelles probabilités* était l'œuvre de Jacques Vincent Delacroix (voir Best.D18221, D18223, D18231, D18233, D18238). Ce n'est que vers le 22 mars 1773 que Delacroix le détrompa (Best.D18264, D18307).

3 Delacroix devait juger le style de Falconet dans les termes suivants (Best.D18307): 'Falconet a un stile moins noble, moins élevé que son adversaire [Linguet], mais il est semé de plus de méchancetés, l'un frappe, l'autre déchire. Falconet a de plus que Linguet une haine ardente, une indignation, un resentiment qui le tourmentent sans cesse.'

4 Grimm (CLT.x.189): 'M. Falconet fait parler librement, dans ce Mémoire, le docteur ès lois Dujonquay, dont M. de Voltaire a parlé si légèrement dans ses *Probabilités*. Ma foi, le docteur ès lois le rend bien à M. de Voltaire; il lui fait même quelquefois d'assez bonnes plaisanteries. Pour ses raisonnements, il les plie et les brise comme des roseaux sur lesquels un enfant élève ses moulins à vent. Il se trouvera, au bout du compte, que M. de Voltaire aura rendu un très méchant service à son client Morangiés avec ses *Probabilités*. Tout homme qui lira le Mémoire de M. Falconet sans prévention trouvera, dans les *Preuves* qu'il oppose aux *Probabilités*, presque autant de démonstrations contre les assertions du comte de Morangiés: car c'est toujours sur le propre rapport de M. de Morangiés que M. Falconet juge ce procès; et j'avoue qu'il établit ses preuves si victorieusement que je doute que le Cicéron de Ferney y réponde jamais de manière satisfaisante.'

5 Grimm, par exemple (CLT. x.84), parle du 'radotage du patriarche'; plus tard il écrira ce passage assez éclairant (x.188): 'Le patriarche a manqué d'une vertu cardinale, c'est-à-dire de prudence, en se mêlant très indiscrètement de la vilaine affaire du comte de Morangiés contre la famille Veron. J'ai dit un mot de ses *Probabilités en fait de justice*, où il joint au tort de raisonner comme un enfant le tort encore plus grave de *prendre fait et cause contre la partie adverse de M. de Morangiés, sans motif, sans qualité et sans connaissance du fond* de l'affaire.' A la lumière de ce jugement nous comprenons mieux pourquoi le rédacteur des *Mémoires secrets* (vi.214, du 27 octobre 1772) a pu écrire: 'M. de Voltaire vient de répandre encore de *Nouvelles probabilités en fait de justice* où il fait un dernier effort pour les faire pencher du côté de

M. de Morangiés. *Pour cette fois l'apôtre de l'humanité paraît absolument vendu à la faveur.*' C'est nous qui soulignons.

6 Il s'agit de la *Réponse à l'écrit d'un avocat.*

7 Il vient, par exemple, de rédiger une *Déclaration de m. de Voltaire* à propos des *Loix de Minos*.

8 *Déclaration de m. de Voltaire sur le procès entre [...] Morangiés et les Veron.*

9 Le rédacteur des *Mémoires secrets* parle de la *Réponse* et de la *Déclaration* comme d'un seul ouvrage, sans doute parce que les deux écrits traitent d'un seul et même problème et se trouvent réunis sous la même couverture.

10 Archives nationales Z^2 3050.

11 Il n'est pas inutile de faire remarquer qu'à l'epoque du jugement en première instance, il existait déjà une somme de 461 pages de plaidoyers pour les Veron-Du Jonquay, alors que pour Morangiés Linguet n'en totalisait que 143 (même Linguet et Voltaire ensemble n'en totalisaient que 214). Nous ignorons toutefois le compte exact de part et d'autre car nous ignorons (les exemplaires en question ne se trouvent nulle part) la longueur de la *Réponse [...] pour Me Jean-Claude de La Ville* [B8], du *Mémoire en faveur du nommé Mauvoisin* [B9] et des *Observations sur le précis de Ménager* [B24], comme nous ignorons celle du *Mémoire pour le sieur Jean-François Desbrugnières* [B13] et des *Observations pour le comte de Morangiés* [B14]. Quoi qu'il en soit, les deux chiffres sont déjà révélateurs.

12 Voir Grimm, CLT.x.293.

13 Voir appendice F.

14 Il s'agit de ses *Observations pour le comte de Morangiés* [B14], tellement injurieuses qu'elles furent supprimées au mois d'avril 1773; voir Best.D18324.

15 *Mémoire pour Pierre Gilbert, demandeur* [B15], pp.1-2, 10-11.

16 *Mémoire pour la dame Romain* [B11], p.2: 'Cette cause n'est plus celle d'un grand seigneur et d'un particulier, elle est devenue celle de la France entière, de l'Europe qui en a retenti. Le banquier, le négociant a suspendu sa confiance jusqu'à ce que le jugement soit prononcé. L'habitant paisible de cette capitale se demande avec inquiétude si la justice le méprise assez pour souffrir qu'on le tourmente, qu'on le force à signer dans une maison étrangère son opprobre et sa ruine. Des citoyens de tous les ordres veulent savoir si la subornation et le faux témoignage ne sont plus regardés que comme des jeux de l'intrigue et de la ruse, si les tribunaux de la justice sont devenus un sanctuaire où le crime peut traîner l'innocence et l'immoler avec impunité dans son dernier asile.

La nation alarmée répète avec douleur, "les loix ont-elles perdu leur empire? restent-elles sans force, sans vigueur? Depuis quand donc ne s'appliquent-elles plus qu'à la foule obscure que l'on nomme peuple et que l'orgueil dédaigne?"'

17 Il se vantait même de ne perdre jamais de procès. Voir *Mémoires secrets*, vii.24, et Delacroix, *Mémoire pour le sieur Dujonquay et la dame Romain* [B22], p.17. Il y avait eu aussi pour l'aigrir encore plus, la réprimande en pleine audience qu'il avait essuyée aux mains de l'avocat-général à laquelle on avait applaudi (voir Best.D18280).

18 La *Réponse* de Falconet devait toutefois être suspendue à cause de quelques anecdotes injurieuses qu'elle contenait, dont une avait vivement irrité la famille Morangiés. Voir *Mémoires secrets*, vi.308-309, 313-14. Nous ne pouvons citer que d'après l'édition cartonnée.

19 Il souligne, par exemple, la gêne et le trouble dont Morangiés avait visiblement été la victime lors des confrontations avec ses adversaires, surtout avec Du Jonquay. 'A telles enseignes', note l'auteur (p.28), 'que dans une de ces séances, le comte de Morangiés apprit à ses juges que M. de Voltaire, son protecteur en littérature, venait de mourir, pour avoir cédé trop facilement à certains désirs de jeunesse; lesquels au

printemps de l'âge font tort à l'âme de celui qui s'y livre, mais qui, dans la caducité, tuent le corps et l'âme de qui les veut satisfaire.'

20 'le comte se vante ici de sa valeur; on imagine voir un vainqueur entouré d'ennemis qu'il a terrassés; on prétend cependant qu'il avait un air bien modeste devant Gilbert, Dujonquai et la Dame Romain; qu'il a paru plus d'une fois déconcerté; que son trouble a été évident; qu'il lui est souvent arrivé de se jeter dans des digressions dont on avait bien de la peine à le ramener, parce qu'il voyait le danger de se rapprocher de sa cause. On assure que les interpellations pressantes du sieur Dujonquay ont rendu souvent ses réponses vagues, traînantes et incertaines' (p.17).

21 Voir Muyart de Vouglans, p.350 et surtout Jousse, i.758, 762, 764, 766, 795-96.

22 Voir ce que Marmontel, l'honnête homme et l'homme du monde typique, pensait de Linguet: *Mémoires*, notre édition critique, i.XLVII-XLVIII, 266-67.

23 Voir *Mémoires secrets*, vi.117-18, 127, 128, vii.19-20, 48, 102-103; La Harpe, LHCLT, i.3-4; Best.D17715, D18280, D18307, D18324, D18454, D18470.

24 Voir les *Mémoires secrets*, vii.19 (du 29 juin 1773): 'Quelque aride que parût devoir être cette discussion, le brillant orateur a su y répandre les figures de son art. Les morceaux les plus intéressants sont l'exorde, quelques nouveaux détails sur la police, une dissertation sur les libelles et la justification des siens; enfin la péroraison vigoureuse contre les conclusions du procureur du roi, d'après lesquelles le comte de Morangiés a été mis sur la sellette. On ne peut nier qu'il n'y ait beaucoup de chaleur dans la plupart de ces endroits, qu'on ne les lise avec plaisir.'

25 Le texte du *Précis* le fait assez bien comprendre; mais voir aussi Best.D18437 (qui daterait, comme Gagnebin le croyait aussi, du mois d'août 1773, et non de la fin du mois de juin) où Voltaire dit à Marin: Il est nécessaire d'envoier sans délai cette feuille à plusieurs conseillers du parlement.'

Notes du chapitre 4

1 Linguet, dans son *Plaidoyer pour le comte de Morangiés* [B2], pp.26-27, a très tôt voulu attirer l'attention des juges et du public sur l'article II du Titre X de l'Ordonnance criminelle de 1670: 'Dans de pareilles circonstances, en supposant que les soupçons fussent égaux entre les deux parties, quand on apercevrait d'un côté comme de l'autre des indices également capables de faire impression, il faudrait cependant avoir égard à la qualité des personnes. C'est le vœu de l'Ordonnance criminelle: C'est ce qu'enjoint formellement aux juges l'article 2 du titre 10, et cette disposition est conforme à la raison. Plus le crime contre lequel on instruit est bas, plus il suppose de dégradation dans le coupable, plus la différence des individus et états devient nécessaire à examiner. Un homme riche est censé éprouver moins de besoins. Un homme de condition doit avoir plus de préservatifs.'

Si l'on consulte le commentaire de Jousse sur l'article en question (*Nouveau commentaire sur l'Ordonnance criminelle* (Paris 1757), i.158-59) et si l'on n'oublie pas les indélicatesses réitérées de Morangiés, on comprendra que l'interpretation de Linguet est non seulement forcée mais frise aussi la mauvaise foi.

2 Voir surtout, par exemple, *Plaidoyer pour le comte de Morangiés* [B2], pp.4-6, 26-36; *Reponse à l'imprimé du comte de Morangiés* [B6], pp.1, 19-20; *Mémoire pour Pierre Gilbert* [B7], p.22; *Mémoire pour la dame Romain* [B11], pp.1-2; *Réponse aux observations* [B17], pp.17, 67; *Mémoire pour le sieur Du Jonquay* [B22], pp.1-2, 7, 12, etc.

3 Il faut dire que ce sont les arguments du comte qui ne pouvaient manquer de sonner bien creux quand on établit que cet aristocrate s'était prévalu de son rang pour déjouer et intimider ses adversaires. Et ce qui, dans ce domaine, devait consolider le public dans ses préventions défavorables à l'égard de Morangiés, c'est que

Desbrugnières, le commis de police qui avait aidé l'Inspecteur Dupuis pendant l'interrogatoire du 30 septembre 1771, devait être poursuivi à son tour par l'appareil de la justice pour violences envers Du Jonquay et sa mère.

Sur ce point, consulter les avocats pour la famille Veron-Du Jonquay, et admirer leur rhétorique vibrante. Voir, par exemple, *Mémoire pour la dame Romain* [B11], p.2; *Réponse aux observations* [B18], pp.9-10; *Mémoire pour le sieur Du Jonquay* [B22], pp.7-8, 23-28, 34-35; *Examen du Résumé général* [B29], p.19. Vers la fin du procès (voir par exemple le *Mémoire pour le sieur Du Jonquay* [B22], p.8), on en était même venu à accuser ouvertement le comte de Morangiés d'avoir été l'instigateur des violences.

4 MS, vi.126-27; CLT, x.239; c'est là un aspect que Voltaire, en connaissance de cause, mentionne rarement; mais voir les *Nouvelles probabilités en fait de justice* et la *Réponse à l'ecrit d'un avocat.*

5 Il est intéressant d'etudier cette évolution: dans l'*Essai sur les probabilités en fait de justice* et les *Nouvelles probabilités*, Voltaire examine les deux dossiers assez impartialement. Mais à partir de l'epoque de sa *Déclaration*, il commence à examiner le seul dossier des Veron-Du Jonquay avec de plus en plus d'insistance, de plus en plus d'ironie, de partialité, d'agressivité, et avec de moins en moins de modération verbale.

L'agressivité que l'on remarque chez Voltaire est en même temps intimement liée à son impatience grandissante devant un public qui ne reconnaît pas les droits du bon sens et de la raison, et donc à son souci de faire respecter l'esprit des Lumières.

6 Problème exprimé en termes un peu plus clairs dans les *Nouvelles probabilités*: 'Si l'officier est condamné, il ne le sera que pour l'imprudence avec laquelle il a remis pour cent mille écus de billets [...] C'est une faute d'attention, mais elle est celle d'un cœur noble; c'est l'imprudence d'un moment, mais elle ne peut déshonorer personne.'

7 Pour plusieurs raisons, nous avons pris le parti de reléguer toute discussion sur ce texte en appendice (voir D6), et principalement parce que nous ne sommes guère convaincu que Voltaire en ait fait usage. Par ailleurs, ce texte appelle toute une série de réflexions d'ordre bibliographique nullement à leur place dans le corps même de cette étude.

8 *Mémoire pour le sieur Du Jonquay* [B22], p.2; *Examen du Résumé général* [B29], p.15

9 *Réponse à l'imprimé du comte de Morangiés* [B6], pp.12, 18; *Réponse aux observations* [B17], pp.67-69; *Mémoire pour le sieur Du Jonquay* [B22], pp.11, 27. Pour apprécier l'inquiétude de Voltaire à propos de ces indélicatesses, voir Best.D17815, D17818, D17828, D17987.

10 Voir le *Défense des preuves démonstratives* [B17] et plus spécialement pp.1-4, 9, 14, 17, 23, 28, 29, 32-33, 38-42; *Mémoire pour le sieur Du Jonquay* [B22], pp.16-28.

11 Voir chapitre précédent, p.51. Ajoutons à ces exemples, un passage paru au mois de juillet 1773 dans le *Mémoire pour le sieur Du Jonquay* [B22], p.2: 'Nous ne venons point insulter au malheur de notre adversaire. Non. Ce n'est point son déshonneur que nous demandons à la justice: lui, il nous aurait vu d'un œil sec marcher à l'opprobre, nous avancer dans le silence du désespoir vers le milieu du supplice, peut-être aurait-il pu soutenir le spectacle épouvantable de l'innocence accablée sous le poids du déshonneur; nous, plus sensibles, nous craignons pour sa famille qu'il a trop longtemps laissée dans l'erreur, les effets d'un préjugé aussi injuste que cruel.'

12 MS, vii.19-20: 'l'impudence avec laquelle [Linguet] est convaincu d'avancer les faits les plus palpablement faux, discrédite tous ceux qu'il pourrait articuler en faveur de son client. C'est ce qui ôte beaucoup de force à une pièce qu'il cite comme victorieuse, c'est une espèce d'apologie du comte de Morangiés, faite par la noblesse du diocèse où ses terres sont situées, en date du 29 avril de cette année, et qui à la rigueur ne concluerait rien. Elle est souscrite de dix-neuf signatures. D'ailleurs, est-ce le plus

grand nombre? Comment ont-elles été données? Existent-elles même? Le peu de bonne foi du sieur Linguet excite de semblables doutes.'

13 Il s'agit sans doute des *Observations pour le comte de Morangiés* [B14].

14 Nulle mention textuelle de ce document, par exemple, dans son *Précis du procès* bien qu'il fût parfaitement informé de son existence (voir le *Précis*, p.14: 'La Noblesse du Gévaudan écrit la lettre la plus forte en faveur du comte de Morangiés ').

15 Archives nationales, Registre de la Chambre du Conseil de la Tournelle, X[2a] 1137.

16 Nous ne parlerons ici que des trois premières *Lettres*, car la quatrième, parue quelques jours après l'arrêt en faveur de Morangiés, était le chant de victoire.

17 Dans la première *Lettre*, on trouve un examen du délit supposé, qui est fait en termes généraux: Voltaire évoque la première phase de l'affaire, l'absurdité des données d'un problème que Sartine était parvenu à résoudre en un seul jour et présente Morangiés comme étant la véritable victime. Dans sa seconde *Lettre*, Voltaire examine surtout et avec encore plus d'insistance les invraisemblances, les improbabilités et les contradictions du dossier des Veron-Du Jonquay. Finalement il souligne, dans sa troisième *Lettre*, la pauvreté matérielle des Veron-Du Jonquay, leur manque de qualité ainsi que le caractère vil de leurs témoins.

Il ne fait pas de doute que Voltaire rédigeait ses *Lettres* suivant un plan établi à l'avance et qu'une intelligence en éveil présidait à leur architecture interne.

18 Best.D18502, à Marin, du 9 août 1773: 'On prétend que Linguet a fait de nouveaux ennemis à M[r] De Morangiés dans le parquet et dans le Barrau, et parmi les gens de Lettres. Rien n'est plus triste, et rien ne me fait plus trembler pour cette malheureuse affaire qui va se juger deffinitivement [...] La vérité aura bien de la peine à gagner sa cause au parlement. Elle court grand risque d'être écrasée par les formes. Elle aura pour mortel ennemi la prévention où l'on est contre Linguet.'

19 Rappelons que Morangiés avait été condamné par le Bailliage du Palais le 28 mai 1773. Pour un aperçu matériel des péripéties de la cause et surtout du jugement en deuxième instance, revoir le chapitre premier.

20 Nous sommes ici à un moment privilégié, car même dans sa correspondance privée Voltaire se montre très réticent sur le rôle des juges. On ne le prendra en flagrant délit qu'une deuxième fois, dans une lettre du 10 avril 1773 à Marin (Best.D18305): 'La faveur donnée à un vérolé, et le décret de prise de corps contre un chirurgien honnête homme, marque ce me semble, la plus mauvaise volonté de la part du juge. Ce juge s'est fait un point d'honneur de protéger la populace contre la noblesse, mais il ne fallait protéger que la vérité contre l'imposture.'

21 D'après la teneur de la lettre à Marin, citée dans la précédente note, il est évident que Voltaire croyait les juges tout aussi capables de condamner par *indignation morale*, selon leurs propres passions et non selon la faute ou prétendue faute. Il n'a pas jugé bon toutefois d'imprimer cette vérité-là dans ses plaidoyers en faveur de Morangiés. On ne comprend que trop bien pourquoi il s'y refuse. Voir ce que pensent Beccaria et Servan de la prévention chez les juges (*Des délits et des peines*, IV, VIII, XI; *Discours sur l'administration de la justice criminelle* dans *Œuvres choisies*, ii.45-47).

22 Cette critique englobe et vise tout aussi délibérément le public instruit et éclairé. A ce propos voir surtout dans le chapitre suivant les passages où nous évoquons l'attitude de Voltaire vis-à-vis du peuple et du rayonnement des Lumières.

23 Ce mémoire, intitulé *Fragment sur la justice*, n'est bien entendu que le *dixième* à paraître, car la *Lettre à Beccaria* devait rester inconnu du public jusqu' à l'époque de l'édition de Kehl.

Quant à la date de la rédaction du *Fragment sur la justice*, nous devons nous avouer indécis. Voltaire n'apprit la nouvelle du verdict rendu par le Parlement que le 9 septembre 1773; mais déja, en date du 17 septembre, on lit dans les *Mémoires secrets*, vii.55-56: 'Le nouveau pamphlet de M. de Voltaire en faveur de M. de Lally n'est encore qu'un enfant perdu et non avoué, qu'il lance dans le public pour essayer comment il prendra. Il a pour titre: *Fragment sur l'Inde, sur le général de Lally et sur le comte de Morangiés*; car il met du Morangiés par-tout. Quant à ce dernier article, ce n'est qu'une répétition de ce qu'il a dit ailleurs, mais qu'il reproduit ici pour que la curiosité qui fera acheter l'un, fasse se pourvoir de l'autre nécessairement, et répandre ainsi davantage la justification prétendue de ce client.'

Ces différents détails nous font penser que le *Fragment sur la justice* existait *avant* l'arrêt définitif du 3 septembre et qu'il ne lui manquait que la conclusion appropriée au verdict rendu par le Parlement. Un examen attentif du texte fera voir en effet que Voltaire n'avait que trois courts paragraphes à rédiger pour mettre la dernière main au pamphlet et pour pouvoir faire lancer enfin l'édition des *Fragments sur l'Inde* qu'il comptait faire paraître accompagnés du *Fragment sur la justice* et du *Fragment sur le procès criminel de Monbailli*.

24 N'oublions pas que Voltaire n'était pas entièrement convaincu du caractère irréprochable de son client. Voir le chapitre deuxième.

25 Il conviendrait de comparer la thèse initiale de la *Méprise d'Arras* et celle du *Fragment sur le procès criminel de Monbailli* car la 'vérité' sur la condamnation de Monbailli ('C'est encore la démence de la canaille qui produisit l'affreuse catastrophe dont nous allons parler en peu de mots', *Fragment* in *Fragments sur l'Inde*, p.111), désormais censée imputable aux seuls cris de la 'populace', ne fut que tardivement 'découverte' par Voltaire. C'est dire que – comme nous l'avons fait remarquer déjà (chapitre premier, n.34) – le Maître arrange à sa manière, et pour les besoins de la cause Lally, les pièces à conviction originelles.

26 'on s'est flatté qu'enfin le grand projet de Louis XIV de réformer la jurisprudence pourrait être exécuté; que ces lumières naissantes de ce siècle mémorable, augmentées par celles du nôtre, répandraient un jour plus favorable sur l'humanité. On a dit: Nous verrons le temps où les lois seront plus claires et plus uniformes, où les juges motiveront leurs arrêts, où un seul homme n'interrogera plus secrètement un autre homme, et ne se rendra plus le seul maître de ses paroles, de ses pensées, de sa vie et de sa mort; où les peines seront proportionnées aux délits; où les tortures, inventées autrefois par des voleurs, ne seront plus mises en usage au nom des princes. On forme encore ces vœux: celui qui les remplira sera béni du siècle présent et de la postérité' (in *Fragments sur l'Inde*, pp.117-18).

Notes du chapitre 5

1 Les références ici et plus loin, où nous traitons de détails plus amplement développés dans le corps même de l'étude, ne sont là qu'à titre d'indication. Le lecteur désireux de relever toutes les sources consultera les chapitres 2-4.

2 Il n'est pas inutile de saisir ici l'occasion de réfuter l'idée que Voltaire ne défendait Morangiés que parce que celui-ci était noble, idée qui se fondait sur l'accusation selon laquelle Voltaire nourrissait une prévention pour la noblesse et contre les hommes du peuple; accusation que l'affaire Morangiés n'avait en effet que trop tendance à faire accréditer.

Le lecteur qui a suivi les péripéties de cette cause célèbre, qui n'a oublié ni les souffrances que Voltaire avait endurées, ni l'ingratitude de Morangiés et de Linguet à son égard, ni les atroces insultes de Falconet, doit reconnaître que si Voltaire avait bien voulu endurer un calvaire semblable pour un sujet qu'il savait moralement douteux, nous devrions plutôt parler désormais, non d'une prétendue prévention pour la noblesse, mais d'un entichement insensé à la Monsieur Jourdain.

Si Voltaire choisit de défendre le comte de Morangiés avec une obstination remarquable, c'est tout simplement parce qu'il le croyait innocent. Ce faisant, il demeurait fidèle à ses principes moraux qui, eux, n'obéissaient à aucun critère ou préjugé social.

3 La *Réponse* et la *Déclaration*, répétons-le, doivent leur existence aux *Preuve démonstratives en fait de justice* sorties de la plume de Falconet. Nous pensons que le déplacement d'accent que l'on décèle dans ces deux textes s'explique en grande partie par le fait que Falconet, dans ses *Preuves démonstratives* (consacrées à un examen très irrévérencieux des *Nouvelles probabilités*, où Voltaire s'octroie le rôle de porte-parole du bon sens et de la rectitude: voir chapitre 2), renverse la situation (voir chapitre 3). En somme, Voltaire voit à la fois dans les *Preuves démonstratives* la séduisante et impeccable ... et si coupable, si dangereuse logique de l'erreur et la brutale négation de sa mission principale: celle de guide, d'esprit d'élite dévoué au bien-être et au rayonnement des Lumières. Nous croyons que, dans son estimation, sa propre destinée et la destinée des Lumières étaient en l'occurrence inextricablement mêlées (voir appendice F). Mais nous trouvons impossible d'attribuer avec certitude à l'une comme à l'autre considération sa part d'importance.

4 C'est là, en règle générale, une des composantes de l'attitude de Voltaire *philosophe*. Voir Peter Gay, *Voltaire's politics* (New York 1965), p.226: 'broadly speaking, he [Voltaire] identified the masses with passion, the educated classes with reason'.

5 Vers la fin de l'affaire Morangiés, Voltaire veut bien (ou juge prudent d') absoudre tous ceux qui avaient été fascinés par les arguments (oh! combien ténébreux) des Veron-Du Jonquay et induits à quitter le droit chemin de la raison et des Lumières. Bref, d'après correspondance et brochures, il est évident que, pour lui, cette 'désertion' est une aberration d'ordre purement émotif, donc anti-intellectuel.

Et voilà ce qui est profondément révélateur: volontiers nous soupçonnons chez Voltaire une grave incompréhension devant la prise de position de la majorité du public éclairé, laquelle – pour diverses raisons – semble être bien plutôt d'ordre profondément *politique* et *moral*. Nous croyons par exemple que les disciples et les associés plus jeunes de Voltaire (tout comme les avocats Delacroix et Falconet, dont on ne peut nier la bonne foi) remettaient en question, à travers l'affaire Morangiés, toute une structure sociale et toute une gamme d'attitudes au sein de l'aristocratie. Pour Voltaire toutefois, il est évident que l'argument politique et social, utilisé par avocats et partisans des Veron-Du Jonquay, n'était qu'une manœuvre particulièrement audacieuse et particulièrement déformante.

Il faut donc dire qu'il y a de toute évidence au moins deux affaires Morangiés vu que la perspective des uns et des autres est radicalement différente (d'où – est-il besoin de le souligner? – le dialogue de sourds). Il est également évident que nous avons affaire à deux camps de *philosophes* (l'un, celui de Voltaire, tout petit, l'autre beaucoup plus grand, Best.D18620) qui pourraient bien se composer, respectivement, de deux générations différentes.

Nous aimerions tout particulièrement pouvoir détailler les raisons pour lesquelles les disciples de Voltaire (tel Marmontel, qui est le seul à être identifiable, voir Best.D18620) refusaient d'adopter son point de vue: leur conception des Lumières, de ses objectifs, de ses moyens, de ses priorités, n'est-elle pas ou n'est-elle plus celle de leur Maître? Nous ne le savons car nous disposons de trop peu de détails pour pouvoir procéder à une comparaison. Quoi qu'il en soit, nous avons la conviction que ces attitudes diamétralement opposées (entre autres, vis-à-vis du peuple) révèlent l'existence d'un problème fondamental, d'un point de clivage, dont malheureusement on ne distingue que les contours.

6 Quarante ans plus tard, époque à laquelle ce problème fait surface enfin dans la *Correspondance*, même tendance remarquable à voir le peuple uniquement en mal: 'C'est à mon gré le plus grand service qu'on puisse rendre au genre humain de séparer le sot peuple des honnêtes gens pour jamais; et il me semble que la chose est assez avancée' (Best.D12571, à d'Argental, 27 avril 1765). Voir aussi Best.D12296,

D12989, D13212, D13232, D13240, D13607, D13805, D13973, D14039, D14211, D15199, D15377, D15427, D15461, D15572, D15677, D15701, D16212, D17488, D19584. Toutes ces lettres, à l'exception des trois dernières qui datent respectivement de 1770, 1771 et 1775, sont de la période 1765-1769.

7 Best.D12989, à Damilaville, 19 novembre 1765: 'La victoire se déclare pour nous de tous côtés. Je vous assure que dans peu il n'y aura que la canaille sous les étendarts de nos ennemis, et nous ne voulons de cette canaille ni pour partisans, ni pour adversaires. Nous sommes un corps de braves chevaliers, deffenseurs de la vérité, qui n'admettons parmi nous que des gens bien élevés [...] *empêchez que des gens de bon sens ne soient les esclaves de ceux qui n'en ont point*' (c'est nous qui soulignons).

8 On retrouve le même parallélisme dans sa correspondance où le vocabulaire est des plus révélateurs. Au début de l'affaire (avril-octobre 1772, époque de l'*Essai sur les probabilités* et des *Nouvelles probabilités*), il est évident que Voltaire croit que la *raison* et le *bon sens* sont du côté de Morangiés (Best.D17715, D17716, D17721, D17728, D17731, D17815, D17828, D17977); *a contrario* nul doute que l'*absurdité*, le *préjugé* et la *prévention* se trouvent du côté de ses adversaires (Best.D17717, D17740, D17743, D17800, D17818, D17819, D17824, D17828, D17856, D17888, D17977).

9 Comme nous venons de le faire remarquer dans la note précédente, le parallélisme entre correspondance et mémoires est assez frappant. Pour la période allant de la fin du mois d'octobre 1772 jusqu'au début du mois de septembre 1773, on relève des jugements contre les Veron-Du Jonquay de l'ordre suivant: *préjugés*; *juges prévenus*; *rapporteur prévenu* (Best.D17987); *friponnerie la plus absurde* (Best.D18274); *chose bien absurde* (Best.D18305); *romanesques*; *contradictoires* (Best.D18416); *absurde* (Best. D18421); *plus absurde encor qu'artificieuse* (Best.D18512); *ridicule*; *roman* (Best.D18531); *aussi ridicule que révoltant*; *fable aussi absurde* (Best.D18535).

La fréquence des jugements sur Morangiés – comme dans les mémoires – se fait plus rare. Pour la même période nous n'avons relevé que les suivants: *Morangiés doit paraître très innocent et très imprudent, à quiconque n'a pas renoncé aux lumières du sens commun* (Best.D18238); *la vérité la plus claire* (Best.D18274); *évident* (Best.D18413).

10 Nous basons cette liste sur les textes que Voltaire devait rédiger pour défendre Morangiés; c'est dire que nous ne jugeons pas utile d'aller au-delà de la date à laquelle intervient le jugement définitif du Parlement.

11 Nous ne voyons guère que Marin qui ait mérité une marque de confiance (Best. D18547, 10 septembre 1773): 'Honneur et gloire encor une fois à Monsieur Marin, qui n'a pas hésité un seul moment sur L'innocence de M^r^ De Morangiés, et qui a résisté constamment à l'abominable cabale des hommes les plus méchants et les plus absurdes.'

12 Le 9 août 1773, Voltaire avait terminé une lettre à Marmontel en les termes suivants (Best.D18503): 'continuez toujours à veiller sur nôtre petit troupeau, qui est toujours prêt d'être mangé par des loups'. Il s'agit là d'une remarque dont la percutante ironie ne serait pas évidente sans une connaissance approfondie de l'affaire Morangiés, 1° en vertu de la défection quasi-générale des *philosophes* et des gens de lettres (Best.D18620), et 2° parce qu'il y a de fortes chances pour que Marmontel lui-même fût un partisan inconditionnel des Veron-Du Jonquay (peut-être en partie à cause de son amitié pour Vermeil; voir notre édition de la *Correspondance* de Marmontel, lettre numéro 202). En tout cas, sa sympathie absolue pour les adversaires de Morangiés devait choquer Voltaire. Le 12 novembre 1773, deux mois après le jugement du Parlement qui les déclarait coupables d'escroquerie, Voltaire écrivait (Best.D18620): 'Premièrement je suis très fâché que mon successeur [Marmontel] ait pris un si horrible travers sur l'affaire de m^r^ le comte de Morangiés. On peut se tromper sur l'art de la tragédie, mais il n'est pas permis de s'entêter avec tant d'injustice sur une affaire essentielle à l'honneur de toute une famille respectable. Il me semble qu'il y a de l'esprit de parti dans cette opiniâtreté et bien peu de raison.'

13 *Lettre sur Morangiés*, publiée à la fin du *Commentaire historique sur les Œuvres de l'auteur de La Henriade* (Basle, chez les héritiers de Paul Duker, 1776), pp.264-69. Voir appendice G.

Notes de l'épilogue

1 Il est indispensable d'ajouter que les partisans de la famille Veron-Du Jonquay étaient doublement convaincus de son innocence parce que l'arrêt avait été rendu contre les conclusions du rapporteur. On attribua au reste la décision du tribunal à un incident. Comme nous le savons déjà (voir chapitre premier et n.42) l'un des juges, ami de Morangiés, ayant déclaré que son opinion était de condamner l'une des parties aux galères, les neuf conseillers clercs se retirèrent pour ne point participer à une telle condamnation, ce qui réduisit à dix-huit le nombre des juges siégeants: on crut sur le moment que la majorité eût été pour les Veron si les conseillers clercs avaient siégé.

2 Pierre Gilbert, ci-devant cocher du vicomte de Mailly, et l'un des deux témoins oculaires cités par Du Jonquay, avait été renvoyé pour un plus ample informé devant les juges du bailliage du Palais. Ce verdict même ne manquait pas à son tour d'étonner les partisans de Du Jonquay et de les encourager, comme contradictoire: les juges du bailliage étant ceux-là mêmes dont l'arrêt du Parlement infirmait la première sentence!

3 *Mémoire pour Pierre Gilbert, appellant et demandeur* [B7], p.2.

4 Voir et comparer l'*Essai sur les probabilités en fait de justice*, la *Lettre à Beccaria*, la *Déclaration de m. de Voltaire* et le *Précis du procès de m. le comte de Morangiés.*

5 Voir appendice G. Il convient de souligner que pendant le cours du procès les jugements de Voltaire qui visent les individus en tant que tels sont rarement *injurieux* ou *grossiers*.

6 Best.D20302-303.

7 Nous tenons cependant à faire remarquer que le comte de Morangiés lui-même, empêtré en 1784-1788 dans une autre mésaventure tout aussi désagréable que celle des 300,000 livres, devait enfin s'en tirer malaisément et subir la prison (Archives nationales X^{2b} 1408, no. 1410). Avouons aussi que cette sentence-là donne à réfléchir à son tour!

Notes de l'appendice D

1 De toute évidence, s'il avait été mieux renseigné ou plutôt plus attentif au texte même, Beuchot aurait pu au moins situer l'écrit dans une période qui ne pouvait être que postérieure au mois d'avril 1773, en vertu de la phrase suivante que l'on trouve dans le texte: 'Un procès simple, que le magistrat de la police aurait terminé en quatre jours, se grossit, *pendant plus d'un an* [c'est nous qui soulignons] de la fange que tous les canaux de la chicane y apportent.' Les plaidoyers des parties commençait à paraître au mois d'avril 1772.

2 C'est-à-dire que cet écrit était, non pas le premier, mais le sixième à être rédigé sur Morangiés.

3 Pour situer la *Lettre* encore mieux, lire ce que nous disons en général des *Lettres de monsieur de Voltaire à messieurs de la noblesse du Gévaudan.*

4 Voir *André Destouches à Siam*, *Relation de la mort du chevalier de La Barre*, et surtout son *Commentaire sur le livre des délits et des peines.*

5 Marquis Gorani à Beccaria, 12 mars 1771: 'Toutes les fois que j'ai été à Ferney, le

grand Voltaire ne cessait de prononcer votre nom, avec cet épanchement de cœur que vous avez su exciter dans les hommes les plus célèbres' (Cesare Beccaria, *Scritti e lettere inediti*, raccolti ed illustrati da Eugenio Landry (Milan 1910), p.295).

6 Et peut-être pas. Il n'y avait pas que des Servan au Parlement!

7 Il est vrai que, dans sa *Déclaration [...] sur le procès entre m. le comte de Morangiés et les Veron*, Voltaire avait déjà imprimé, pour en tirer profit, une déposition faite par Montreuil, domestique chez les Florian, relativement à la famille Veron-Du Jonquay. Mais cette déposition était en l'occurrence une pièce à verser au dossier car elle contenait des détails matériels sur la pauvreté de la famille.

Il faut ajouter d'ailleurs que Voltaire dut connaître assez bien celui à qui il avait affaire pour savoir que Beccaria ne ferait probablement rien pour l'appuyer publiquement. (Voir Beccaria, *Des délits et des peines*, ed. Franco Venturi, p.xxxi).

8 Mais la *Lettre* – nous nous trouvons donc contraint de formuler notre question de nouveau – fut-elle jamais envoyée ou resta-t-elle dans le portefeuille de Voltaire à l'état de projet?

Notes de l'appendice F

1 Voir Best.D985, D1000, D1019, D5007, D7736, D8249, D8860, D11309, D12516, D12522, D12644, D12909, D12923, D12944, D13082, D13139, D13754, D14465, D15450, D18546, D19385, D19827.

2 Voir Roland Mortier, 'Voltaire et le peuple', in *The Age of the Enlightenment: studies presented to Theodore Besterman* (Edinburgh, London 1967), pp.137-51.

3 Voir Peter Gay, pp.220-23, 259-61 et plus spécialement la note 82 (page 221): 'Incidentally, Voltaire used the term *canaille* as a general *Schimpfwort* rather than as simply a derogatory term for the masses. He applied it to journalists, dramatists, ecclesiastics.' (Voir Best.D5002, du 1er septembre 1752.) D'après notre examen, il y a tout lieu de penser que le terme est en l'occurrence plus largement applicable qu'on ne le croirait.

4 Voir, par exemple, *La Méprise d'Arras* (Lausanne 1771), p.6: 'Dans l'aventure horrible des Calas, la voix publique s'est élevée contre un capitoul fanatique qui poursuivit la mort d'un juste, et contre huit magistrats trompés qui la signèrent. Je n'entends pas ici par *voix publique* celle de la populace qui est presque toujours absurde: ce n'est point une voix, c'est un cri de brutes. Je parle de cette voix de tous les honnêtes gens réunis qui réfléchissent, et qui avec le temps portent un jugement infaillible.'

On notera plus haut l'adjectif *absurde*. Dans la conclusion, où nous parlons de la signification du registre de Voltaire lorsqu'il évoque la défense et les partisans des Veron-Du Jonquay, on notera également l'omni-présence de ce même adjectif, ainsi que du substantif *absurdité*.

Bibliographie

Sources principales

1. Manuscrits

Archives nationales, Z^2 3050 – Jurisdictions ordinaires, Paris, Bailliage du Palais.

— X^{2a} 1137 – Registre de la Chambre du Conseil de la Tournelle.

— X^{2b} 1049.

— X^{2b} 1408, no 1410.

Archives nationales, Minutier central, étude LVII, 309, cote 48.

Bibliothèque nationale, *Lettre à Beccaria*, B.N. Fr. 12939, ff. 549-68.

2. Ouvrages cités

anon., *Arrest de la Cour du Parlement, extrait des Registres du Parlement, du 2 juillet 1773*, s.l.n.d.

anon., *Harangue d'Isocrates dans une affaire à peu près semblable à celle de m. le Comte de Morangiés avec la famille Veron*, Paris 1773.

anon., *La Vérité géométriquement démontrée et juridiquement prouvée*, Londres 1773.

anon., *Lettre du Marquis de ****, brigadier des armées du roi, à M..... avocat au Conseil*, s.l.n.d.

anon., *Le Vœu de la noblesse. Lettre à M.*** avocat au Conseil*, s.l.n.d.

anon., *Pièces de la cause*, s.l.n.d.

Courtin, Claude Christophe, *Mémoire pour Pierre Gilbert, appellant et demandeur*, s.l.n.d.

— *Mémoire pour Pierre Gilbert, demandeur*, s.l.n.d.

— *Précis pour Pierre Gilbert, appellant*, s.l.n.d.

Delacroix, Jacques Vincent, *Examen du Résumé général du comte de Morangiés*, s.l.n.d.

— *Mémoire pour la dame Romain, et le sieur Dujonquay*, s.l.n.d.

— *Mémoire pour le sieur Dujonquay et la dame Romain*, s.l.n.d.

— *Réponse à l'imprimé du comte de Morangiés*, s.l.n.d.

— *Réponse aux observations du comte de Morangiés*, s.l.n.d.

Falconet, Ambroise, *Preuves démonstratives en fait de justice*, s.l. 1773

— *Réponse aux observations du comte de Morangiés, avec la défense des preuves démonstratives*, s.l.n.d.

Linguet, Nicolas Simon Henry, *Plaidoyer pour le comte de Morangiés*, Paris, Cellot, 1772.

— *Réplique pour le comte de Morangiés*, s.l.n.d.

— *Supplément aux observations pour le comte de Morangiés*, s.l.n.d.

Picard le jeune, *Dénonciation du comte de Morangiés, par lui signifiée à la dame Veron*, s.l.n.d.

Vermeil, François Marie, *Mémoire pour demoiselle Geneviève Gaillard*, s.l.n.d.

— *Preuves résultantes du procès*, s.l.n.d.

Voltaire, François Marie Arouet de, *Déclaration de monsieur de Voltaire, sur le procès entre m. le comte de Morangiés et les Veron*, Lausanne 1773.

— *Essai sur les probabilitiés en fait de justice*, s.l.n.d.

— *Fragment sur la justice* (publié dans les *Fragments sur l'Inde*, Londres 1774).

— *Fragment sur le procès criminel de Monbailli* (publié dans les *Fragments sur l'Inde*, Londres 1774).

— *Lettre de monsieur de Voltaire à messieurs de la noblesse du Gévaudan*, s.l.n.d.

— *Nouvelles probabilitiés en fait de justice*, s.l. 1772.

— *Précis du procès de m. le comte de Morangiés contre la famille Veron*, s.l.n.d.

— *Quatrième lettre de monsieur de Voltaire à messieurs de la noblesse du Gévaudan*, s.l.n.d.

— *Réponse à l'écrit d'un avocat* (publiée à la suite de la *Déclaration de monsieur de Voltaire*).

— *Seconde lettre de monsieur de Voltaire à messieurs de la noblesse du Gévaudan*, s.l.n.d.

— *Sur le fameux cocher Gilbert* (publié dans le *Commentaire historique*, Basle, Duker, 1776).

— *Troisième lettre de monsieur de Voltaire à messieurs de la noblesse du Gévaudan*, s.l.n.d.

Sources secondaires

Aguesseau, Henri François d' (le Chancelier d'Aguesseau), *Fragment sur les preuves en matière criminelle*, in *Œuvres complètes*, Paris 1819, xiii.242-44.

— *Plaidoyers dans la cause du sieur de La Pivardière*, in *Œuvres complètes*, v.1-152.

Bachaumont, Louis Petit de, *Mémoires secrets*, Londres 1777-1789.

Bar, C.L. von, *History of continental criminal law*, London 1916.

Beccaria, Cesare, *Des délits et des peines*, édité par Franco Venturi, Genève 1965.

— *Scritti e lettere inediti*, raccolti ed illustrati da Eugenio Landry, Milan 1910.

Constant, J., 'Voltaire et la réforme des lois pénales', in *Revue de droit pénal et de criminologie* 39 (1959), pp.535-46.

Encyclopédie, ou dictionnaire raisonné des sciences, des arts et des métiers, xiii.393-400.

Esmein, A., *Histoire de la procédure criminelle en France*, Paris 1882.

Gay, P., *Voltaire's politics*, New York 1965.

Gayot de Pitaval, François, *Causes célèbres et intéressantes*, Paris 1734-1743.

Grimm, Friedrich Melchior, *Correspondance littéraire*, éd. Tourneux, Paris 1877-1882.

Hertz, E., *Voltaire und die französische Strafrechtspflege im XVIII. Jahrhundert*, Stuttgart 1887.

Jousse, Daniel, *Nouveau commentaire sur l'Ordonnance criminelle du mois d'avril 1670*, nouvelle édition corrigée et augmentée, Paris 1757.

— *Traité de la justice criminelle de France*, Paris 1771.

Laferrière, F., *Essai sur l'histoire du droit français*, nouvelle édition, Paris 1885.

La Harpe, Jean François de, *Correspondance littéraire*, Paris 1801-1807.

Loiseleur, J., *Les Crimes et les peines dans l'antiquité et dans les temps modernes*, Paris 1863.

Maestro, M.T., *Voltaire and Beccaria as reformers of criminal law*, New York 1942.

Marmontel, Jean-François, *Mémoires* (notre édition), Clermont-Ferrand 1972.

Masmonteil, E., *La Législation criminelle dans l'œuvre de Voltaire*, Paris 1901.

Michel, R., *Crimes et châtiments au XVIIIe siècle*, Paris 1933.

Mortier, R., 'Voltaire et le peuple' in *The Age of the Enlightenment: studies presented to Theodore Besterman*, Edinburgh, London 1967, pp.137-51.

Muyart de Vouglans, Pierre François, *Institutes au droit criminel*, Paris 1757.

Petrovich, P., 'Recherches sur la criminalité à Paris dans la seconde moitié du XVIIIe siècle', in *Crimes et criminalité en France sous l'ancien régime, 17e-18e siècles*, Cahiers des Annales no 33, Paris 1971, pp.187-261.

Pomeau, R., *La Religion de Voltaire*, nouvelle édition revue et mise à jour, Paris 1969.

Rouchon, V., 'Les avatars de M. de Morangiés et de Voltaire', *Journal des débats politiques et littéraires*, 15-16 janvier 1944, p.3.

Servan, Michel, *Discours sur l'administration de la justice criminelle*, in *Œuvres choisies*, Paris 1825, ii.1-104.

Sgard, J., 'La littérature des causes célèbres', in *Approches des Lumières*, mélanges offerts à Jean Fabre, Paris 1974, pp.459-70.

Voltaire, François Marie Arouet de, *André Destouches à Siam* (publié à la suite du *Philosophe ignorant*, s.l. 1766).

— *Commentaire sur le livre des délits et des peines*, s.l. 1766

— *Correspondence*, definitive edition edited by Theodore Besterman, Genève, Banbury, Oxford, 1968-1977.

— *Fragments sur l'Inde*, Londres 1774.

— *La Méprise d'Arras*, Lausanne 1771.

— *Relation de la mort du chevalier de La Barre*, s.l. 15 juillet 1766.

Index

Printed and bound by CPI Group (UK) Ltd, Croydon, CR0 4YY

16/09/2026

14963467-0002